사회 복지 법제론

김경우 저

MJ 미디어

Introduce | 머리말

급변하는 국내외 사회환경에서 사회복지는 오늘날 사회생활의 중심영역이다. 사회복지는 사회문제의 해결 또는 사회적 욕구의 충족과 같은 주요한 기능을 수행하는 사회제도이며, 정치경제적 영역에서 사회복지정책은 특정 목적을 달성하기 위한 행동들의 원칙, 지침, 일정한 계획, 조직화된 노력(Gilbert &Terrell)으로 사회복지에 관한 일련의 집단적 행동지침이다.

이에 대하여 사회복지 법률은 사회복지와 법률의 복합된 개념으로, 사회복지정책 혹은 사회정책의 실현과 관련된 제반 법률을 통칭한다. 사회복지 법제는 사회복지정책의 구체적 표현이며, 국가 사회의 사회복지에 대한 기본방침이요 계획의 표출이다. 사회복지학이 우리나라에 도입된 지도 반세기를 지나고 있지만, 사회복지 법제는 여전히 후진적이고 미흡한 실정이다. 이러한 사회복지 법제는 광의로는 현대사회에서 전 국민이 각종 물질적, 사회적, 정신적 기본욕구를 해결하여 인간다운 생활을 유지할 수 있는 사회적 서비스를 제공할 수 있도록 국가에 의해 제도화된 법이고, 협의로는 자신의 생활을 스스로 영위하지 못하는 사회적 약자들이나 요보호자들에게 한정된 도움을 주는 것과 관련된 법규범이다. 우리나라의 경우 사회복지법은 학문적으로는 광의의 개념을, 실정법상으로는 협의의 개념을 선호하는 추세이다.

한국의 사회복지법은 통일된 사회복지 법전으로 체계화된 상태는 아니며, 다양한 개별 법률로 이루어져 있다. 그러나 우리나라는 서구 사회와 비교하여 근대 이전 삼국시대부터 초기적인 형태의 사회복지 입법이 다양하게 이루어졌다. 서구사회에서 국가적 차원에서의 사회복지 입법은 엘리자베스 빈민법(1601년)에 이르러서야 실행되었다. 그러나 이러한 동양의 사회복지 입법은 산업화의 결과 나타난 근대적 의미의 사회복지제도가 아니라, 빈민구제형태의 구휼 또는 구제제도라는 점에서 한계와 특징이 있다.

법(法)이란 국가에 의해 승인되고 그 실현이 강제되는 정치적으로 조직된 국가사회의 규범이다. 국가와는 관계없이 인간의 본성이나 사물의 본성 또는 이성에 따라 파악되는 이른 바 '정의의 법'을 자연법이라 한다. 이는 사회복지법의 연구대상의 법이 아니다. 사회복지법의 연구대상이 되는 법은 국가에 의하여 법으로 승인된 실증적 법규범, 즉 국가 실정법이다.

실정법(實定法)은 국가 내부의 법으로서 '왕의 법'이라고도 불린다. 이는 시대와 그 가치관에 따라 상대성과 가변성을 지니고 있다.

일반적으로 실정법이란 것은, 현실적으로 행해지고 있는 법을 뜻하며, 입법 절차에 의하여 제정된 성문법이 보통이지만, 불문법인 관습법, 판례법, 조리도 포함된다.

일반인이 인식하는 법의 형식은 주로 실정법이라고 보면 된다. 하지만, 실정법의 체계가 아무리 빈틈없이 정비되어 있다 하더라도 그 모두가 정당한 법인가 하는 질문이 제기될 수 있으므로, 실정법의 정당성에 대한 평가 기준이 필요한데, 이를 위해 자연법이란 개념이 출현하게 된다.

자연법(自然法)은 자연 상태로부터 인정되는 질서로서 '하늘의 법'이라고 불리며, 절대성과 불변성을 갖는다. 이는 자연의 질서 또는 인간의 이성에 바탕한 보편적이고 항구적인 법이며, 시대와 민족, 국가와 사회를 초월하여 타당하게 적용되는 객관적인 질서를 뜻한다. 자연법은 실정법에 대한 평가 기준의 필요로 인해 등장한 만큼, 실정법을 제정하는 기준이 되는 동시에 부당한 실정법을 개정하는 기준이 된다. 자연법의 인식 근거는 시대에 따라 조금씩 다른데, 고대 그리스 시대에는 자연의 섭리를, 중세 봉건 사회에는 신의 섭리를, 근대 이후 사회에선 인간의 합리적 이성을 자연법의 인식 근거로 삼았다.

자연법과 실정법의 관계는 상호 대립하는 것이 아니라 상호 보완관계에 있다.

이는 자연법은 실정법을 통해서 그 이념과 정신을 구체화시키고, 실정법의 내용은 자연법에 근거하여 그 타당성을 인정받을 수 있기 때문이다.

형식적 의미의 사회복지법이란 사회복지법이라는 이름으로 제정된 실정 성문법률인 사회복지 법전을 말한다. 일본은 '복지8법'이라는 통일된 사회복지 법전을 가지고 있다.

우리나라에는 '사회복지법'이라는 통일된 법전은 없다. 수많은 단행법으로 되어 있다. 따라서 우리나라는 형식적 의미의 사회복지법이 없다. 헌법전, 민법전, 상법전, 형법전, 민사소송법전, 형사소송법전 등 사회보장기본법, 국민연금법, 국민건강기본법, 사회복지사업법, 아동복지법 등이다.

실질적 의미의 사회복지법은 사회복지 법전의 유무나 내용에 관계없이 통일적, 체계적으로 파악할 수 있는 법 영역을 말한다. 넓은 의미의 사회복지법은 사회보장의 틀 속에서 전개되는 사회복지정책 또는 사회정책 실현과 관련되는 모든 법 규범이다. 좁은 의미의 사회복지법은 사회적·경제적 약자나 보호가 필요한 자를 보호하기 위한 사회복지정책 및 사회정책과 관련된 법 규범이다.

본 서는 그 구성에 있어서 모두 13장으로 구성되어 있으며, 1장부터 3장까지는 법률 및 사회복지법의 총론으로 나머지는 각론으로 구성되어 있다. 법률에 대한 기본 지식과 기술은 모두 시대적으로 요구되는 사회복지법을 구체적으로 다루고 있다. 그리고 실질적인 현장에서 사회복지 수급권은 말 그대로 사회복지서비스를 받을 수 있는 권리에 대하여 현장적응에 요구되는 지식과 기술을 제시하고 있다. 또한 국가고시 및 공무원시험 준비의 고시서적으로도 활용할 수 있게끔 실용적 체계적인 내용으로 구성하고 전개하였다. 우리 사회가 매우 빠른 속도로 변화하고 있고 이에 따라 각종 사회문제의 속출 및 국민들의 새로운 복지욕구의 분출 등 사회복지의 현실은 역동적인 시대의 과제를 요구받고 있다. 사회복지법도 끊임없는 연구와 정진이 요구된다. 독자제현의 끊임없는 관심과 질정을 기대한다.
끝으로 이 책의 출판을 위해서 도와주신 MJ미디어 사장님과 나 전무님 그리고 편집부 여러분에게 심심한 감사의 뜻을 전한다.

2016. 8

남한산성 연구실에서 저자 배상

Contents | 차 례

CHAPTER

1 사회복지법의 개요

제1절 법의 의의와 법원

1. 법의 의의

1) 법의 개념

사회가 유지되기 위해서는 사회구성원들의 행동을 규율할 수 있는 준거가 필요하다. 여기서 규범(norm)이란 명령이나 금지와 같은 당위로서 마땅히 하여야 할 것을 말하고, 사회규범이란 개인과 개인 또는 개인과 공동체의 관계를 규율하는 규범이다. 법 또한 사회구성원들을 규정하는 규범의 일종이다. 사회복지법은 주로 인간의 사회복지활동을 규정하는 법적 규범이다. 따라서 법의 특징은 다음과 같이 요약할 수 있다.

첫째, 법은 사회규범이다. 규범법칙은 당위법칙으로 "살인하지 말라", "네 부모를 공경하라" 등이다.

도덕, 관습, 종교, 법 등은 사회규범이지만, 법은 현대사회에서 사람들 사이의 분쟁이나 갈등을 조정·해결하고, 사회를 안정시키며 질서유지를 위해 있는 준칙이다.

둘째, 법은 강제규범이다. 「권리를 위한 투쟁」에서 19세기 독일의 법학자 루돌프 폰 예링(Rudolf Von Jhering)이 쓴 법사상 이론서에 '권리 위에서 잠자는 자는 보호받지 못한다'는 문구에서 법의 강제성을 잘 대변하고 있다. 행위규범에 위반하는 행위에 대하여 국가권력이 일정한 제재를 가할 수 있는 강제력을 가진 규범으로, '시설설치를 정당한 사유없이 방해를 하는 자는 1년 이하의 징역 또는 300만 원 이하의 벌금에 처한다' 등이다.

셋째, 법은 문화규범이다. 법이라는 것도 인간이 공동사회를 형성하며 만들게 된 일종의 문화이다.

넷째, 법은 상대적 규범이면서 절대적 규범이다. 법은 사회마다 다르다는 점에서 상대적이며, 동시에 법은 정의를 추구하고 실현하려는 목표에서 절대적이다.

다섯째, 법은 행위규범이다. 법은 사회구성원의 행동기준을 제시해 주기도 하고, 예측되고 예정된 행동을 할 수 있게 해 준다. 예를 들어 '하여야 하거나 또는 하여서는 안 되거나'에 대한 판단의 근거로 사회복지사업법 제6조 시설 설치방해금지 조항을 보면 '누구든지 정당한 이유없이 사회복지시설의 설치를 방해하여서는 아니 된다' 등이다.

여섯째, 법은 조직규범이다. 법규범을 제정, 적용, 집행을 담당하는 조직과 이 조직을 구성하는 기관에 일정한 권한이 부여되어 있다는 측면에서 법은 조직규범이다.

2)   법의 목적

(1) 사회정의의 실현

법의 궁극적 목적은 사회정의(social justice)의 실현에 있다. 사회정의란 모든 사람에게 기본권이 보장된 상태이고, 사회 내에 불평등이 존재하지 않는 평등한 상태이다. 정의는 공동생활을 하는 사람들에게 권리, 의무, 포상, 제재 등의 배분·부여에 있어서 자의적인 불평등한 판단을 금지하고 합리적 기준에 의하여 공평한 판단을 하는 근거이다.

(2) 법적 안정성의 유지

법은 사람들이 안심하고 사회생활을 할 수 있도록 하기 위해 존재한다. 법적 안정성을 유지하기 위해서는 첫째, 사람들이 법의 존재여부와 그 내용을 명확하게 이해할 수 있어야 한다. 둘째, 법은 너무 자주 변경되어서는 아니 된다. 셋째, 법은 실효성이 있어야 한다. 법이 실제로 행해질 수 있어야 사람들이 안심하고 생활할 수 있게 된다. 넷째, 법은 선량한 시민의 의식과 합치되어야 한다.

(3) 사회질서의 유지

사회질서란 사회적인 과정이 일관성이 있고, 사회의 각 부분들이 각자의 기능을 수행하기 위해서 조화와 균형을 이루는 상태이다. 사회질서는 사회구성원들에 의해 자발적으로 이루어지기도 하지만, 법적 강제에 의해 인위적으로 조성되고 유지되는 경우가 일반적이다. 법이 집행되는 과정에서 벌칙으로 징역, 벌금, 과태료 등을 부과함으로써 질서를 유지할 수 있도록 한다.

3) 법의 분류

이러한 법의 목적에 따라 법을 분류하면 다음과 같다.

(1) 일반법과 특별법

일반법과 특별법을 구별하는 실익은 **'특별법은 일반법에 우선한다'**는 특별법 우선의 원칙에 있다. 법 적용의 순위를 정하는 데 있어, 일반적 원칙으로서 특별법은 일반법에 우선하여 먼저 적용되고, 특별법에 해당 규정이 없는 경우에 그의 보충으로서 일반법이 적용된다.

사회복지사업에 관해서는 민법보다 사회복지사업을 우선 적용하고, 사회복지 전담공무원의 경우 일반국민에게 적용되는 법보다도 먼저 지방공무원법이 우선 적용된다. 사회보장기본법과 국민연금법, 국민기초생활보장법, 노인복지법 등 개별적인 사회복지법 사이에는 사회보장기본법이 일반법의 역할을 수행하고, 개별적인 사회복지법은 특별법의 역할을 한다.

법인 조항과 관련해서 민법보다는 사회복지사업법이 우선 적용된다. 사회복지사업법은 아동복지법, 노인복지법, 장애인복지법 등에 대해 일반법적인 지위를 가지며, 사회보장기본법보다는 다른 사회복지 관련 법률들에 대해 일반법적인 지위를 가진다.

(2) 상위법과 하위법

법규법은 수직적으로 체계화되어 있어서 하위의 법규범은 상위의 법규범을 위반하면 위헌 또는 위법이 되며 최고, 상위부터 '헌법-법률-명령-자치법규'의 순으로 지위를 가진다.

키워드

법규법의 수직적 체계화는 상위법과 하위법에 대한 내용이다. 수직적 체계화는 '헌법-법률-명령-조례-규칙'의 순으로 되어 있다.

(3) 강행법과 임의법

법의 효력이 그 적용에 있어 절대적인가 아닌가에 따라 강행법과 임의법으로 구별된다. 강행법은 당사자의 의사에 불구하고 법의 적용이 강제되어 효력을 발생하는 법으로 '… 하여야 한다', '… 하여서는 아니 된다' 등이고, 임의법은 당사자의 의사에 따라 법을 적용할 수도, 배제할 수도 있는 법으로 '… 할 수 있다', 또는 '… 노력해야 한다' 등이다.

(4) 자연법과 실정법

법이 실증적으로 제정법화되었느냐의 여부에 따라 자연법과 실정법으로 구분한다.

자연법은 인간의 본성에 근거하여 인간이 올바른 사회생활을 하는데 하나의 근본지침으로 마땅히 그러하여야 한다는 당위법이며, 실정법은 특정시대나 특정장소에서 효력을 가지는 법규범(성문법이 일반적이지만 관습법 판례법처럼 현실적으로 사용되는 불문법도 있음)이다.

(5) 공법과 사법

법의 규율 대상인 생활관계의 실체에 따라 공법과 사법으로 구분하며 사법은 민법, 상법이고, 공법은 헌법, 형법, 형사소송법, 행정법 등을 말한다.

그러나 무엇이 공법이고 사법인지를 구분하는 데 있어서 여러 학설이 있다.

(6) 시민법과 사회법

계급적 봉건제도가 붕괴되면서 개인의 자유와 평등이념을 구현하는 시민법이 나타났다. 시민법의 지도원리는 ㉠ 사유재산원리, ㉡ 계약자유의 원리, ㉢ 과실책임(과실에 대한 자기책임)의 원리에 있다.

그 체제로서 시민법의 원리는 자유방임적 경제체제를 옹호하고 지탱하였으나, 자유방임적 경제체제는 빈부격차 등의 사회문제를 드러내게 되면서 시민법은 사회법으로 수정되었다.

사회법의 지도원리는 ㉠ 사유재산의 사회성(공익성), ㉡ 공정한 계약, ㉢ 무과실책임의 원리와 같은 집합적 책임의 원리로 수정되었다. 그 체제는 사회법은 자본주의 체제를 전제로 하면서 국민의 공공복지에 의한 생존권이념을 실현하고자 한 것이다.

(7) 실체법과 절차법

법의 규정 내용에 따라 실체법과 절차법으로 구분한다.

① 실체법(예 : 헌법, 형법, 민법, 상법 등)은 주법이라고도 하는데, 권리·의무를 규율하는 법이다.

② 절차법(예 : 형사소송법, 민사소송법, 비송사건절차법, 파산법, 부동산등기법, 호적법 등)은 법률관계의 실현과정 내지 권리 의무의 실현절차를 규율하는 법이다.

2. 법원

법의 연원(source of law) 또는 법원은 법을 형성하는 기관, 법을 구성하는 재료, 법률지식을 얻는 자료, 법이 존재하는 형식이다. 법이 나타나는 존재형식으로 크게 성문법과 불문법으로 구분된다.

성문법은 문서로 표현되며, 입법기관에 의해 일정한 형식과 절차를 거쳐서 공포되는 법이다.

불문법은 문서의 형식으로 표현되지 않는 법으로서, 입법기관에 의해 일정한 절차에 따라 제정·공포되지 않고 존재하므로 비제정법이라고 한다. 사회복지법의 법원이란 사회복지와 관련하여 그 급여서비스의 내용, 그 서비스를 제공하기 위한 조직과 관리, 감독의 기준이 법률 등에 의하여 어떠한 형식으로 표현되는가 하는 것을 말하는, 사회복지법의 원천과 존재양식을 의미한다.

키워드

사회복지에 관련된 성문법원은 사회복지 법원으로 인정한다. 또한 내용상 관계되는 법률, 조항은 사회복지 법원으로 인정한다.

1) 법원 : 성문법

(1) 헌법

국가의 최고법이면서 국가와 국민간의 권리·의무에 관한 기본법이다. 헌법은 최상위의 법이고 다른 법규범에 대한 우위를 갖기 때문에 하위법인 법률이나 명령 등이 헌법에 위배되어서는 안 된다.

헌법 제10조에 '인간의 존엄과 가치, 행복추구권'을 규정하고 있으며, 헌법 제34조에는 '인간다운 생활을 할 권리'가 명시되어 있다.

(2) 법률

국회에서 의결되고, 대통령이 공포한 법으로 법률은 헌법을 제외하면 가장 큰 형식을 갖고 있고, 헌법을 위배하면 법적 효력이 없으며, 반대로 법률의 규정에 위배되는 명령은 법적 효력이 없게 된다. **법률을 제정하기 위해서는 반드시 국회의 의결을 거쳐야 한다.**

사회복지법에는 사회보장기본법, 국민건강보험법, 사회복지사업법, 국민기초생활 보장법, 노인복지법, 아동복지법 등이 있다.

(3) 명령

국회의 의결을 거치지 않고 행정부에서 제정한 법규로, 명령은 개별 법률의 시행령(대통령령) 및 시행규칙(총리령, 부령)으로 나눌 수 있다. **법률의 실효성을 확보하기 위해서 시행령과 시행규칙의 제·개정도 중요하다.**

사회복지사업법은 국회에서 제정되며, 사회복지사업법 시행령(대통령령)과 사회복지사업법 시행규칙(보건복지가족부령)은 행정부에서 제정된다. **시행규칙은 행정 각부의 장이 발하는 명령이다.**

(4) 자치법규

지방자치단체가 법령에 의하여 인정된 자치권의 범위 내에서 제정하는 법규로, **자치법규에는 조례와 규칙이 있다.** 자치법규는 법령의 범위 내에서 제정되고, 원칙적으로 그 지방자치단체의 지방 내에서만 효력을 가진다. 서울시 조례는 서울지역에서 서울시민을 대상으로, 대전시 조례는 대전지역에서 대전시민을 대상으로 각각의 조례가 효력을 가진다.

키워드

- 조례는 의결기관으로 지방의회에서 제정·개정·폐지한다.
- 규칙은 지방자치단체의 장이 법령 또는 조례가 위임한 범위 내에서 그 권한에 속하는 사무에 관하여 정립한 법이다.

(5) 조약과 국제법규

조약은 국가 간 또는 국가와 국제기구 간의 법적 효력이 있는 문서에 의한 합의를 말하며, 국제법규란 우리나라가 당사국이 아닌 조약으로서 국제사회에서 일반적으로 그 규범성이 승인된 것과 국제관습법을 말한다. 헌법은 헌법에 의하여 체결 공포된 조약과 일반적으로 승인된 국제법규는 국내법과 같은 효력을 가진다고 규정하고 있으므로, 그것이 국내행정에 관한 사항을 포함하고 있는 경우에는 행정법원의 법원이 된다. 국회의 동의를 얻은 조약과 승인된 국제법규는 법률과 동일한 효력을 갖는다.

핵확산 방지 조약이란 흔히 NPT(nuclear nonproliferation treaty)라고 부른다 (핵확산 방지 조약의 정식 명칭은 '핵무기 불확산에 관한 조약'이다).
조약뿐만 아니라 협정(Agreement), 협약(Convention), 의정서(Protocol), 헌장(Charter, Constitution) 등으로 불리는 것도 포함한다.

2) 법원 : 불문법

(1) 관습법

관행에 의해 발생하는 사회생활의 규범으로 사회인의 사실상의 관행이 계속적이고 일반적으로 행해짐에 따라 법으로서의 효력을 가지는 법이다.
관습법이란 국가나 사회 안에서 일정한 관행이 장기간 계속 행해짐에 따라 사회의 중심구성원들이 법으로 승인하고 국가가 그 효력을 인정한 것이다(예 : 근친상간은 허용되지 않는다. 어른을 공경해야 한다).

관습법으로 성립하려면, ㉠ 국민(사회성원) 다수가 관습(관행)을 법이라고 확신해야 하고(법적 확신), ㉡ 관행의 영속성이 있어야 하며, ㉢ 국가의 법이 승인해야 한다(관습을 반대하지 말아야 함).

관습법은 법령이 없는 경우에만 성립하는 것이 원칙이며, 법의 보충적인 성격을 가진다.

관습법은 시대에 따라 변동(아동, 아내에 대한 폭력적 지배가 과거에는 처벌되지 않았지만 현재는 처벌)한다.

(2) 판례법

판례의 형태로 존재하는 법으로써 법원이 내리는 판결을 법으로 보는 경우이다. 유사한 사건에 대하여 법원이 동일한 취지의 판결을 반복하여 판례의 방향이 확정됨에 따라 동종 사건에 대하여 사실상의 구속력을 갖게 됨에 따라 형성되는 법이다. 판례법은 법원에서 내린 판결을 의미하며, 상급심 판례와 선판례가 있다. 상급심판례는 "하급법원은 상급법원의 판례를 따른다"(법원조직법 제8조). 선판례는 동종의 사건에서 재판의 선례를 따르는 것이다.

재판의 판례가 후에 있는 판례에 구속력을 가지므로 판례도 법원이 되며, 사회복지법에서는 판례가 많지 않으나 늘어나고 있다.

(3) 조리

조리란 건전한 상식으로 판단할 수 있는 자연의 이치사물의 이치, 도리, 합리적 원리(예 : 물은 높은 곳에서 낮은 곳으로 흐른다. 모든 인간은 언젠가는 죽는다. 등)이다.

대부분의 사회구성원이 타당하다고 인정하는 공동생활의 원리로써 건전한 이성과 양심에 따르는 것이다.

조리가 법원의 역할을 하는 이유는 사회성원 대부분이 인정하는 도리이고 원리이기에 재판에서 적용할 성문법, 관습법, 판례법도 없는 경우에는 조리가 법원으로 사용된다.

보편적으로 성문법주의를 채택하고 있으면서 성문법규에서 없는 경우 불문법을 인정하는 국가가 많다. 사회복지법 영역에서도 법의 공정한 집행, 명확한

실행근거 등을 성문법에 법원을 두고 있지만, 사회복지의 현장은 사회의 관행, 조리 등이 엄연히 존재하는 현장이므로 성문법주의를 중심에 두고 있으나 불문법이 보충적 규범으로 작용하고 있다.

3) 법의 효력

법은 사회생활을 규율하는 규범이므로 법의 생명은 그것이 현실사회에서 실현되는 데 있다. 법이 그 규범의미대로 실현될 수 있는 상태에 있는 것을 법의 효력이라고 한다. 법규범은 그것이 실현되든 안 되든 '법은 준수되어야 한다'는 당위성을 내포하는데, 이러한 강제성의 근거가 되는 것이 곧 규범에 한정된 객관적 형태를 줄 수 있는 '실정성'이다.

법이 법으로서 현실에 정립되어 현실화될 때 사람은 그 법이 지시하는 것에 따라서 사회생활을 요구받게 된다. 이와 같은 법의 실정에 기초한 규범의 구속성을 법의 타당성이라 한다. 또한 사람들이 그러한 요구에 합치하게 사회생활을 영위하는 것, 즉 법이 수범자들에 의해 현실에서 준수되는 시간적·공간적 현실을 법의 실효성이라고 한다. 즉, 법이 행해진다거나 타당하다고 여기기 위해서는 수범자의 주관에 의해 승인된다는 주관적 요소와, 다른 한편 수범자의 주관적 승인을 통해 현실로 준수되고 있다는 객관적 요소를 필요로 한다. 그러므로 법의 효력을 담보하는 실정성은 합목적성과 정의의 문제인 타당성과, 그리고 인과적 규정의 문제인 실효성과의 불가분리의 관련을 맺고 있다. 법효력의 이러한 특성으로 인해 법효력의 근거에 관한 이론에는 의미적 존재로서의 법이 지니는 타당성에 중점을 둔 당위적·법률적 효력이론과, 시간적·공간적 실체로서의 법이 지니는 실효성에 중점을 둔 사실적·사회학적 효력이론이 있다.

(1) 시간에 관한 효력

법의 효력은 시행일부터 폐지일까지로 이 기간을 법의 시행기간 또는 법의 유효기간이라 하며, 특별한 규정이 없는 한 법은 공포일로부터 20일이 경과하면 효력이 발생하고, 경우에 따라서는 공포와 동시에 시행하는 법도 있고, 법령에 시행기일을 개별적으로 규정하는 경우도 있다. 사회복지사업법은 2008년 2월 29일에 개정이 되면서 시행일을 법이 공포한 날부터 시행한다. 기초노령연금법은 2007년 4월 25일 제정되었지만, 2008년 1월 1일부터 시행한다.

(2) 사람에 관한 효력

법이 누구에 대해 구속력을 가지느냐 하는 법의 적용을 받는 사람의 범위에 관한 것으로 속인주의와 속지주의로 나눈다. 속인주의는 자기 나라 국민을 기준으로 하여 법령이 국내에 있는 국민은 물론이고 국외에 있는 자국민에게도 적용된다는 원칙이다. 속지주의는 영토를 기준으로 하여 법령의 적용범위가 그 영토 내에 있는 자국민뿐만 아니라 외국인에게도 적용된다는 원칙이다.

현대사회에서는 법의 적용이 대부분 영토적 개념을 존중하여 속지주의를 원칙으로 하면서 보충적으로 속인주의를 따르고 있으며, 우리의 사회복지법은 대부분 대한민국 국민을 대상으로 하는 속인주의를 따르고 있고, 예외적으로 속지주의가 일부 적용되고 있다.

<table>
<tr><td>제2절</td><td>사회복지법의 개념</td></tr>
</table>

1. 일반적 개념

일반적으로 사회복지법은 인간다운 삶을 달성시키기 위한 모든 사회적 노력인 사회복지와 사회속의 인간의 행위를 규정하는 사회규범인 법의 합성어이다. 따라서 사회복지법은 사회구성원 다수가 평안하고 만족스러운 상태를 유지하며 살아갈 수 있도록 규정하는 제반 법규를 말한다.

형식적 의미의 사회복지법이란 사회복지법이라는 외적 형식을 갖춘 제반 법규를 개념 규정하는 것으로 주로 각국의 실정법상 사회복지와 연관된 법규의 모든 법들을 말한다.

예로 사회보장기본법, 사회보험법, 사회복지사업법 및 사회복지서비스법, 공공부조법 등 같이 형식을 갖춘 법규를 가진 법들이 여기에 속한다.

실질적 의미의 사회복지법이란 법적 존재의 형식과 명칭에 관계없이 법규범의 내용, 목적, 기능에 따라 그 법규범에 내재하는 공통된 법 원리나 가치를 담고 있는 법규를 말한다.

실질적 의미는 형식적 의미에다 최저임금법, 보호관찰 등에 관한 법률 등으로 사회복지의 기본가치에 부합하는 모든 법을 말한다.

실질적 의미의 사회복지법이란 넓은 의미의 사회복지법과 좁은 의미의 사회복지법으로 구분된다.

넓은 의미 사회복지법이란 현대사회에서 인간다운 생활을 유지하기 위해 필요한 물질적, 비물질적인 사회서비스를 제공하는 법률로 사회보험, 공공부조, 사회복지서비스를 포함하는 개념이다.

좁은 의미의 사회복지법이란 사회적 약자들에 대해서 제한적으로 도움을 제공하는 활동과 관련된 법률 사회적 약자 혹은 요보호 대상자를 위한 한정적인 제반 사회복지정책 및 사회정책을 의미한다.

2. 실정법상의 분류

1) 사회보장기본법에 따른 법의 분류

사회보장기본법에는 사회보험법, 공공부조법, 사회복지서비스법 그리고 사회복지관련법이 있다.

사회보험법에는 국민연금법, 산업재해보상보험법, 국민건강보험법, 고용보험법 등이 있고 공공부조법에는 국민기초생활 보장법, 의료급여법, 긴급복지지원법 등이 있으며, 사회복지서비스법에는 사회복지사업법, 아동복지법, 노인복지법, 장애인복지법, 영유아보육법, 한부모가족지원법 등이 있다. 그리고 사회복지관련법에는 주택, 교육, 고용 등 관련 법이 있다.

2) 법체계

법은 일정한 조직체계를 이루고 존재한다.

(1) 자연법(natural law)

자연법은 인간의 본성에 바탕을 둔 것으로 시간과 공간을 초월하는 초경험적이고 이상적인 영구불변의 효력을 가지는 것이다(예 : 살인하지 말라, 도둑질하지 말라). 자연법이 담고 있는 인간존엄, 자유 등의 기본적인 지침들은 사회복지법에도 그대로 담겨 있고 그런 면에서 사회복지법의 법원이 되고 있다.

(2) 실정법(positive law)

인간사회의 질서유지를 목적으로 사회적 상황에 따라 생성되고 발전되어 온 법이다.

① 국내법(municipal law)

한 국가에 의해 인정되어 그 국가의 주권이 미치는 범위 내에서만 일정한 절차에 의해 효력을 가지는 법을 말한다.

여기서 공법이란 국가적 관계를 규율하는 법으로 헌법, 행정법, 형법, 민사소송법, 형사소송법 등을 말하고 사법이란 국민 개개인의 이해관계를 규율하는 법으로 민법, 상법 등을 말한다. 사회법은 공법과 사법의 중간적인 특성을 가지는 제3의 법영역으로 노동법, 경제법, 사회복지법 등이 있다.

② 국제법(international law)

국제단체에 의하여 인정되어 국가와 국가 사이에 행하여지는 법이다.

표 1.1 사회보장기본법

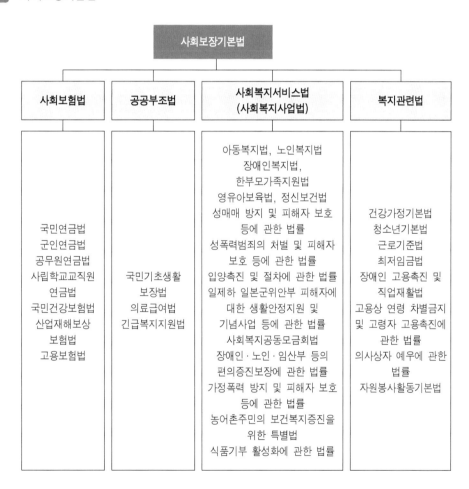

3. 사회복지법의 성격과 구성요소

1) 사회복지법의 법적 성격

사회복지법은 대한민국의 통일적 법체계 속에서 사회복지 현상을 다루는 국내 법규범의 총체이다.

첫째, 사회복지법은 사회복지에 관한 법이다.

둘째, 사회복지법은 사회법이다.

셋째, 사회복지법은 사회복지에 관한 국내법이다.

2) 사회복지법의 구성요소

(1) 주체

사회복지법상의 행위주체는 국민의 인간다운 생활을 보장하기 위하여 급여를 제공하는 주체를 말한다. 급여는 실체적 의미의 급여뿐만 아니라 그 급여를 가능하게 하는 급여구조(제도, 시설, 재정, 인적 자원 등)도 포함된다. 이런 의미의 행위주체는 국가와 전 국민이다.

(2) 적용대상

사회복지법상의 적용대상은 좁게는 요보호를 필요로 하는 미자립자들이며, 넓게는 일반국민이다. 사회보장기본법, 국민기초생활보장법, 사회복지사업법 등에 의한 일차적 대상자들이다.

(3) 개입의 문제

사회복지법이 다루려는 것은 국민의 복지를 저해시키는 다양한 문제현상들로서 사망, 장애, 질병, 실업, 저소득, 매춘, 범죄, 정신질환 등 인간다운 생활을 저해하는 모든 것이 해당된다.

사회복지가 개입하려는 문제들은 시대환경에 따라 변화하는 것으로 '성매매방지 및 피해자보호 등에 관한 법률', '가정폭력방지 및 피해자보호 등에 관한 법률', '일제하 일본군위안부에 대한 생활안정지원법', '저출산·고령화기본법', '한부모가족지원법' 등은 한국사회의 새로운 현상을 반영한 것이다.

(4) 목적

사회복지법의 목적은 인간다운 생활의 보장이다.

첫째, 최저생활보장이다.

둘째, 사회복지증진과 복지권보장이다.

셋째, 소득재분배이다.

넷째, 사회형평과 통합이다.

(5) 개입방법

사회복지의 개입의 필요성은 사회문제로 인한 욕구의 결핍에서 출발하는 데 인간의 욕구는 다양하며, 기본적으로 화폐적 욕구와 비화폐적 욕구로 구별된다. 화폐적 욕구는 소득적 지원에 의해서 해결되며, 비화폐적 욕구는 비금전적이며, 심리, 사회적이며, 의존적 성격을 갖고 있기 때문에 해결이 쉽지 않는 것이 사실이다.

<table>
<tr><td>제3절</td><td>사회복지법과 용어체계</td></tr>
</table>

1. 사회보장기본법

사회보장이라 함은 질병·장애·노령·실업·사망 등의 사회적 위험으로부터 모든 국민을 보호하고 빈곤을 해소하며, 국민생활의 질을 향상시키기 위하여 제공되는 사회보험·공공부조·사회복지서비스 및 관련복지제도를 말한다(사회보장기본법 제3조 제1호).

사회보장기본법은 사회보장제도에 관한 기본사항을 규정하기 위한 법률임과 동시에 사회보장에 관한 다른 개별적 법들의 제 개정의 범위와 방향을 정해 준다.

2. 사회보험법

사회보험이라 함은 국민에게 발생하는 사회적 위험을 보험방식에 의하여 대처함으로써 국민건강과 소득을 보장하는 제도이다.
우리나라에서는 연금보험, 국민건강보험, 산재보험, 고용보험, 노인장기요양보험(2008. 7. 1)을 실시하고 있다.

키워드

'국민연금법', '국민건강보험법' 등은 사회보장기본법과의 관계에서 특별법으로 볼 수 있다.

3. 공공부조법

공공부조라 함은 국가 및 지방자치단체의 책임하에 생활유지능력이 없거나 생활이 어려운 국민의 최저생활을 보장하고 자립을 지원하는 제도이다. '국민기초생활보장법', '의료급여법', '기초노령연금법'(시행일 2008. 1. 1), '장애인연금법'(시행일 2010. 7. 1) 등이 있다.

공공부조제도는 생활이 곤란한 자에 대한 최저생활보장과 생활이 곤란한 자의 자립을 조장하는 두 가지 측면의 목적을 가지고 있다.

이를 달성하기 위한 기본원리는 ㉠ 생존권보장의 원리, ㉡ 평등보장의 원리, ㉢ 최저생활보장의 원리, ㉣ 보충성의 원리 등이 있다.

키워드

공공부조나 사회복지서비스에 관한 영역은 지방자치단체와 함께 국가가 책임주체가 된다.

4. 사회복지사업법

사회복지사업이라 함은 아동복지법에서 다문화가족지원법에 이르기까지 법률에 의한 보호·선도 또는 복지에 관한 사업과 사회복지 상담·부랑인 및 노숙인보호·직업보도·무료숙박·지역사회복지·의료복지·재가복지·사회복지관 운영·정신질환자 및 한센병력자 사회복귀에 관한 사업 등, 각종 복지사업과 이와 관련된 자원봉사활동 및 복지시설의 운영 또는 지원을 목적으로 하는 사업이다.

5. 사회복지서비스법

사회복지서비스라 함은 국가·지방자치단체 및 민간부문의 도움을 필요로 하는 모든 국민에게 상담·재활·직업소개 및 지도, 사회복지시설의 이용 등을 제공하여 정상적인 사회생활이 가능하도록 제도적으로 지원하는 것을 말한다. 일반적으로 사회복지서비스는 개인적 기능과 적응상의 문제가 있는 가족과 개인에게 원조를 제공하는 등 사후적 성격에 초점을 두고 있다. 사회복지서비스는 내용적으로 경제보장과 더불어 비경제적 보장을 내용으로 하고 있으며, 특수적, 구체적, 개별적으로 개인이나 가족문제에 대응하는 기능적 특징을 가진다.

6. 사회법

사회법은 자본주의 발전과정에서 노사대립을 방지하고 노동자의 생존권이 위협받지 않도록 하기 위하여, 근로조건을 개선하고, 산업재해의 무과실 책임주의를 강조하며, 자주적인 노동운동을 보장하여 근로자의 생활수준을 향상시키거나 자유방임적 경제질서하에서 독과점기업의 횡포를 규제하고 조정하기 위하여, 그리고 모든 국민의 기본적 욕구를 충족시키고, 인간다운 삶을 보장하며, 사회정의를 구현하기 위한 법이다.

광의의 사회법은 '노동법', '경제법', '사회복지법'을 모두 포함하고, 협의의 사회법은 '사회복지법'을 포함한다.

키워드

• '사회보장기본법'과 '사회복지사업법'은 같은 위계상의 법률로서 상위법이나 하위법의 개념이 성립하지 않는다.
• 사회복지 법령에서는 제도의 개념과 권리, 의무에 관한 사항외에도 구체적인 절차를 제시하고 있다.

CHAPTER

2 사회복지법의 발달

한국의 사회복지 입법

1. 1960년 이전의 사회복지 입법

1) 일제시대의 사회복지 입법

일제시대의 사회복지 입법은 1944년의 '조선구호령' 이외에는 특별한 법제를 발견할 수 없다. 일제의 한국에 대한 사회복지정책은 결국 식민지정책의 일부로서 일본에 충성하도록 정치적 목적에서 이루어진 시혜 또는 자선의 의미로 실시되었다.

1944년에 일본 본토에서 1929년부터 실시해 오던 구호법을 한국에도 확대 시행키로 하였던 '조선구호령'은 1961년 '생활보호법'이 제정되기까지 한국의 공공부조의 기본법으로 위치하고 있다.

2) 미군정하의 사회복지 입법

일제로부터의 광복 후 남한은 3년간의 미군정을 실시하였는데, 사회복지 입법은 빈곤과 사회적 혼란에 대처하기 위한 구호적·응급적인 대책으로서의 성격을 가지고 있다. 여기서 구호정책과 연관된 사회복지 입법은 다음과 같다.

후생국보 제3호의 C항은 공공구호를 규정하고, 구호의 대상을 규정하였다. 구호 내용으로는 식량, 주택, 연료, 의류, 매장으로 분류하였고, 후생국보 3A호는 이재민과 피난민에 대한 구호를 규정, 구호내용으로는 식량, 의류, 숙사, 연료, 주택 부조, 긴급의료, 매장, 차표 제공 등이며, 후생국보 3C호는 궁민과 실업자에 대한 구호규칙으로서 거택구호 시 세대 인원에 대한 지급 한도액을 규정하고 있다. 그리고 1946년 '아동노동법규'를 발표하여 어린이의 노동을 보호하였으며, 1947년에는 '미성년자노동보호법'을 공포하여 미성년자를 유해, 위험한 직업 또는 노동으로부터 보호하고자 하였다.

3)　6 · 25와 1950년대의 사회복지 입법

1948년에 수립된 정부는 많은 외국원조기관이 물자를 제공하는 것을 효과적으로 배분하여 민생문제를 해결하는 것이 중요한 과제로 등장하였으며, 1952년 후생시설운영요령 제정으로 시설운영과 그 지도감독의 준칙으로 삼았다. 1953년 근로기준법 제정, 1956년 어린이 헌장을 제정하여 공포하였다. 1950년대 중반 이후 시기는 국가 사회적인 혼란을 종결하고, 외원기관으로부터 유입된 물자를 통해 빈곤과 고통을 해결해 가는 시기로 볼 수 있다.

2.　1960 · 1970년대의 사회복지 입법

1)　시대적 배경

절대빈곤의 해소와 반공이념을 중심으로 하여 국력의 배양을 목표로 하며, 경제개발 위주의 정책은 산업화와 도시화를 촉진, 서울을 위시한 대도시의 폭발적인 인구집중 현상을 초래하였다. 그리고 가족형태가 대가족으로부터 핵가족화 경향을 처음으로 나타나게 되었다.

제4공화국 정부는 제3공화국의 경제정책과 근대화 계획을 계승하여 제3 · 4차 3개년 계획을 추진함으로써 지속적인 고도 경제성장을 달성하였으며, 반면에 수출주도형의 고도 경제성장정책의 추구는 저임금 · 저곡가 정책이 빚은 일부 사회계층의 소외 경향을 가져왔다. 그래서 국민간의 소득격차의 심화, 고율의 물가 상승, 지역간 불균형 개발 등 여러 가지의 부작용을 잉태하여 정치적 문제성을 내재하게 되기도 하였다.

2)   사회복지 입법 내용

표 2.1   사회복지 입법 내용

연도	내용
1959년	공무원연금법 제정, 한국 사회보험법의 효시
1961년	갱생보호법, 군사원호보상법, 윤락행위등방지법, 아동복지법, 생활보호법, 고아입양특례법 제정
1962년	선원보험법, 재해구호법 제정
1963년	군인연금법, 산업재해보상보험법, 사회보장에 관한 법률 및 의료보험법 제정
1968년	자활지도에 관한 임시조치법 제정
1970년	사회복지사업법 제정
1973년	사립학교교원연금법, 국민복지연금법 제정
1977년	500인 이상 사업장근로자 의료보험실시(7월)
1979년	공무원 및 사립학교교원의료보험법 제정, 실시(1월)

3)   1960, 1970년대 사회복지 입법 평가

첫째, 사회복지 입법을 만들어 시행할 만한 여건이 성숙하지 못하였다는 점이다.

둘째, 사회복지 입법은 형식은 존재하지만 내용이 보잘 것 없는 사회복지법이라는 것이다.

셋째, 한국 현대 사회복지 입법사에서 기본적인 바탕을 마련하였던 시기가 되었다.

3. 1980년대 사회복지 입법

1)   시대적 배경

제5공화국은 1970년대의 유신체제하의 잔재를 말끔히 청산하고 기회균등의 사회 정의에 입각하여 전 국민의 행복이 보장되는 복지사회를 천명하였다.

광주민주화운동 등으로 인한 정통성의 시비로 학생운동과 노동자들의 근로조건의 개선과 기존 노조의 민주화, 신규 노조의 급속한 증대 등으로 정치적 불안이 심화되었다.

산업화와 도시화, 핵가족화, 생활양식의 현대화 등으로 산업재해, 환경오염, 가족관계상의 문제, 아동문제, 청소년 비행, 장애인 문제, 노인문제 등 새로운 사회복지적 수요가 대두되었다.

2) 사회복지 입법 내용

연 도	내 용
1980년	사회복지사업기금법 제정
1981년	노인복지법, 심신장애인복지법 제정 아동복리법이 아동복지법으로 전면 개정, 100인 이상 사업장 의료보험 확대
1983년	사회복지사업법, 생활보호법 개정
1986년	국민복지연금법을 국민연금법으로 개정하여 1988년 시행, 최저임금법 제정하여 1988년 시행, 국민연금법 공표(12.31)
1988년	농어촌지역의료보험 전면실시, 보호관찰법 제정, 국민연금제도 실시(10인 이상 사업장)
1989년	모자복지법 제정
1989년	7월 1일부터 도시지역 의료보험이 시행되어 의료보험법 시행 12년 만에 전 국민을 대상으로 한 의료보험제도 정착

3) 1980년대 사회복지 입법 평가

기존의 사회복지법의 확대 개편과 사회복지서비스법의 입법화가 이루어졌다.

사회복지사업법의 제정은 사회복지서비스법의 모법으로서 향후 제정될 각종 서비스법을 위한 기틀을 마련하게 되었다.

4. 1990년대 사회복지 입법

1) 시대적 배경

1988년 노태우 정권, 1993년 김영삼 정권, 1998년 김대중 정권이 차례로 평화적 정권교체를 이룬 시기이다. 국제적으로 신보수주의적 정책기조가 영·미·일을 거쳐 세계적인 정치경제의 주류로 되면서 한국도 세계시장에 편입되고 정치기조 역시 유사한 경향을 띠기 시작하였다. IMF 사태는 많은 부문이 소위 '민영화'정책의 조류에 휩쓸려 들어가는 경제위기의 성격이다.

2) 사회복지 입법 내용

연도	내 용
1991년	영유아보육법, 청소년기본법 제정
1993년	고용보험법 제정, 1995년 7월 1일 제정, 시행, 98년 전체사업장
1994년	성폭력범죄의 처벌 및 피해자보호 등에 관한 법률 제정
1995년	농어민연금의 시행, 사회보장기본법, 정신보건법 제정
1997년	사회복지공동모금법, 청소년보호법, 가정폭력방지 및 피해자보호 등에 관한 법률 제정, 사회복지사업법 전부 개정, 사회복지사 1급 시험제도 도입, 국민의료보험법 제정
1999년	국민건강보험법 제정, 국민기초생활보장법 제정, 전국민연금시대, 조기노령연금지급 개시

3) 1990년대 사회복지 입법의 평가

1990년대 이후 법제의 내실화와 주변적인 부분에까지 확대, 개편하였다. 여권신장의 결과 여성들의 복지에 대한 내용이 입법화되었으며, 통합의료보험법인 국민건강보험법과 국민기초생활보장법의 제정을 가져왔다.

5. 2000년 이후의 사회복지 입법

1) 시대적 배경

2003년 노무현 대통령이 이끄는 참여정부가 출범하였다. 정부는 국가균형발전
과 복지예산의 지방이양, 저출산·고령사회의 도래로 인한 새로운 사회복지정
책의 요청, 청년실업과 비정규직 문제 등의 사회양극화 문제, 국민연금 등의
문제를 둘러싼 노후소득보장의 문제 등이 사회복지 입법과 관련하여 주요한
쟁점으로 부각되고 있었다.

2) 사회복지 입법 내용

연도	내 용
2004년	건강가정지원법 제정, 도시지역특례 노령연금 실시
2005년	자원봉사활동기본법, 긴급복지지원법, 저출산·고령사회기본법 제정, 노인 장기요양보험 시범사업
2007년	한부모가족지원법 일부 개정(모·부자복지법을 개정한 것으로 2008. 1. 18부터 시행), 노인장기요양보험법 제정, 기초노령연금법 제정
2008년	다문화가족지원법 제정, 노인장기요양보험실시(7월)
2011년	사회보험징수통합
2012년	7월 아동의 빈곤예방 및 지원 등에 관한 법률 시행령 제정. 3월 자살예 방 및 생명존중문화 조성을 위한 법률 제정
2013년	3월 마약류 중독자 치료보호 등에 관한 규칙 제정, 3월 고령친화산업진 흥법 개정, 4월 의료사고 피해구제 및 의료분쟁 조정 등에 관한 법률 제정
2014년	7월부터 기초연금법 제정, 기초연급사업
2015년	6월 노후준비지원법 제정, 7월 사회보장급여의 이용·제공 및 수급권자 발굴에 관한 법률 시행규칙 제정, 전국민대상 노후준비서비스 시행
2016년	8월 사회복지공동모금회법 시행규칙 제정, 12월 장애인·노인 등을 위한 보조기기 지원 및 활용촉진에 관한 법률 제정, 12월 희귀질환관리법 제정
2017년	12월 장애인 건강권 및 의료접근성 보장에 관한 법률 제정, 8월 호스피스 ·완화의료 및 임종과정에 있는 환자의 연명의료결정에 관한 법률 제정

3) 사회복지 입법의 특성

한국의 사회복지 입법의 역사는 단절과 굴절의 흔적을 간직하고 있다. 그리고 일본의 법적 행정적 유산과 광복 후 미국 등의 학문적 이론이 한국에 유입되었던 시기이다.

사회복지 입법사는 적용대상에 있어 선별주의에서 보편주의로 확대되고 사회복지법의 형성과정에 있어 관련 시민이나 단체의 적극적인 활동이 나타나기 시작했다.

2000년 이후 탈산업화와 세계화 문제, 인구구조의 급격한 변화로 사회복지 법률 체계를 보다 거시적이고 근본적으로 개정해야 하는 시기가 요구되고 있었다.

키워드

- 2003년에는 지역사회복지 계획수립과 지역사회복지협의체 설치를 주요 내용으로 하는 사회복지사업법 개정이 이루어졌다.
- 박근혜 정부는 2014년 5월 20일 기초노령연금을 폐지하고 기초연금법을 제정하였다.

제2절   영국의 사회복지 입법

1. 구빈법시대 이전

1) 1351년 노동자법

십자군시대 이후 영국을 휩쓴 흑사병, 엔클로우저 운동(enclosure movement) 등은 농민들을 대거 부랑인으로 내 몰았으므로 노동자법은 떠도는 부랑인들 문제를 해결하고 장원에서 노동력부족 문제를 해결하기 위해 만들었다.

노동능력이 있는 사람은 고용주가 그를 고용하기 원하면 반드시 받아들이고 그 교구를 떠나지 못하도록 하였다. 시민들은 빈민들에게 구호를 하지 못하도록 규제하여 빈민들이 노동을 할 수밖에 없도록 유도하였다.

이에 따라 첫째, 1388년 빈민법(poor law)의 제정과 1531년 걸인과 부랑인 처벌에 관한 법의 제정으로 빈민구호의 최초의 정책으로 헨리8세의 법령을 공포하였다.

시장과 치안판사는 교구 내에 있는 걸인과 부랑인들을 조사하고 노동능력이 없는 사람에게는 제한된 구역 안에서만 구걸을 할 수 있게 등록을 하게 하여 구걸을 허락받고 하도록 하였다. 만약 노동능력이 있는 사람이 구걸을 하면 강제노역이나 추방하도록 하였다.

둘째, 1536년 건장한 부랑인 및 걸인의 처벌에 관한 법의 제정이다. 종교개혁으로 구호하던 단체들이 재산을 몰수당하면서 종전의 구호방식이 중단되었다. 정부후원을 받는 최초의 공공부조가 법으로 제정되었으며, 다음에 나오는 구빈법의 골격을 형성하게 되었다.

노동능력이 없는 빈민은 한 곳에 3년 이상 거주하면 교구에 등록을 하여 보호를 받을 수 있도록 하였으며, 노동능력이 있는 사람은 노동을 하도록 하고, 빈곤아동은 도제생활을 하게 함으로써, 이미 구빈법의 모습이 나타나고 있었다.

셋째, 1562년 장인법의 제정으로 임금, 노동시간, 도제제도를 법으로 명시하고 부랑인들은 중노동하게 하였으며 12~60세의 걸인을 종으로 고용하는 것을 일반에 허용하게 하였다.

넷째, 1576년 빈민구제법의 제정이다. 이는 강제노역을 규정한 법으로 노동능력이 있는 사람은 작업장에 보내졌고, 노동능력이 없는 사람은 자선원에 입소시켜 보호하고, 나태한 빈민은 교정원에 보내게 하였다.

2. 구빈법시대

1) 1601년 엘리자베스 구빈법

빈곤자를 세 가지 종류로 분류하였다.

첫째, 노동능력이 없는 빈민(노령자, 만성병자, 맹인, 정신병자)은 구빈원(poorhouse)에 수용하여 구호하였다.

둘째, 노동능력이 있는 빈민은 교정원, 실제로는 작업장(workhouse)에서 강제노동을 시키고, 거부자는 유치장에 감금, 폭행도 하기도 하였다(1722년에는 공식적으로 작업장이 설치됨).

셋째, 요보호아동은 도제계약으로 구빈법은 성문화된 이후에도 신 구빈법(1834)이 나오기까지 250여년을 정부책임 하에 시행되어 왔다. 그리고 약 1500여 교구가 지역 내 빈민구호를 자체적으로 자원을 해결해나갔다.

2) 1662년 정주법

(1) 원인

빈민구제를 지역교구의 책임 하에 구빈세를 거두어 구호하고 있는 것으로, 문제는 처우가 나은 교구로 이동이 생기자 상대적으로 빈민자들이 많이 이동해오기에 교구의 재정 부담이 늘어나게 되었다.

(2) 문제해결

자기 교구외의 사람에게 정주권을 주지 않게 되는 것을 법제화하였다. 정주법은 자기 교구 내의 빈민들이 늘어나서 재정증가를 막기 위한 것으로 빈민들의 교구이동을 통제하는 수단이 되었다. 그러나 노동력이 부족한 지방에서는 산업발전을 저해하게 되어 빈민 감독관이 뇌물을 주고 빈민을 이주시키는 문제가 나타나기도 하였다.

3)　1696년 작업장법(브리스톨 작업장)

개혁론자들은 빈민을 억압하기보다는 네덜란드의 구빈원처럼 산업에 빈민들을 투입하여 산업에 적극 활용하여 유익을 찾으려 함. 그 결과 작업장은 몇 가지 유형으로 구분되었다.

① 이윤추구형 작업장

② 형벌형 작업장

③ 구호억제형 작업장 : 작업장 수용은 공포의 상징이므로, 수용되지 않기 위해 열심히 일해 구제요구를 억제시키고자 함. 1722년의 내치불법을 만드는데 영향을 줌.

④ 수용형 작업장

⑤ 의식개조형 작업장

⑥ 보호치료형 작업장

4)　1722년 내치블법(공공작업장법, 작업장조사법, 작업장시험법)

지역단위의 공식적인 작업장을 설치하고 원외구호를 폐지하였으며, 노동능력이 있는 사람들을 작업장에 수용시켜 원내구호를 실시하였다. 이에 수용을 거부하면 구제명부에서 지우고 구제자격을 박탈하기도 하였다.

당국이 직접운영하거나 하청을 주어, 작업장을 부랑 억제와 이윤획득 양쪽을 위해 활용하도록 하였다.

위탁받은 자들은 주로 상인들로서, 최저비용으로 작업장을 유지하려다보니 강압적이고 더 가혹한 작업장이 되었고, 공포의 집으로 변하여, 악의 원천으로 비난을 받게 되었다.

구빈대상자는 명찰이 부착된 구분된 옷을 입혀 구호하기도 하였다.

이와같이 작업장이 설치된 목적은
① 노동능력이 있는 구호대상자를 작업장에 수용하여 일을 시킴으로써 구호비
   용을 줄이려는 것이고
② 작업장의 조건을 가혹하게 하여 잠재적으로 공적부조를 받아보려는 구호 잠
   재층을 억제하려는 것이었다.

이것은 빈곤을 개인적 결함으로 보고 가혹하게 하였다.
구빈원(poorhouse)은 실제로 빈곤한 자를 향한 인도주의적인 면이 내포되어,
작업장(workhouse)에 수용된 노동능력이 있는 사람들에게는 사실상 비인도적
이고 사회문제가 제기되기도 하였다.

5) 1782년 길버트법

악명 높은 1722년의 작업장운영에 대한 개선운동으로, 교구연합을 통해(1834
년이 되면 900개교구가 67개 연합을 결성) 효율적인 구빈행정을 도모하였다.
교구연합은 유급사무원을 채용(사회사업가의 모태)하였고, 노동능력이 있는
근면한 빈민들에게는 자신의 집에서 공공부조를 받을 수 있게 하는 원외구호
를 시행(거택보호제도의 효시)하였다.
종전까지의 강압적인 작업장의 개선을 가져왔고. 노동능력이 있는 빈민에게
직업을 알선하고 노동의 수입으로 생활이 부족하면 보충하여(임금보조) 지원
을 하였다.
작업장은 노동능력이 있는 빈민을 무조건 수용하던 종전의 방식을 탈피하여
노동능력이 매우 부족한 자들의 보호시설로 변화되었고, 빈민의 노동의사를
묻고 원외구호를 하는 인도주의적인 구빈제도로 평가되기도 하였다.

6) 1795년 스핀햄랜드법

(1) 배경

영·프전쟁(1793~1815)은 생활을 더 피폐하게 하였고, 밀값 폭등·인구 증가
·흉작은 영국을 더욱 곤경에 처하게 하였다. 전쟁에서 부상당하여 돌아온 상

이군인들은 가족들과 함께 구빈원에 수용되는 것을 꺼려했고 집에서 구호받기를 원하였다.

(2) 내용

1795년 5월 버크셔의 스핀마을에서 임금보충제(최저임금보조) 방안을 도입하여, 가족 크기에 비례하여 일정수준의 소득이 보장되도록 하였다.

고용주가 주는 임금이 최저임금에 미달하면 빈민구호기금에서 보전해 주었다. 분명 좋은 의도에서 시작했으나 고용주들은 의도적으로 노동자들의 임금을 낮게 책정했고, 임금의 부족부분을 기금에서 보전하다보니 기금은 고갈되었다.

결국 제도는 실패하였는데, 고용주들의 저임금이 합리화되고 노동자들은 고용주가 주는 임금이 작아도 어차피 기금에서 보전하여 최저임금에 맞추어 주다보니 노동동기가 저하되고 생산성은 낮아졌다.

(3) 역사적 의의

① 사회안정

인도주의적이고 자비적인제도였고, 빈민구제에서 낙인을 제거할 수 있었다. 가족 수가 크면 구호의 양이 커짐(가족 수에 연동하여 소득보장).

구제를 가족의 크기에 비례해서 과학적으로 산정하고, 현금을 지급하고, 빈민을 죄인시하지 않는 철학을 기본으로 임금보조제가 제도로 정착할 수 있도록 하고, 사회철학의 변화를 일으킴으로써 사회 안정에 기여할 수 있게 했다.

② 교훈

자립의지가 저하되고 노동동기의 저하를 가져오면서 생산성 결여로 이어졌다. 오늘날 무조건적인 복지지원이 노동동기의 저하를 가져온다는 생생한 역사적 증거가 되었다.

근로연계복지(workfare)를 주장하는 자들은 스핀햄랜드 제도를 통해 근로연계복지가 왜 필요한지를 보여주는 증거라고 주장하였다.

맬더스(Robert Malthus)는 이 제도가 인구증가를 부추긴다고 비판하기도 하였다(식구수가 많은 노동자들이 유리하게 되어 있어서 조기 결혼과 다산을 하게 된다는 것).

결론적으로 스핀햄랜드 제도는 빈민들을 위한 최소한의 소득보장을 통해 사회안전망으로 시행되었지만 노동자와 빈민들을 더 황폐하게 만들게 되었다.

3. 신구빈법(1834)

1) 신구빈법의 사회적 배경

첫째, 산업혁명과 구빈법의 파탄에 있다. 구빈법은 중세봉건주의 아래서 맞는 제도였는데 자본주의 아래에서 맞지가 않았다.

둘째, 구빈세의 증대와 세제의 불공평이다. 산업혁명은 제조업관련분야에서 부를 창출했는데도 구빈세는 토지·주택 소유자들에게 부과되어 상대적으로 제조업을 통해 부를 축적한 사람들이 구빈세 부담이 적었다는 사실이다.

셋째, 스핀햄랜드 제도의 모순에 있다. 결국은 노동자를 위한 제도가 아닌 고용주를 위한 제도가 되었다.

넷째, 행정조직의 결함과 개혁의 곤란이다. 구빈행정의 책임을 전국적인 조직인 빈민 감독관에게 부여하는 중앙집권적인 기구를 확립했으나, 지방자치의 존중이라는 영국 특유의 전통으로 유명무실하게 되었다는 점이다.

2) 신구빈법 내용

왕립조사위원회가 만들어졌고, 6개의 건의문을 내놓았으며 그 내용은 다음과 같다.

① 스핀햄랜드 제도 하에서 시행되었던 임금보충제를 폐지하였다.

② 노동능력이 있는 신청자는 모두 작업장 구호를 적용하였다(결국 작업장 제도로 되돌아감).

③ 병자, 노인, 허약자, 어린아이가 딸린 과부에 한해 원외구호를 제공하였다.

④ 여러 교구의 구호행정을 하나의 구빈법 조합으로 묶어 조정하였다(종전의 15000개의 지역단위들을 600개로 묶어 구빈연합을 만듦).

⑤ 구호의 수준은 그 지역사회에서 노동으로 일하는 노동자의 최하위 임금보다 낮게 책정하였다(열등처우의 원칙).

⑥ 구빈행정을 통제하는 중앙기구를 설치하였다.

4. 자선조직과 인보관

1) 자선조직협회(Charity Organization Society : COS)

(1) 설립 배경

구빈법이 제대로 빈민구제를 하지 못하는 상황 속에서 중산층은 자선사업에 참여하는 것이 자신의 사회적 지위를 상승시키는 방편이고 패션으로 생각하는 풍조가 생겼다.

1861년의 런던에는 640개의 자선단체가 있었고, 연 수입이 250만 파운드로 런던에서 공공자금으로 빈민구제에 지출하는 금액보다 많았다. 그럼에도 단체들은 공동원칙도 없고 단결되지도 못했으며, 단체 간에 경쟁과 대립까지 발생하게 되자 조직화하기 위한 노력이 필요하여, 1869년에 자선조직협회의 결성으로 나타나게 되었다.

(2) 실천방침

첫째, 곤궁한 개인 중 자존심이 있고 보호받을 가치가 있는 빈민에게는 친절하게 성의를 가지고 대우하고 그 외의 사람들에게는 공공기관에서 억압적인 방법으로 취급할 것과 둘째, 구호실시에서 중복을 피하고 개인의 필요에 대해 신중하게 조사하여 대처할 것으로 하였다. 셋째, 질병과 같이 빈곤을 초래할 수 있는 특정한 형태의 개인적 문제를 가진 사람들을 원조하고 태만, 음주, 낭비자에 대한 원조는 거부할 것으로 하였으며, 넷째, 불행의 완화와 구호의 남용을 방지하기 위해 무보수로 시간과 노력을 제공할 것을 지침으로 하였다.

(3) 목적

창립목적은 첫째, 중복구빈을 없애기 위해 여러 자선활동을 조정하고 빈민의 환경에 대한 조사와 적절한 원조를 제공하려는 것으로, 중복구빈을 피하기 위해 연락기관이 설치되었는데 이는 최초의 지역사회조직사업이다. 둘째, 빈민에 대한 철저한 환경조사는 나중에 가족사회사업 또는 개별사회사업으로 발전하였으며, 그리고 자조의 윤리를 추종하는 데 있다.

(4) COS의 운영방법

첫째, 자선조직협회와 구빈법간의 협력은 원조대상을 구분하여 원조대상을 구제할 만한 가치가 있는 빈민에 한정(구빈법과 동일)한다는 것이다. 구제가치 있는 빈민은 장애인, 고아, 비자발적 실업자 등과 같이 어려울 때를 대비해서 노력을 했지만 여전히 불행에 빠져있는 사람들이다. 구제가치 없는 빈민은 게으른 자, 타락한 자, 주벽이 있는 자들에 대해서는 자선의 제공을 거부하고 구빈법의 열등처우의 원칙에 맡기도록 하였다.

둘째, 자선단체간의 협력은 지구위원회를 통해서 이루어지고 있었다. 위원회는 각 자선협회와 개인에게 정보교환의 수단을 제공하고, 구제가 중복되는 것을 방지하고, 원조에 적절한 기관에 신청서를 전달하기 위하여 각 케이스에 대한 조사를 명확히 하고 걸식을 억제하였다.

셋째, 신청 케이스의 면접과 조사는 지구위원회에서 고용한 유급사무직원에 의해서 실시하게 되었다.

2) 인보관운동(Settlement Movement)

(1) 설립 배경

인보관운동은 런던 동쪽의 옥스퍼드대학 출신의 바네트(Samuel Barnet) 목사와 젊은 졸업생들에 의해 전개되었으며, 1884년 토인비 홀(Toynbee Hall)이 만들었다.

가난한 노동자들의 안정과 변화를 위해 중·상류 계급의 젊은 청년과 여성들이 지역주민들의 삶 속에 들어가 함께 생활하며 지역변화(개혁)운동을 일으키게 되었다.

인보관은 중상류층의 의식 있는 젊은이들이 특권과 신분을 포기하고 가난한 자에게 섬김과 봉사를 하였던 운동으로 지역사회의 문화적, 도덕적, 지적수준을 높일 것이라는 믿음을 가지고 어린이보호, 건강클리닉, 과학, 문화, 예술, 댄스 등을 가르치며 활동하였다.

(2) 목적

바네트 목사는 초대 관장(1884~1906)으로 활동을 했고, 베버리지(William Beveridge 1879~1963)는 1903~1907년까지 부관장으로 일하였다. 이러한 인보관은 3대 목적을 가지고 있었다.

첫째, 빈곤한 사람들의 교육과 문화를 발전시키자는 것이고

둘째, 빈곤한 사람들의 생활환경에 관한 정보와 긴밀한 사회적 욕구의 파악에 있었다.

셋째, 사회 및 건강문제, 그리고 사회입법에 대한 일반국민들의 관심을 촉구하였다.

인보관 사업의 기본목적은 빈민들과 교육받은 계층 간의 상호교류를 증진시키는 일이고 이러한 공동 활동과 연구를 통해서 서로 문화를 공유하자는 것이다. 지역사람들에게 폭넓은 교육기회를 제공하고 강좌와 집단토의에 참여함으로써 가르치는 사람과 배우는 사람간의 협조와 배움을 나누는 환경을 증진시키는 데 있었다.

(3) 자선조직협회와 인보관운동 비교

COS와 인보관 활동은 영국에서 발생하여 미국으로 넘어가서 사회복지 실천의 양대 세력으로 경쟁하며 발전을 계속하였다. 모두 사회문제를 해결하려는 인식을 가지고 활동하였으나 실천방법, 사업목적, 내용, 결과 등이 다르게 나타나게 되었다.

표 2.2   자선조직협회와 인보관의 비교

	자선조직협회(COS)	인보관운동 (Settlement Movement)
공통점	동일한 사회문제에 대처하기 위해 활동, 빈민 상황조사 구호의 구체적 방법 탐색	
문제 원인	개인적 원인(게으름, 나태 등)	사회환경이 원인
사상바탕	사회진화론적 사상에 동조	자유주의와 급진주의 사상에 동조
참여자들	주로 상류층이나 상류층에 가까운 자들(부인들)	교육을 받은 중류층(젊은 대학생들)
문제 접근방법	빈민 개조, 처한 상황의 역기능 수정	빈민과 함께 생활, 빈민동정, 기존 사회질서 비판
문제 해결방법	우월적 위치에서 방문하여 조사 권면 훈계	실용주의적, 실현 가능한 것들 실천하려 함.
역전활동	자선기관간의 역할조정, 서비스 조정 역점	실제 서비스에 역점, 야간학교, 공중목욕탕 등
변화 목표	개인 원조 및 변화	지역사회개혁, 기독교사회 복음화 운동과 연결
주된 인물	험프리(미), 리치몬드(미)	바넷(영), 제인 아담스(미)
발전과 영향	개별사회사업으로 발전	소련 등장 이후 보수화된 미국 내에서 진보성향의 인보관 운동은 결국 사라짐.(1930년대)

1900년대 이후에는

① 노령연금법(1908)

② 국민보험법(1911)

③ 실업보험(1921)

④ 미망인 고아 노령 갹출연금법(1925)

⑤ 지방정부법(1929) : 지방정부법에 의해 구빈법이 실질적으로 폐지되고 공적 부조가 확립되어 구빈법 체제는 종결하게 되었다.

⑥ 1934년 실업법에 이어 1942년 베버리지보고서가 채택되었다.

베버리지의 3대 가정은 다음과 같다.

① 15세까지의 아동을 대상으로 한다.

② 사회의 전 구성원이 이용할 수 있는 포괄적인 보건의료서비스를 제공한다.

③ 고용의 유지, 즉 대량실업의 방지를 목적으로 하는 것이었다.

복지비용의 부담은 ① 국가, ② 고용주, ③ 노동자가 부담하는 3자부담을 주장하였고, 사회의 5대악을 ① 궁핍, ② 질병, ③ 무지, ④ 불결, ⑤ 나태로 규정하고 이를 해결하고자 하였다.

베버리지가 제창한 사회보장 6가지 원칙은 ① 충분한 급여, ② 정액급여, ③ 정액갹출, ④ 행정책임(관리책임)의 통합, ⑤ 대상의 포괄성, ⑥ 분류화를 주장하였다.

베버리지보고서는 없던 정책을 새롭게 만든 것이 아니라, 산발적으로 흩어져 있던 사회복지제도들을 재정비하여 제시한 것이다. 이전에 부자들의 전유물처럼 복지라는 악세사리를 이제는 모든 국민들이 함께 기여하고 받으면서 함께 만들어가면서 궁핍과 질병 등에서 자유롭게 하려는 것으로, 국가가 책임을 지고 국민의 최저생활을 보장해 주는 사회보장제도로 재 탄생시켰다는 점에서 높이 평가되고 있다.

제3절   미국의 사회복지법 형성과정

1. 자선조직과 인보관

1) 미국 자선조직

험프리 목사(Stephen Humphreys Gurteen)가 버팔로에서 최초의 COS를 설립했고(1877), 리치몬드(Mary E. Richimond)에 의해 더욱 발전되면서 사회적 조사와 진단을 구체화한 형태로 발전하였다.

COS의 제일 중요한 기능은 무차별로 주는 것을 제거하고 구걸을 억제하는 것이었다. 원조할 만한 가치가 있는 자들을 선별하여 이중으로 자선을 받는 것을 막기 위한 노력을 하였다.

COS가 현대 사회사업에 미친 영향은 지대하다.

첫째, 빈곤의 책임을 개인에게만 돌리지 않고 사회적 책임을 강조했다.

둘째, 자의적이고 선발적인 구제사업을 조정·합리화했다.

셋째, 방문구제를 통해 현대적 의미의 사회사업방법론을 확립했다.

넷째, 자선활동을 전문적 사회사업으로 발전시켰던 것도 COS의 영향이었다.

2) 미국의 인보관

미국에서는 아담스(Jane Adams)가 영국을 방문하여 토인비 홀의 활동에 감명을 받고 시카고에 헐 하우스(Hull House, 1889)를 설립하였다.

아담스는 평화주의자로 사회개혁가로 활발한 운동을 펼치면서 성과를 거두기도 하지만, 당시의 복고파들과 애국자들에게 헐 하우스는 급진주의의 온상이며 파괴적인 네트워크의 중요한 고리로 생각했고, 아담스는 위험한 여성으로 보여져 배척을 받기도 하였다.

헐 하우스는 여성운동, 노동운동의 거점역할을 하면서 사회변혁에 앞장섰다.

인보관은 사회개혁을 주도하는 입장에서 활동을 활발히 전개하고 공헌을 하였으나, 당시에 소련의 등장과 함께 정치적으로 미국이 보수화되면서 정치권의 견제를 받았고 점차 힘을 잃게 되었다.

이후 자선조직의 실천개념들이 미국의 복지를 주도하는 주류가 되는 것으로 자리잡게 되었다.

3) 인보관과 자선조직의 흐름 비교

미국은 영국의 제도들을 수입하여 사용하고 있던 관계로(1900년대 후반부에는 오히려 영국이 수입하는 입장이 되었지만) 영국의 제도와 비슷한 빈민구호제도가 작동되었다.

인보관운동은 제인 아담스에 의해 도입 전파, 시카고에 헐 하우스가 만들어지고 지역사회변화운동이 활발히 전개되었다. 그러나 1917년 소련의 등장으로 미국 내의 정치권이 보수화 경향을 띠면서 아담스의 지역사회변화운동은 좌파라는 의심을 받게 되고, 1930년대에 들어가면서 역사의 무대에서 사라지게 되었다.

COS는 험프리에 의해 도입, 리치몬드에 의해 크게 발전되었다. 리치몬드의 사회진단(1917)이 출판되면서 사회복지 실천의 새 지평을 열었고 개별사회사업에 강점을 가지고 성장하였으며 유급종사자를 고용한 것도 자선조직의 활동에서 나타난 것이다.

인보관운동과 자선조직협회는 미국 내에서 경쟁을 하며 발전을 하지만, 1930년대의 미국 내 정치적 상황과 맞물리면서 인보운동이 사라지고 개별사회사업 성향의 운동이 이어지며 발전을 하였다. 따라서 미국의 사회사업이 개별사회사업에 강세를 띠며 성장하게 되는 역사적 바탕이 되고 있다.

2. 사회보장법(1935)

사회보장법(Social Security Act)은 강제적 사회보험과 공적부조를 양축으로 하고 있다.

사회보장법은 두 가지 보호체계를 만드는 계기가 되었다.

첫째, 연방사회보험제도로서 연방정부로부터 기금을 충당해 은퇴자, 유족 및 요보호자에게 직접 지급하는 제도.

둘째, 공공부조제도로서 재정은 연방정부에서 충당하지만 그 행정은 주나 지방에서 담당하는 것으로, 사회보장법에 나타난 사회보험과 공적부조 프로그램을 실현하게 되었다.

(1) 사회보험

   ① 고령자 및 유족보험

   ② 실업수당

   ③ 근로수당 : 주 사회보험

(2) 공공부조

   ① 고령자부조(Old-Age Assistance : OAA)

   ② 맹인부조(Aid to Blind) 및 장애인부조

   ③ 요보호아동부조(Aid to Dependent Children : ADC)

     1950년에 '부양가족아동부조'(Aid to Families with Dependent Children : AFDC)로 바뀌면서 어머니들도 포함되었고, 주관부서도 건강교육복지부로 이동했고 1996년의 복지개혁이 나타나기까지 지속되었던 법

   ④ 모자복지법

3. 미국 복지의 대명사 AFDC와 개혁 흐름

ADC는 가난한 홀어머니 밑에 살고 있는 어린 자녀를 위해 만든 소득보장 프로그램으로 출발하였다.

1961년에 한 부모까지 포함시키는 AFDC로 바뀌었다.

처음에는 수급자가 많지 않을 것이라 예상했는데, 1960년대 이후 급격히 늘어났으며, 이혼 증가와 혼외출산의 증가가 원인이 되고 있었다.

미국복지는 AFDC를 어떻게 개혁할 것인가를 고민했던 역사였다.

원래는 기혼여성이 홀로 자녀를 양육하는 경우를 돕기 위해 만든 것인데, 사회가 변화하면서 수급자 다수를 미혼모가 차지하는 상황이 되었고 수급자 절대다수가 복지의존을 하는 양상을 보이게 되었다.

수급자 과반수가 일생 중 10년 이상을 AFDC 수급자로 살고 있었다. 복지의존에 대한 사회적 비판으로, 결국 1996년 복지개혁을 통하여 AFDC를 폐지하고 한시적인 급여(5년)와 근로의무를 골격으로 하는 '빈곤가족을 위한 일시부조'(Temporary Assistance for Needy Families : TANF)로 대체되어 명실상부한 강력한 근로연계복지를 추진하는 제도장치를 완비하였다.

'개인책임과 근로기회조정법'(Persnal Responsibility & Work Reconciliation Act : PRWRA)이라는 법적인 틀을 바탕으로 개혁을 시도하였다.

PRWRA의 내용과 특징은 다음과 같다.

첫째, AFDC(Aid to Families with Dependent Children)를 폐지하고 TANF(Temporary Assistance to Needed Families)로 대체하였다.

둘째, TANF수급기간은 평생 60개월(5년)을 초과할 수 없었다.

셋째, 공공부조에 관한 모든 권한과 책임을 주정부에 넘겼다.

넷째, TANF소요예산은 연방정부가 포괄교부금 방식으로 지급하였다.

다섯째, TANF의 수급권은 누구에게도 인정되지 않았다.

AFDC에서는 미국시민이면 누구나 신청할 수 있고 권리(수급권)를 가질 수 있었지만, TANF의 경우 권리는 없어지고 계약의 개념이 도입되었다. 그리고 일정한 조건을 충실히 이행할 것을 동의하고 그렇게 하는 사람에게만 복지급여가 주어졌고, 이행하지 않으면 급여삭감이나 박탈을 하였다.

여섯째, 육아와 보육에 대한 지원을 확대하였다.

연방정부는 수급자의 취업에 걸림돌이 되는 육아와 보육문제를 해결하기 위해 보육개발기금을 설치하였다.

발달사 요약정리

- 1961년에 제정된 생활보호법은 1999년 국민기초생활보장법이 제정되면서 폐지되었다.
- 1963년에 제정된 사회보장에 관한 법률을 폐지하고 우리나라의 경제·사회의 발전수준과 국민의 복지욕구에 부합하는 사회보장제도를 확립하여 국민복지의 증진에 도모하기 위하여 1955년에 사회보장기본법이 제정되었다.
- 1973년에 국민복지연금법이 제정되었지만 여건부족을 이유로 시행이 미뤄지다가 국민연금법으로 전부 개정되면서 1988년부터 국민연금제도가 신설되었고, 전국민의 강제가입은 1999년에 국민연금법개정으로 이루어졌다.
- 1997년 국민의료보험법 제정에 따라 보험을 관리, 운영하기 위한 국민의료보험관리공단이 출범하였다.
- 1999년 제정된 국민기초생활보장법에는 생계, 주거, 의료, 교육, 해산, 장제, 자활급여 등이 규정되었다.
- 1997년 외환위기에 따른 대량실업 및 빈곤형상에 대한 대응으로 1999년 국민기초생활보장법이 제정되었다.
- 1997년 사회복지사업법 개정을 통해 사회복지사의 전문성을 제고하기 위한 사회복지사 1급 시험제도를 도입하게 되었다.
- 2000년대에는 저출산, 고령화 문제가 대두되면서 기초노령연금법, 노인장기요양보험법 등이 제정되었다.
- 국민복지연금법(1973년 제정) – 국민연금법(1986년 제정, 88년 시행) – 고용보험법(1993년 제정) – 사회보장기본법(1995년 제정) – 국민의료보험법(1997년 제정) – 긴급복지지원법(2005년 제정) – 노후준비지원법제정(2015년 제정)
- 2015. 6. 22(2015. 12. 23 시행) 노후준비지원법 제정, 7월 사회보장급여의 이용·제공 및 수급권자 발굴에 관한 법률 시행규칙 제정, 희귀질환관리법(2015. 12. 19 제정, 2016. 12. 30 시행)
- 2015. 12. 29 제정(2016. 12. 30 시행), 장애인·노인 등을 위한 보조기기 지원 및 활용촉진에 관한 법률
- 2015. 12. 29 제정(2017. 12. 30 시행), 장애인 건강권 및 의료접근성 보장에 관한 법률
- 2016. 1. 8(2018. 2 시행) 호스피스·완화의료 및 임종과정에 있는 환자의 연명의료결정에 관한 법률 제정
- 2016. 6. 15 사회복지공동모금회법 시행규칙 제정

CHAPTER

3 사회복지법상 수급권

제1절 사회복지 급여 수급권 개념

1. 시민사회와 사회복지법의 출현

사회복지제도가 보편적 제도로서 자리잡은 것은 20세기에 들어와서 자본주의 발달과 시민사회의 성숙, 그리고 2차에 걸친 세계대전의 경험과 민주주의의 고귀함이 역사적으로 혼합되면서 나타난 소산이다.

사회복지제도의 실천은 사회복지법에 의거한 것이라면, 결국 사회보장제도 혹은 사회복지제도의 일반화와 보편화의 배경에는 사회복지법의 생성과 발전이 놓여 있다는 사실은 당연하다.

시민사회의 사상적 · 이념적 특징은 개인의 생활을 존중하고 자유를 중시한다는 점이다. 경제적으로는 자본주의를 토대로 한 반면, 법질서는 사법 중심의 시민법에 있다. 국가는 개개인의 사생활에 가능한 한 개입하지 않는 이른바 야경국가의 성격을 띤 국가 형태가 지배적이었다.

이러한 시민사회에서 개인의 생활문제나 사회문제는 거의 대부분 개인적이 측면에서 그 원인과 해결책을 모색하는 관념이 지배적이었다. 그러므로 이러한 시대의 사회복지의 특징은 구빈법적인 억압의 요소를 지니기 일쑤며, 사회복지의 대상은 소수의 빈민이나 취약계층에 한정하여 주어졌다. 또한 시민사회의 법적 자유는 형식적 추상적인 것으로 되어 경제적 불평등을 증대시키고, 노동자계층은 자유의 이름으로 부자유를 강제 당하게 되었다.

시민사회의 발달에 따라 이러한 원리는 당연히 변화할 수밖에 없었다. 시민사회는 우선 경제체제와 법체제의 관리 속에서 여러 가지 모순과 사회적 문제를 낳게 되고 이의 해결을 도모하는 과정에서 오늘날의 사회복지법이 출현하고 사회복지제도가 발전된 것으로 생각할 수 있다.

한편 18, 19세기를 거치면서 시민사회의 이념은 집단주의 혹은 사회민주주의로, 경제체제는 독점자본주의나 수정자본주의체제로, 법체제는 공법 또는 사회법으로, 이에 따라 개인의 권리는 사회권, 혹은 생존권이 중시되는 상황으로 변모하였다. 동시에 국가 형태의 측면에서는 국가가 개인의 사생활에 적극적으로 개입하여 불평등을 해소하고 국민 모두의 복지를 증진시키려는 복지국가에로 전환하는 역사적 경향을 가져왔다.

결론적으로 사회복지법은 시민사회의 발전에 따른 결과로 생겨난 것이며, 국민의 생존 혹은 생활에 필요한 여러 가지 조건의 확보를 국가에 대하여 요구할 수 있는 권리인 생존권 혹은 복지권(사회권)을 핵심으로 삼고 있다고 볼 수 있다.

사회권이란 사회적으로 생존하는 인간으로서의 개인이 자신의 생존이나 생활의 유지 및 발전에 필요한 조건들을 확보해줄 것을 국가에 요구하는 국민의 권리이다.

국가가 지배자로서 국민에 대해 강제할 수 있는 권리는 국가적 공권이다. 사회권은 사회적으로 생존하는 인간으로서 개인이 자신의 생존이나 생활유지 및 발전에 필요한 조건들을 확보해 줄 것을 국가에 요구하는 국민의 권리이다.

사회권은 국민이 생존을 유지하거나 생활을 향상시켜 인간다운 생활을 하기 위하여 국가에 대하여 적극적인 배려를 요구할 수 있는 권리로 생존권이라고도 불린다. 또한 오늘날 사회권은 종종 복지권이라고도 불리고 있다. 사회권이 헌법으로 규정된 것은 1919년 바이마르헌법에서부터 시작된다. 우리 헌법도 사회권을 헌법상에 규정하고 있다. 제10조는 인간으로서의 존엄과 가치 및 행복을 추구할 권리를 규정하고 있고, 34조에서는 인간다운 생활을 할 권리를 규정하고 있다. 사회보장수급권은 사회보장기본법하에서 사용되는 유사 용어이다.

내용상으로 사회권은 생존권, 복지권, 사회보장수급권의 내용을 포함하고 있다.

생존으로서의 복지권(사회권)은 사회주의적 생존권으로 개인의 생존욕망(인간으로서의 존엄과 가치, 인간다운 생활)을 충족시키기 위해 사유재산주의를 부정하고, 특히 생산수단을 공유화함으로써 모두의 노동을 통해 생존권을 실질적으로 실현하려는 사회주의국가에서 추구하는 생존권이다.

반면에 개량주의적 생존권은 사유재산제도를 사회의 기본질서로 인정하고, 다

만 그로 인해 파생되는 문제점을 해결하고 개선해 나감으로써 생존권을 실현
하려는 자본주의국가에서 추구되는 생존권이다. 복지권은 국민들의 기본적인
권리의 하나로서 시민권의 역사적 발달과 더불어 시민의 욕구과 투쟁에 의해
획득한 권리이다.

마샬은 시민권이 공민권 정치권 사회권으로 구성되어 있다고 지적하고, 이 가
운데 사회권을 복지권이라고 하였다. 복지권의 범위 확대는 요보호자에서 전
국민으로 확대되어야 한다.

키워드

• 사회보장기본권은 헌법상의 생존권, 사회권 조항을 기본으로 한다.
• 사회보장수급권은 사회권적, 생존권적 기본권으로서 의의를 갖는다.

2. 헌법상 생존권적 기본권과 사회복지 급여 수급권

기본권이란 국민이 향유하는 기본적인 권리로서 헌법에 의해 보장되는 권리를
말한다. 여기서 인권이란 인간이 인간이기 때문에 당연히 갖는 생래적 자연권
을 말한다. 기본권은 천부인권상의 권리뿐만 아니라 실정법에 의해서 비로소
형성되거나 구체화되는 권리까지도 포함하는 포괄적인 권리라고 할 수 있다.
이러한 기본권의 특성에는 보편성, 전국가성, 고유성, 항구성, 불가침성 등이
있다. 이러한 기본권의 성격은 다음과 같다.

첫째, 주관적 공권이다. 이는 기본권을 국민이 국가권력에 대해 가지는, 즉 개
개인이 일정한 권리로서 가지는 공법상권리이다.

두 번째, 자연권성이다. 자연권성은 시대, 장소, 초월해서 인간이 가지는 권리
라는 타당성을 인정한다. 기본권이 자연권인가 실정권인가에 대하여 견해가
엇갈리고 있으나, 현행 헌법은 자연권설에 기초하고 있다. 자연권은 생태적 권
리, 천부인권을 말한다. 실정권은 헌법에 규정되어야 비로소 권리가 된다고 보
는 학설이다.

셋째는 기본권의 이중성이다. 기본권은 주관적으로는 개인을 위한 대국가적
공권을 의미하지만, 객관적으로는 국가의 기본적 법질서성을 동시에 가진다.

헌법에서 최초로 생존권의 이념을 규정한 것은 1919년 독일의 바이마르 (Weimar)헌법이다. 생존권은 바이마르헌헙에서 최초로 보장된 이래 헌법이 이를 규정하였다. 바이마르헌법 제151조는 "경제생활의 질서는 각인으로 하여금 인간다운 생활을 보장하는 것을 목적으로 한다"고 규정하였다.

우리나라 헌법 제10조 존엄과 가치, 제34조 인간다운 생활, 제34조 2항 국가는 사회보장, 사회복지증진 노력. 헌법 제32조 모든 국민의 근로의 권리, 헌법 제119조 소득분배관련 등에서 생존권에 관한 규정을 두고 있다. 이 생존권은 그 내용과 성격이 다양하지만 그 목적은 개인의 생존을 보장하기 위해 국가가 적극적으로 개인생활에 개입하며 그 구체적 내용은 공공정책이나 사회복지정책을 통해서 실천하게 된다는 것이다. 그 구체적 생존권의 보장방식은 헌법의 하위법인 각종 법률이나 명령, 규칙 등에 의거한 행정행위에 달려 있다는 의미이다.

그러나 헌법상에 규정된 생존권 조항의 법적 효력, 즉 헌법상에 생존권 조항이 갖는 하위법령들과의 관계와 그 내용은 생존권의 실현에 관건이 되므로 그 성격을 규명하는 작업이 매우 중요한 일로 남아 있다. 헌법상의 생존권 조항을 둘러싼 법적 성격 논쟁은 크게 프로그램 규정설과 법적 권리설로 나누며, 다시 법적 권리설은 추상적 권리설과 구체적 권리설로 분리되고 있다.

프로그램 규정설에 따르면, 생존권은 국가의 사회정책적 목표와 강령을 선언한 것에 불과하므로 국가가 그 권리의 실현에 필요한 입법이라든가 시설을 하지 않는 한 그에 관한 헌법 규정만으로는 국가에 대한 구체적 청구권이 인정되지 아니하며, 그 입법의 태만을 헌법위반이라 하여 법원의 법령심사권을 통하여 시정할 수 없다고 한다.

법적 권리설에 의한 추상적 권리설은 생존권은 비록 추상적일지라도 법적 권리이며, 또 국가의 의무 이행이 재판에 의하여 강제될 수 없을지라도 국가의 생존권보장의 의무는 헌법에 의거한 법적 의무라고 한다. 이 추상적 권리설은 현재 우리나라의 다수설이다.

법적 권리설 중 구체적 권리설에 따르면 생존권에 관한 헌법규정은 그 규정을 구체화하는 입법이 존재하지 않는 경우에도 현실적 효력을 갖는 규정이고, 완전한 권리로서 생존권을 보장하는 것이라고 한다. 따라서 국가의 생존권 실현에 관한 부작위는 현실적·구체적 권리의 침해가 되어, 국민은 국가의 '부작위위헌확인소송' 또는 '작위의무화소송(의무이행소송)'을 제기할 수 있다고 한다.

사회보장·사회복지방법의 구체적인 표현은 헌법의 하위법인 생활보호법에서부터 아동복지법, 노인복지법, 장애인복지법, 모자복지법, 의료보험법, 국민연금법 등 사회복지법 전체를 통하여 실천되고 있는 셈이다. 그러므로 모든 사회복지법에 규정되어 있는 사회복지 서비스를 받을 권리, 즉 수급권은 헌법에 명시되어 있는 생존권, 혹은 협의의 복지권을 실현함으로써 궁극적으로는 현대 자본주의 사회에서 스스로 자신의 생활을 유지하지 못하는 사회적 취약계층을 포함하여 모든 국민이 인간다운 생활을 보장하게 하는 수단이라고 할 수 있다. 이런 점에서 사회복지법상의 수급권과 헌법상의 생존권은 내적으로 상호 연결되어 있다.

제2절   사회복지 급여 수급권의 규범적 구조

1. 규범적 구조의 의의와 분류

생존권을 실현하기 위한 권리로서 사회복지 서비스를 받을 권리, 즉 수급권의
내용은 어떠한가. 여기에 대해서는 역사적으로 특정 국가의 발달 정도나 정치
·경제·사회·문화적 성숙도에 따라 수급권의 내용과 실현방식이 다르다고 볼
수 있다. 한마디로 말하자면, 국가의 발전 정도가 앞선 나라일수록 수급권의
내용과 구조 또한 발전하고 다양하다는 사실이다. 또한 시간이 흐름에 따라
계속해서 수급권의 구조와 형식이 발전해 가고 있으며, 복지 대상자의 니드는
시대의 흐름과 사회변화에 따라 새롭게 생겨나거나 변화하고 있다. 사회복지
법상 수급권의 규범적 구조란 이러한 수급권의 내용과 형식을 체계적으로 정
리하는 것을 의미한다.

규범적 구조의 분류는 사회복지 서비스 수급권의 내용과 구조에 대하여 많은
학자들이 각기 다른 관점에서 여러 가지 견해를 제시하고 있다.
사회복지법과 관련되는 사회복지 급여의 수급권의 규범적 구조는 다음과 같
다. 헌법상의 기본적 인권으로서의 수급권은 사회보험 청구권, 실체적 권리의
공적부조 청구권, 사회복지 조치 청구권, PR 및 정보제공 요구권리, 사회복지
법상 수속 전단계의 상담 및 조언을 요구할 권리, 수급권 수속적 권리 사회복
지 이용 권리, 수속단계 신청, 조사, 수급권의 유무, 내용의 결정, 급부실시에
이르는 수속과정이 권리보장에 적절하게 진행되어질 것을 요구하는 권리, 사
회복지 급여 쟁송권, 절차적 권리 사회복지행정 참여권, 사회복지입법 청구권
등이 있다.
사회복지 수급권은 사회복지법상 급여 및 서비스를 받을 수 있는 권리이다.
국가는 법률에 의해 개인들에게 급여 및 서비스를 제공하고, 개인은 국가에
대하여 급여 및 서비스를 청구할 수 있는 권리를 가지는 데 이를 수급권이라
고 한다.

2. 사회복지 급여 수급권의 규범

1)   실체적 권리

헌법상의 생존권 규정을 이어받아 이를 실현시키려는 구체적인 사회복지법이 제정되었을 때 국민들이 당해 사회복지법에 의거하여 실제적인 사회복지 급여를 청구할 수 있는 구체적인 권리를 사회복지 급여 청구권, 즉 실체적 권리라고 한다. 모든 국민에게 인간다운 생활을 유지하도록 보장하기 위한 헌법상의 권리를 구체화하는 입법이 제정되었을 때 국민이 해당 법률에 의해 현실적인 급여를 청구할 수 있는 권리로 복지급여청구권을 말한다. 이때에 포함되는 내용은 수급요건(자격), 수급권자, 급여 수준, 수급 기준, 급여의 종류, 재정조달, 전달체계, 수급권의 보호와 제한 등이다. 이 모든 내용은 국민이 사회생활을 직접할 수 있도록 생활상의 문제를 해결하여 인간다운 생활을 유지할 수 있게 하는 데 목적이 있다.

사회복지 급여 청구권은 사회복지법의 체계와 연관하여 복지 급여 청구권의 구성은 다음 청구권으로 구성된다.
① 각종 사회보험률에 따른 사회보험 청구권
② 공적부조법률에 따른 공적부조 청구권
③ 사회복지서비스법에 의거한 사회복지 조치 청구권
④ 관련 복지제도 급여 청구

2)   수속적 권리

수속적 권리란 사회복지 급여를 받기 위해 적절한 절차에 참가하는 권리, 불평등하게 취급당하지 않을 권리, 하자없는 재량행사를 청구하는 권리 등을 의미한다. 즉, 사회복지 급여를 받기 위해 급여청구권 실현을 위한 일련의 수속과정이 본래의 수급권 보장의 목적에 알맞게 진행되어져야 할 것을 요구하는 권리를 말한다.

수속적 권리의 내용은 편의상 수속 전 단계와 수속 단계로 나누어서 살펴볼 수 있다. 수속 전 단계에서의 권리에는

① 사회복지 법률에 의한 권리와 의무에 대해 국민들을 깨우치기 위해 그 수단으로서 TV, 라디오, 광고지, 신문, 포스터, 영화 등에 의한 PR 등의 정보 제공 등을 요구할 수 있는 권리

② 상담 및 조언을 요구할 수 있는 권리

③ 그 수단으로서 각종 사회복지기관을 이용할 수 있는 권리 등이 포함된다. 급여정보권, 상담권, 적법 진행보장권 등이 있다.

수속 단계에서의 권리는 이 단계를 다시 신청 단계, 조사 단계, 결정 단계, 실시 단계로 세분하고 각 단계 과정마다 인간의 존엄성, 생명, 자유, 행복추구의 권리, 사생활존중 등의 권리를 포함하여 사회복지 대상자가 적절하게 취급되어야 하는 권리를 말한다.

3) 절차적 권리

절차적 권리란 실체적 권리를 보장하고 실현하거나 이것과 연관된 의무의 이행 또는 강제를 구체적으로 실현하는 절차와 관계되는 권리를 말함이다. 절차적 권리에 속하는 수급권의 내용에는 사회복지 급여 쟁송권, 사회복지 행정 참여권, 사회복지 입법 청구권 등이 포함된다.

① 사회복지 급여 쟁송권

② 사회복지 행정 참여권

③ 사회복지 입법 청구권

사회복지 급여 쟁송권이란 실체적 권리인 사회복지 급여 청구권이 위법 또는 부당한 행정기관의 조치에 의해서 침해되었을 때 이의 구제를 신청하는 권리를 의미한다. 사회복지 급여 쟁송권은 행정심판의 행정적 구제와 행정소송을 통한 사법적 구제가 있다.

사회복지 행정 참여권이란 사회복지 행정 과정에 사회복지 대상자나 국민이 참여할 권리를 의미한다.

마지막으로 사회복지 입법 청구권이란 생존권 보장을 위한 사회복지 급부를 제공하는 구체적인 법률이 제정되지 않았거나, 또는 제정되었더라도 그 법률이 생존권 실현에 불충분한 경우에 사회복지 입법을 추진하거나 그 개정을 청구할 수 있는 권리를 말한다.

사회복지 수급권의 기본적 구조는 다음과 같다.

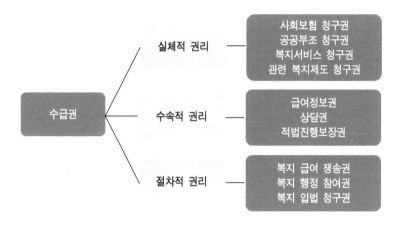

3. 수급권의 보호와 제한

1) 사회복지 급여 수급권의 취약성

사회복지 급여 수급권은 기본적 권리의 하나로서 파악된다고 할지라도 그 실현을 위해서는 여전히 장애요소가 존재하고 있다. 우리나라의 경우 헌법에서 명시되고 있는 생존권 조항과 하위법인 생활보호법이나 아동복지법 등에서 사회복지 급여 수급권에 대한 규정이 있음에도 불구하고 사회복지 급여 수급권이 하나의 기본적 권리로서 인정받지 못하는 취약성은 어디에 있는지 알아본다.

그것은 첫째, 헌법상의 규정을 하나의 프로그램 규정으로 인식하고 있으며 따라서 사회복지 급여 수급권은 국가 행정행위의 반사적 이익으로 파악하기 때문이다.

둘째, 수급권의 내용상 특성으로 사회복지 급여 수급권이 권리로서 취약성을 지닐 수밖에 없는 이유는 사회복지 급여 수급권 내용 자체에서 찾아볼 수 있다. 법은 항상 보수성을 지니며 현실 사회의 표준화된 사항을 중시하는 특성에서 사회복지 급여는 항상 유동적이며 개별적이며 계량화·표준화가 쉽지 아니한 성격을 대상으로 하는 것이므로, 그만큼 권리성이 약화되는 점을 지니게 된다.

셋째, 사회복지 급여 수급권의 권리성의 이중성으로, 사회복지 급여 수급권의 법적 성격에서 볼 때 이것이 갖는 사적 측면의 존재가 권리성을 어렵게 하고 있다. 사회복지 급여 수급권은 자기의 생활유지라고 하는 수급자의 사적 이익에 관한 측면이 대사회적 청구권으로서의 생존권의 공적 성격과 불가분하게 결합되어 있다.

그러므로 사회복지 급여 수급권이 지닌 이러한 이중성으로 인하여 사적 측면에 대해서는 국가가 끊임없이 개인 책임으로 돌리려는 한편, 공적 측면으로는 사회복지 행정의 급여행정적 측면이 지닌 재량권의 소극적 특성이 사회복지 급여 수급권을 하나의 권리로서 확립되기 어려운 것으로 만들게 된다.

마지막으로 수급권과 행정조치인데 사회복지 급여 수급권과 행정조직, 즉 사회복지행정기관의 각종 행정행위와 관련하여 권리로서의 허약성이다.

이런 점에서 행정기관의 재량권이 적절하게 실행되어야 하고 사회복지 전문인력의 배치를 위한 법적·제도적 장치 또한 요구되고 있다. 현재 우리나라의 실정을 이러한 측면에서 볼 때, 사회복지 전문인력의 배치와 자격, 임용, 교육, 훈련, 그리고 사회복지 전달체계의 개선 등에 대한 재검토가 요구된다고 하겠다.

2)   사회복지 급여 수급권의 보호

사회복지 급여를 받을 권리는 사회권으로서 이미 여러 나라에서 하나의 권리로서 인정하고 있으며, 이에 따라 구체적 법률을 통하여 사회복지 급여가 국민들에게 제공되는 성격과 함께 사회권(생존권)으로서 공적권리로서의 이중성을 지니고 있다. 그러므로 국가는 수급권을 가진 개인의 생활을 보장하는 목적으로 이들에 대한 특별한 보호를 필요로 하는 것이다. 국가는 개인의 권리실현에 장애가 되는 요소를 제거할 뿐만 아니라 적극적으로 권리실현을 할 수 있도록 원조를 하게 된다.

(1) 수급권의 처분 · 압류의 금지

사회복지 급여 수급권자는 자기가 가지고 있는 사회복지 급여 수급권을 타인에게 양도하거나 또는 담보로 제공할 수 있는가, 또한 사회복지 급여 수급권자의 채권자는 자기 채무자의 사회복지 급여 수급권을 압류할 수 있으며 또는 수급권자에 대한 자기의 채무와 상계할 수 있는가?

우리나라의 경우 사회복지 급여 수급권은 독일 사회법에서처럼 통일된 규정은 없으나, 개별규정에 의거하고 있고, 규정이 없더라도 일반적으로 수급권의 금지가 이루어지고 있다고 볼 수 있다.

사회복지 급여 수급권을 실제로 수급권자에게 직접 귀속시켜야 할 개인적·사회적 필요성에서 압류·양도·담보 제공 등을 금기시킨 것과 동일한 이유에서 상계도 금지됨은 당연하다.

(2) 조세 기타 공과의 금지

각종 사회복지 급여에 대하여 각국의 사회복지 입법례에서는 거의 공통적으로 조세나 기타의 공과금을 금지하고 있다. 이것은 사회복지 급여를 통하여 최소한의 삶을 영위하게 하는 데 목적이 있으므로, 조세나 기타 공과금을 부과하는 것은 바람직하지 않기 때문이다.

(3) 불이익 변경의 금지

사회복지 급여가 결정된 경우, 그것은 일종의 기득권적인 성격을 지니므로 정당한 이유없이 불이익하게 변경될 수 없다. 이러한 규정은 가능한 한 피보호자인 사회복지 급여 수급자를 보호하려는 취지에서 만들어진 내용으로 생각된다.

3)   사회복지 급여 수급권의 제한

(1) 수급권 제한의 의의

사회복지 급여 수급권은 스스로 사회생활을 유지할 수 없는 상태에 처한 사회적 약자에게 인간다운 생활을 영위할 수 있도록 하는 사회복지의 제도적 장치로써 구체적으로 실현된다. 그러므로 사회복지 급여가 마땅히 필요한 상태, 즉 요보호상태가 사회복지 수급권자(요보호자)의 책임으로 돌릴 수 있는 행위로 인하여 발생하거나 또는 그로 인하여 그 상태가 악화되거나 또는 호전되는 것을 방해할 때, 또는 사회복지 급여지급에 필요한 여러 가지 협조 의무에 응하지 않는 경우에도 사회적 보호만을 고려하여 그에게 사회복지 급여를 지급하여야 하는가의 문제가 대두된다. 이와 같이 사회복지 급여 수급권의 제한은 여러 가지 사정이 있을 경우, 수급을 받을 권리가 타당하고 정의로움에 반대된다는 인식을 하게 될 때 형식적으로 수급요건이 있다고 보여지는 경우에도 급여를 행하지 않는 것을 의미한다.

(2) 사회복지 급여 제한의 일반원칙
① 과잉 사회복지 급여의 제한 및 금지

사회복지 급여는 급여대상자(요보호대상자)가 스스로 자신의 생활을 영위하는 것을 목표로 하고 있으며, 또 바로 그 상태에서 급여지급을 종결하게 된다. 즉, 사회복지 급여는 언제나 수급권을 유지할 수 있도록 원조한다. 그것은 개인의 자율적이고 자기 결정적인 생활을 유지케 함으로써, 스스로 인간으로서의 존엄성을 유지·확보케 하는데 기여함을 목적으로 하고 있기 때문이다. 그러므로 사회복지 급여 수준과 내용은 수급권자의 자립조장에 기여할 수 있도록 적정한 것이어야 한다. 따라서 사회복지 급여 내용은 너무 적지도 많지도 않아야 하며, 중복된 급여를 지양해야 한다.

② 사회복지 급여의 남용금지

사회복지 급여는 그 가정에 상부상조의 정신에 입각한 위험공동체를 깔고 있다. 현실적으로 사회복지 급여는 국민의 세금이나 사회보험 기여금 등에 의존하고 있으므로 이러한 공동체의 다른 구성원들에게 부당하게 불이익을 가져오는 행위가 배제되어야 한다. 그러므로 사회복지 급여 수급권자는 사회복지수급 조건에 따른 의무를 성실하게 이행함은 물론, 사회복지 수급 사유 및 조건을 인위적으로 직접·간접으로 발생케 하거나, 연기시키는 행위 등에 대하여 마땅히 사회복지 급여 수급권을 제한·금지당하게 된다.

③ 사회복지 급여의 악용의 제한

사회복지 급여를 지급받기 위한 목적으로 고의로 사회복지 급여 지급사유를 발생시킬 경우, 사회복지 급여 수급권을 제한하는 것이 통례로 되어 있다. 뿐만 아니라 고의 범죄행위에 의한 경우도 똑같이 취급하는 것이 보통이다.

(3) 사회복지 급여 수급권 제한의 구체적 사유

① 고의행위에 의한 수급권의 제한

현재 사회복지 급여 수급권자이거나 혹은 아니라도 특정의 고의적 행위를 통하여 사회복지 수급권을 가지게 될 경우 이에 대해 수급권을 제한한다. 고의행위에 의한 수급권의 제한 내용에는 다시 다음과 같이 세분할 수 있다.

㉮ 목적있는 자해행위

사회복지 급여를 지급받기 위한 목적에서 사회복지 급여 지급 사유를 고의로 발생시킨 행위(목적 있는 자해행위)이다.

㉯ 고의의 범죄행위

사회복지 급여 지급 사유가 수급권자의 고의의 범죄행위 수행으로 인하여 발생한 경우 수급권의 발생을 배제한다.

㉰ 고의행위

- 고의로 사회복지 급여 지급 사유의 원인이 되는 사유를 발생시킬 경우(소위 고의의 사고) 사회복지 급여 수급권을 배제하고 있다.
- 고의로 사회복지 급여 지급사유를 발생시킨 경우, 가장 일반적으로 사용되고 있는 사회복지 급여 수급권 발생의 배제 사유이다.

• 고의로 요양에 관한 지시에 따르지 아니할 경우, 수급권자이거나 수급
권자로 될 수 있는 자가 고의로 요양지시에 따르지 아니함으로써 장애
로 사망하거나 장애를 악화시키고 그 회복을 방해한 때에는 적극적으로
그 사유를 발생시킨 경우와 마찬가지로 사회복지 급여를 배제한다.

㉒ 과실있는 행위

오늘날 과실에 의한 행위가 사회복지 급여 수급권 발생의 제한 사유가 되
는 경우는 극히 드물다. 그것이 비록 배제사유가 된다 하더라도, 다만 중
과실에 한하는 것이 보통이다.

㉓ 부정급여자에 대한 급여 제한

사기 또는 기타의 부정한 행위에 의해서 사회복지 급여를 받았거나 받고
자 할 때에는 그 벌칙으로 일정 기간 동안(일본의 건강보험은 6개월 이
내, 우리나라 의료보험법은 3개월 이내의 기간) 당해 사회복지 급여를 전
부 또는 일부를 제한한다.

② 사회복지 급여의 병급금지 또는 조정

사회복지 급여 수급 사유에 대하여 중복 급여를 제한하거나 다른 사회복지법
체계를 통하여 이미 수급을 받은 사유와 연관하여 수급권자의 권리를 실현시
키는 것으로서 보상 및 배상과 연관되는 경우가 많다. 이것은 수급권자가 동
일 급여 수급 사유에 대하여 중복 수급을 하거나, 민법 또는 타법과의 연관에
서 이중으로 보상 또는 배상함으로써 사회적 형평의 원칙에서 위배되는 것을
방지한다.

4. 사회복지법상의 권리구제

1) 권리구제의 일반사항

수급권자인 국민은 국가를 대상으로 구체적 소송을 통하여 법으로 정해진 권
리를 구제받을 수 있는데, 사회보장에 관한 권리 구제는 행정소송의 대상이
된다. 사회보험 급여 등에 관한 이의 신청은 각 공단에 처분통지 받은 날로부

터 90일 이내에 이의신청을 하면 된다. 국민기초생활보장법은 60일 이내이다.

2) 권리구제 기관

(1) 산재보험법

권리구제의 심사청구는 근로복지공단, 재심사청구는 노동부 내의 산업재해보상보험 심사위원회이다.

(2) 국민건강보험법

권리구제의 이의신청은 둘로 나누어지며, 먼저 가입자의 자격, 보험료 및 급여 등에 대해서는 국민건강보험관리공단에 관장하고, 요양급여 비용 및 요양급여의 적정성에 대한 평가 등은 건강보험심사평가원에서 관장하고 있다.

심사청구는 보건복지부 내의 건강보험분쟁조정위원회이다.

(3) 국민연금법

권리구제의 심사청구는 국민연금관리공단, 재심사청구는 보건복지부 내의 국민건강재심사위원회에서 관장하고 있다.

(4) 고용보험법

권리구제의 심사청구는 지방노동청의 고용보험심사관, 재심사청구는 노동부 내의 고용보험심사위원회에서 관장한다.

(5) 국민기초생활보장법

권리구제의 전심절차는 2회에 걸쳐 이의신청을 할 수 있다. 1차는 시장·군수·구청장을 거쳐 시·도지사에게 이의신청을 할 수 있으며, 2차는 시·도지사를 거쳐 보건복지부 장관에게 이의신청을 할 수 있다.

제3절   사회복지법의 해석과 분류

사회복지법의 연구목적은 사회복지법을 연구하여 사회복지의 실천에 공헌하려 함에 있다.

1. 법학의 연구방법

(1) 법철학

법의 본질 추구, 법의 이상 또는 이념 분명히 하여 법학의 방법론 확립

(2) 법사학

법의 역사적 변천과정연구, 현행법의 성격과 기능, 의미 명확히 파악, 법칙성 발견

(3) 법사회학

법현상을 역사적, 사회적 현상으로 보고 그 인과적 방법에 따라 법의 성립, 발전, 소멸을 고찰하여 새로운 법칙성의 발견에 있다.

사회복지 현실에서 사회복지법이 어떻게 발생하고 어떻게 존재하고 어떻게 작용하는가에 관심을 둔다.

(4) 비교법학

두 개 이상의 사회 또는 국가의 법제도를 비교하는 법학연구방법. 사회복지법의 비교법학적연구, 입법과정, 법이념, 법철학, 법의 역사적 발전과정, 법의 적용과 해석에 있다.

(5) 법정책학

입법정책을 연구의 주요대상으로 법과 정책결정에 관한 제반 학문적 지식 및 그것과 관련된 제반 기법을 탐구하는 데 있다.

(6) 판례연구

판례, 사회복지법의 실제해석과 적용, 어떤 사회적 경제적 배경에서 특정판결
이 이루어졌는가를 연구한다.

(7) 법해석학

법규범으로 정립된 실정법의 해석과 적용에 관한 법규, 국가나 사회의 사회복
지에 관한 정책의지와 목표를 정확히 파악할 수 있게 한다. 사회복지 법규범
해석, 사회복지법의 내용, 의미 또는 한계 등을 설명하고 사회복지에 관한 정
책의지나 목표를 명확하게 표현하는 것이다.

2. 사회복지법의 분류

1) 상위법 우선의 원칙

헌법 > 법 > 시행령(대통령령) > 시행규칙(부령) > 자치법규(조례 > 규칙), 행정규
칙(고시, 공시, 공고, 예규 > 관습
헌법은 국가의 기본법으로 다른 법의 상위법에 있다.
헌법 규정을 위반한 하위법은 위헌법률이 되며, 그 효력이 상실된다.

2) 신법 우선의 원칙

신법 우선은 법률 개정으로 인하여 개정 이전의 법과 내용이 배치될 경우, 부
칙에 제한내용을 설명하지 않은 이상은 당연히 개정법을 적용한다.

3) 일반법과 특별법

법은 법적용 및 효력의 범위에 따라서 일반법과 특별법으로 구별된다.
일반법은 법적용 및 효력의 범위가 넓은 법(아동입양에 관한 아동복지법)이
고, 특별법은 제한된 영역에서 적용되는 법(입양촉진 및 절차에 관한 법)이다.
법이 적용되는 사람기준으로는 일반국민에게 적용되는 법으로 국민건강보험법

이 있고, 특정신분에 적용되는 법으로 의료급여법이 있다.

법이 적용되는 사항범위를 기준으로 하여 일반적 사항에 적용되는 법으로, 사회복지사업법이 있고 특별한 사항에 적용되는 법으로는 노인복지법이 있다.

법이 적용되는 지역적 범위기준으로 특별법 우선의 원칙에 의하여 노인복지법은 사회복지사업법에 우선하여 적용된다.

4) 강행법과 임의법

강행법은 법률행위당자자의 의사여하와 관계없이 적용하며 공법(헌법, 행정법, 형법)이 이에 속하고, 임의법은 법률행위의 당사자의의사로 적용이 배제될 수 있는 법으로 사법(민법, 상법)이 있다.

3. 법의 목적과 법원(法源)에 의한 분류

1) 상위법과 하위법

법규범은 수직적으로 체계화되어 있어서 하위의 법규범은 상위의 법규범을 위반하면 위헌 또는 위법이 된다. 최고 상위부터 '헌법-법률-명령-자치법규'의 순으로 된다. 사회복지법들도 수직적체계로, 헌법은 국가의 기본법 다른 법들의 상위법이다. 헌법규정을 위반한 하위법률은 위헌법률, 그 효력이 상실된다.

2) 일반법과 특별법

특별법 우선의 원칙에 따라 특별법은 일반법에 우선하여 적용하고, 특별법에 해당 규정이 없는 경우에 일반법을 적용한다.

법인 조항과 관련해서 민법보다는 사회복지사업법이 우선 적용된다. 사회복지사업법은 아동복지법, 노인복지법, 장애인복지법 등에 대해 일반법적인 지위를 가진다. 사회보장기본법보다는 다른 사회복지 관련 법률들에 대해 일반법적 지위를 가진다.

3) 강행법과 임의법

법의 효력이 그 적용에 있어 절대적인가 아닌가에 따라 강행법과 임의법으로 구별한다. 강행법은 당사자의 의사에 불구하고 법의 적용이 강제되어 효력을 발생하는 법으로 '… 하여야 한다', '… 하여서는 아니 된다' 등이다.

임의법은 당사자의 의사에 따라 법을 적용할 수도, 배제할 수도 있는 법으로 '… 할 수 있다', 또는 '… 노력해야 한다' 등이다. 공법인 헌법, 행정법, 형법은 강행법에 해당되고, 사법인 민법, 상법은 임의법에 해당된다.

4) 원칙법과 예외법

원칙법은 일정한 사항에 대해서 일반적으로 적용되는 법이고, 예외법은 일정한 사항에 관하여 특별한 사정이 있는 경우 그 예외를 인정하는 법이다.

원칙법의 사례는 사회복지사업법 제34조 제2항에서 '국가 또는 지방자치단체 외의 자가 시설을 설치 운영하고자 하는 때에는 보건복지부령이 정하는 바에 의하여 시장, 군수 구청장에게 신고하여야 한다'는 부분은 사회복지시설의 설치주체에 관한 원칙법이다.

예외법은 '폐쇄명령을 받고 1년이 경과하지 아니한 자는 시설의 설치, 운영신고를 할 수 없다'라는 단서부문은 예외법에 해당한다.

5) 신법과 구법

신법은 새로 제정된 법으로, 신법은 구법을 폐지하고 적용되는 것이고, 구법은 신법에 의해 폐지되는 법이다. 신법의 시행시기와 구법의 종료 시기에서는 상호불일치가 존재한다.

불일치를 해결하기 위하여 신법에 경과규정 또는 부칙을 두고 있다.

4. 법의 효력

1) 시간에 관한 효력

법의 효력은 시행일부터 폐지일까지로 이 기간을 법의 시행기간 또는 법의 유효기간이라 한다. 특별한 규정이 없는 한 법은 공포일로부터 20일이 경과하면 효력이 발생하고, 경우에 따라서는 공포와 동시에 시행하는 법도 있고, 법령에 시행기일을 개별적으로 규정하는 경우도 있다. 사회복지사업법은 2008년 2월 29일에 개정이 되면서 시행일을 법이 공포한 날부터 시행하고 있다.

기초노령연금법은 2007년 4월 25일 제정되었지만, 2008년 1월 1일부터 시행하고 있다.

2) 사람에 관한 효력

법이 누구에 대해 구속력을 가지느냐 하는 법의 적용을 받는 사람의 범위에 관한 것으로 속인주의(屬人主義)와 속지주의(屬地主義)로 구분된다.

속인주의는 자기 나라 국민을 기준으로 하여 법령이 국내에 있는 국민은 물론이고 국외에 있는 자국민에게도 적용된다는 원칙이고, 속지주의는 영토를 기준으로 하여 법령의 적용범위가 그 영토 내에 있는 자국민뿐만 아니라 외국인에게도 적용된다는 원칙이다. 현대사회에서는 법의 적용이 대부분 영토적 개념을 존중하여 속지주의를 원칙으로 하면서 보충적으로 속인주의를 따른다. 우리의 사회복지법은 대부분 대한민국 국민을 대상으로 하는 속인주의를 따르고 있고, 예외적으로 속지주의가 일부 적용되고 있다.

5. 사회복지법의 적용

1) 법의 적용

사회복지법의 적용이란 사회복지법의 내용을 사회복지현상의 구체적인 사실관계에 실현시키는 것으로, 법은 성질상 일반적 추상적 규범내용으로서 표현되기 때문에 어떤 구체적인 사실에 대해서 법률효과가 발생하려면 법의 적용이라는 과정을 거치게 된다.

2) 사실확정의 방법

법 적용은 사실관계가 확정되어야 한다. 사실관계의 확정이란 법의 적용을 받게 될 사실이 존재하는가, 그리고 어떤 형태로 존재하는가를 확정하고 있다. 여기서 사실 존재의 주장, 근거가 되는 것이 증거이다.

3) 법규범의 발견

확정된 구체적 사실에 적용될 법규범을 찾는 일로서 성문법주의를 채택한 한국은 성문법규에 의해서 쉽게 달성한다. 관심있는 사회복지적 사실에 사회복지의 성문법들을 적용한다.

이에는 사회보장기본법, 산업재해보상보험법, 사회복지사업업, 장애인복지법 등이 있다.

이들은 구체적 타당성, 법적 안정성, 양자와의 관계 그리고 구체적 타당성과 법적 안정성이 조화를 이루고 있다.

6. 법해석 방법

법해석은 법의 적용을 통하여 일반적이고 추상적인 법규정의 의미를 분명하게 밝히는 것이다.

1) 유권해석

국가기관에 의하여 법규정의 의미·내용을 명확히 하는 것을 말하며, 이 해석은 당해 기관 내에서 공적 구속력을 가지므로 유권해석이라고 한다. 해석에는 어떤 국가기관에 의한 해석이냐에 따라 입법 해석(법령용어해석), 사법해석

(재판해석), 행정해석(행정관청에 의한 해석)이 있다.

2)　학리해석과 문리해석

학리해석(개인의 학리적 사고기초)은 일반 사인(私人), 특히 법률전문가에 의하여 법이론을 기반으로 하는 학리사고에 기초하여 법규의 의미 내용을 밝히는 것이다.

문리해석은 법규의 문자와 문장의 문법적 의미를 말하고 논리해석은 법규의 문법적 의미에 얽매이지 않고 논리적 법칙에 따라 법규의미를 확정한다.

7.　사회복지법의 개념

일반적 개념으로 사회복지(인간다운 삶을 달성시키기 위한 모든 사회적 노력)와 법(사회속의 인간의 행위를 규정하는 사회규범)을 말한다.

사회복지법은 사회구성원 다수가 평안하고 만족스러운 상태를 유지하며 살아갈 수 있도록 규정하는 제반 법규이다. 넓은 의미의 사회복지법은 전 국민의 물질적·정신적·사회적 기본 욕구를 해결함으로써 인간다운 생활을 영위케 하는 제반 사회적 서비스와 관련된 법률이다.

좁은 의미의 사회복지법은 사회적 약자들에 대해서 제한적으로 도움을 제공하는 활동과 관련된 법률이다.

1)　실정법상의 분류

사회보장기본법에 따른 법의 분류이다. 여기서 실정법이란 국가권력에 의해서 강제되어 그 효력이 보장된 법규범, 경험적 사실에 관한 명제가 아니라 신념이나 이상에 관하여 서술한 당위명제이다.

(1) 사회보험법

국민연금법, 산업재해보상보험법, 국민건강보험법, 고용보험법 등이 있다.

(2) 공공부조법

국민기초생활 보장법, 의료급여법, 긴급복지지원법 등이 있다.

(3) 사회복지서비스법

사회복지사업법, 아동복지법, 노인복지법, 장애인복지법, 영유아보육법, 한부모
가족지원법 등. 사회복지 관련 법, 주택, 교육, 고용 등 관련 법이 있다.

2) 사회복지법의 체계

법체계는 법은 일정한 조직체계를 이루고 존재한다.

(1) 자연법(natural law)

시간과 공간을 초월하는 영구불변의 초경험적이고 이상적인 법

(2) 실정법(positive law)

인간사회의 질서유지를 목적으로 사회적 상황에 따라 생성되고 발전되어 온
법

① 국내법(municipal law)

한 국가에 의해 인정되어 그 국가의 주권이 미치는 범위 내에서만 일정한 절
차에 의해 효력을 가지는 법으로 공법, 사법, 사회법이 있다.

공법은 국가적 관계를 규율하는 법으로 헌법, 행정법, 형법, 민사소송법, 형
사소송법 등이고, 사법은 국민 개개인의 이해관계를 규율하는 법으로 민법,
상법 등이며, 사회법은 공법과 사법의 중간적인 특성을 가지는 제3의 법영역
으로 노동법, 경제법, 사회복지법 등을 말한다.

② 국제법(international law)

국제단체에 의하여 인정되어 국가간의 관계를 규율하는 법이다.

국제법은 국경선에서 또는 국가와 국가 사이에 있는 바다에서 적용되는 법이
아니라, 국가의 행동을 규율하고, 국제사회의 바람직한 목적을 달성하기 위
한 공통의 질서라고 보는 것이 타당할 것이다. 그런 측면에서 국제법은 국가
가 지켜야 하는 법이고, 이는 우리나라도 예외는 아니다. 우리나라가 지켜야

하고, 또 지켜내야 하는 법이 국제법이라는 의미에서 국제법은 우리나라의 법이라는 말이 되는 것이다. 이와 관련하여 우라나라 헌법 제6조를 보면, "헌법에 의하여 체결 공포된 조약과 일반적으로 승인된 국제법규는 국내법과 같은 효력을 갖는다"는 규정의 의미는 국제조약과 일반적으로 승인된 국제법규, 즉 국제법은 우리나라 국내에 적용되는 법으로서, 우리나라 법의 일부를 구성하게 됨을 밝히는 것으로 우리나라가 국제법인 국제조약을 체결하게 되면, 해당 조약을 지켜야 함을 의미한다.

사회복지에 관한 국제적 선언으로는 인권선언문(1793년), 대서양헌장(1941년), 필라델피아선언(1944년), 세계인권선언(1948년), 사회보장헌장(1961년), 유럽사회보장 법전(1964년) 등이 있다. 그리고 ILO의 국제사회복지 조약으로는 첫째, 사회보장최저기준에 관한 조약(1952, No.102), 둘째, 사회보장내 외국인 균등대우조약(1962년 조약 채택), 셋째, 업무재해조약 및 질병 · 노령 · 유족급여조약이 있다. ILO는 1964년에는 업무재해조약을 1967년에는 질병 · 노령 · 유족급여조약을 채택하였다. 조약은 비준시 비준국간에 강제성을 띠게 되지만, 권고는 강제성이 없는 기준설정 문서의 성격만을 갖는다.

CHAPTER

4 한부모가족지원법 · 긴급복지지원법 · 가정폭력방지 등에 관한 법률

제1절   한부모가족지원법

1. 목적과 대상

1) 목적

한부모가족이 건강하고 문화적인 생활을 영위할 수 있도록 함으로써 한부모가족의 생활 안정과 복지 증진에 이바지함을 목적으로 한다(제1조).

2) 대상

첫째, 국가와 지방자치단체 및 국민(제2조)

국가와 지방자치단체는 한부모가족의 복지를 증진할 책임을 지며, 한부모가족의 권익을 보호하기 위하여 노력하여야 한다. 모든 국민은 한부모가족의 복지 증진에 협력하여야 한다.

둘째, 한부모가족의 책임과 권리(제3조)

한부모가족의 모 또는 부는 임신과 출산 및 양육을 사유로 합리적인 이유 없이 교육 · 고용 등에서 차별을 받지 아니 한다. 한부모가족의 모 또는 부와 아동은 그가 가지고 있는 자산과 노동능력 등을 최대한으로 활용하여 자립과 생활 향상을 위하여 노력하여야 한다.

보호대상자는 아동을 양육하는 모자가족 또는 부자가족 중 여성가족부령으로 정하는 자로 한다(법 제5조). 보호대상자의 범위는 여성가족부장관이 매년 보호대상자의 최저생계비 · 소득수준 및 재산정도 등을 고려하여 보호의 종류별로 정하는 기준에 해당하는 한부모가족으로 한다(시행규칙 제3조).

여기서 '아동'이란 18세 미만(취학 중인 경우에는 22세 미만을 말한다)의 자를 말한다(제4조 제5호).

보호대상자 중 아동의 연령을 초과하는 자녀가 있는 한부모가족의 경우 그 자녀를 제외한 나머지 가족구성원을 보호대상자로 한다.

셋째, 보호대상자 특례(제5조의2)는 다음과 같다.

① 출산 후 아동을 양육하지 아니하는 미혼모가 공동생활가정을 이용할 때

② 아동과 그 아동을 양육하는 조부 또는 조모

③ 국내 체류 외국인 중 대한민국 국민과 혼인하여 대한민국 국적의 아동을 양육하고 있는 사람으로서 대통령령이 정하는 사람이 보호대상자에 해당될 때

3) 한부모가족지원법의 발전

표 4.1 한부모가족지원법의 발전

제·개정(시행)	주요내용
1989. 4. 1 (1989. 7. 1)	법률 제4121호 '모자복지법' 제정
2002. 12. 18 (2003. 6. 19)	'모·부자복지법' 일부 개정 – 법명을 '모·부자복지법'으로 변경 – 배우자를 상실한 여성, 노동능력을 상실한 배우자를 가진 여성, 미혼여성 등 여성이 세대주인 모자가정에서 같은 조건의 남성이 세대주인 부자가정에 대하여도 지원하도록 함.
2006. 12. 18 (2007. 3. 29)	'모·부자복지법' 일부 개정 – 외국인 배우자와 대한민국 국민과 혼인하여 대한민국 국적의 아동을 양육하고 있는 자도 이 법에 따른 보호대상자가 되도록 함. – 미혼모시설을 미혼모자시설로 변경하여 아동에 대한 보호·양육이 이루어질 수 있도록 함. – 공동생활가정 설치
2007. 10. 17 (2008. 1. 18)	'한부모가족지원법' 일부 개정 – 법명을 '한부모가족지원법'으로 변경 – 자녀가 취학중인 때에는 22세 미만까지 확대하여 지원 – 조손가족의 경우도 이 법에 따른 보호대상자로 함.
2010. 5. 17 (2010. 8. 18)	'한부모가족지원법' 일부 개정 – 한부모가족 복지시설이 정당한 사유 없이 한부모가족의 입소보호 수탁을 거부한 경우 100만 원 이하의 벌금에 처하던 것을 300만 원 이하의 과태료로 전환

제·개정(시행)	주요내용
2011. 4. 12 (2012. 1. 1)	'한부모가족지원법' 일부 개정 − 청소년 한부모의 정의 규정 및 한부모가족에 대한 책임과 교육받을 권리에 관한 규정 신설 − 지원대상 한부모가족의 범위 확대 − 복지급여의 대상 확대 및 의무화 − 한부모가족 복지서비스 지원 강화 − 한부모가족복지시설의 개편 및 입양기관을 운영하는 자의 미혼모자 시설 운영 금지
2012. 2. 1 (2012. 8. 2)	'한부모가족지원법' 일부 개정 − 조사 및 관계 기관에 대한 자료요청의 근거 신설 − 여성가족부장관은 자녀양육비 산정을 위한 '자녀양육비 가이드라인'을 마련하여 법원이 이혼 판결 시 활용할 수 있도록 노력하여야 함.
2015. 3. 11 (2015. 9. 12)	신용정보의 이용 및 보호에 관한 법률 일부 개정 법률
2016. 3. 2 (2016. 9. 3)	한부모가족 복지시설의 장은 한부모가족 복지시설을 폐지하거나 그 시설의 운영을 일시적으로 중단하는 경우에는 해당 시설 입소자의 권익을 보호하기 위한 조치

현대사회는 상업화, 도시화, 핵가족화 등 사회변화로 인해 배우자와 사별, 유기, 별거, 기타 사유로 정상적인 가족의 형태를 유지하지 못하거나, 결혼률의 감소나 여성의 취업증가로 부모·자녀관계 유대약화와 평등적 부부관계의 변화 등, 인구학적 특징뿐만 아니라 가족가치관에서도 많은 변화를 경험하고 있어 이에 대한 법의 조치가 요구되고 있다.

2. 급여 및 재정

① 복지급여 신청 시 금융정보, 신용정보, 보험정보 제공 동의(제11조)
② 복지급여의 실시(제12조 제1항)
　생계비, 아동교육지원비, 아동양육비(5세 이하 아동 및 청소년한부모가 아동

양육 시 추가적인 복지급여 실시), 기타 대통령령이 정하는 비용이다.

③ 복지자금의 대여(제13조 제1항)

사업에 필요한 자금, 아동교육비, 의료비, 주택자금, 기타 대통령령이 정하는 한부모가족의 복지를 위하여 필요한 자금의 대여적인 복지급여를 실시하고 자 하였다.

④ 고용의 촉진(제14조 제1항)

⑤ 고용지원 연계(제14조의2 제1항)

⑥ 가족지원서비스의 실시(제17조)

아동의 양육 및 교육 서비스, 부양 서비스, 가사 서비스, 가족 관계 증진 서비스, 법률상담 및 소송대리 등 법률구조 서비스, 그밖에 대통령령이 정하는 가족지원서비스이다.

⑦ 청소년 한부모(24세 이하의 모 또는 부)에 대한 교육 지원(제17조의2)

국가나 지방자치단체는 청소년 한부모가 학업을 할 수 있도록 청소년 한부모의 선택에 따라 학적 유지를 위한 지원, 교육비 지원, 검정고시 지원 등을 할수 있다.

⑧ 자녀양육비 이행지원(제17조의3)

여성가족부장관은 자녀양육비 산정을 위한 자녀양육비 가이드라인을 마련하여 법원이 이혼 판결 시 적극 활용할 수 있도록 노력하여야 한다.

⑨ 공공시설에 매점 및 설치, 시설 우선 이용(제15조 및 제16조)

⑩ 국민주택의 분양 및 임대(제18조)

⑪ 실태조사(제6조)

여성가족부장관은 한부모가족 지원을 위한 정책수립에 활용하기 위해 3년마다 한부모가족에 대한 실태조사를 실시하고 그 결과를 공표하여야 한다.

⑫ 비용(제25조)

국가나 지방자치단체는 대통령령으로 정하는 바에 따라 한부모가족 복지사업에 드는 비용을 보조할 수 있다.

3. 전달체계 및 위원회

1) 한부모가족 복지시설

보호기관(제4조 제6호)이란 이 법에 따른 보호를 행하는 국가나 지방자치단체를 말한다.

2) 시설의 종류(제19조)

① 모자가족 복지시설
  기본생활지원, 공동생활지원, 자립생활지원
② 부자가족 복지시설
  기본생활지원, 공동생활지원, 자립생활지원
③ 미혼모가족 복지시설
  기본생활지원, 공동생활지원
④ 일시지원 복지시설
⑤ 한부모가족 복지상담소

3) 설치 및 폐지

국가나 지방자치단체는 한부모가족 복지시설을 설치할 수 있다. 그 외의 자는 특별자치도지사 · 시장 · 군수 · 구청장에게 신고하여야 한다. 청소년 한부모가 입소를 요청하는 경우에는 우선 입소를 위한 조치를 취하여야 한다(제20조). 한부모가족 복지시설을 폐지하거나 운영을 일시적으로 중단하려면 여성가족부령이 정하는 바에 따라 미리 특별자치도지사 · 시장 · 군수 · 구청장에게 신고하여야 한다(제21조).

4. 권리구제 및 벌칙

1) 권리구제(제28조)

보호대상자 또는 그 친족이나 그밖의 이해관계인은 이 법에 따른 복지 급여 등에 대하여 이의가 있으면 그 결정을 통지 받은 날부터 90일 이내에 서면으로 해당 복지실시기관에 심사를 청구할 수 있다.

복지실시기관은 심사 청구를 받으면 30일 이내에 이를 심사·결정하여 청구인에게 통보하여야 한다.

2) 벌칙(제29조)

(1) 5년 이하의 징역 또는 3천만 원 이하의 벌금(제1항)

① 금융정보 등을 사용 또는 누설한 사람

3년 이하의 징역 또는 2천만 원 이하의 벌금(제29조 제2항)

② 복지급여 대상자 관련 자료 등을 사용 또는 누설한 사람

(2) 1년 이하의 징역, 500만 원 이하의 벌금, 구류 또는 과료(제29조 제4항)

거짓이나 그밖의 부정한 방법으로 복지급여를 받거나 타인으로 하여금 복지급여를 받게 한 자

3) 과태료(제30조)

300만 원 이하의 과태료

① 정당한 사유 없이 수탁을 거부한 자

② 정당한 이유 없이 제23조 제1항에 따른 보고를 하지 않거나 거짓으로 한 자 또는 조사·검사를 거부하거나 기피한 자

제2절   긴급복지지원법

1. 목적과 대상

1) 목적

2005. 12. 23 제정된 이 법은 생계곤란 등의 위기상황에 처하여 도움이 필요한 사람을 신속하게 지원함으로써 이들이 위기상황에서 벗어나 건강하고 인간다운 생활을 하게 함을 목적으로 한다(제1조).

2) 대상

이 법에서 "위기상황"이란 본인 또는 본인과 생계 및 주거를 같이 하고 있는 가구구성원이 다음 각 호의 어느 하나에 해당하는 사유로 인하여 생계유지 등이 어렵게 된 것을 말한다(제2조).

① 주소득자가 사망, 가출, 행방불명, 구금시설에 수용되는 등의 사유로 소득을 상실한 경우

② 중한 질병 또는 부상을 당한 경우

③ 가구구성원으로부터 방임 또는 유기되거나 학대 등을 당한 경우

④ 가정폭력을 당하여 가구구성원과 함께 원만한 가정생활을 하기 곤란하거나 가구구성원으로부터 성폭력을 당한 경우

⑤ 화재 등으로 인하여 거주하는 주택 또는 건물에서 생활하기 곤란하게 된 경우

⑥ 그밖에 보건복지부장관이 정하여 고시하는 사유가 발생한 경우

3) 기본원칙

① 이 법에 따른 지원은 위기상황에 처한 사람에게 일시적으로 신속하게 지원하는 것을 기본원칙으로 한다(제3조).

② '재해구호법', '국민기초생활 보장법', '의료급여법', '사회복지사업법', '가정폭력방지 및 피해자보호 등에 관한 법률', '성폭력방지 및 피해자보호 등에 관한 법률' 등 다른 법률에 따라 이 법에 따른 지원 내용과 동일한 내용의 구호 · 보호 또는 지원을 받고 있는 경우에는 이 법에 따른 지원을 하지 아니한다(시행 : 2013. 1. 23).

4) 국가 및 지방자치단체의 책무

① 국가 및 지방자치단체는 위기상황에 처한 사람을 찾아내어 최대한 신속하게 필요한 지원을 하도록 노력하여야 한다.

② 국가 및 지방자치단체는 이 법에 따른 지원 후에도 위기상황이 해소되지 아니하여 계속 지원이 필요한 것으로 판단되는 사람에게는 다른 법률에 따른 구호 · 보호 또는 지원을 받을 수 있도록 노력하여야 한다.

③ 국가 및 지방자치단체는 제2항에 따른 구호 · 보호 또는 지원이 어렵다고 판단되는 경우에는 민간기관 · 단체와의 연계를 통하여 구호 · 보호 또는 지원을 받을 수 있도록 노력하여야 한다(제4조).

5) 긴급지원대상자

이 법에 따른 지원대상자는 위기상황에 처한 사람으로서 이 법에 따른 지원이 긴급하게 필요한 사람(이하 "긴급지원대상자"라 한다)으로 한다(제5조).

외국인에 대한 특례로서 국내에 체류하고 있는 외국인 중 대통령령으로 정하는 사람이 긴급지원대상자(제5조)에 해당하는 경우에는 긴급지원대상자가 된다(제5조의2).

2. 급여 및 재정

1) 긴급지원의 종류 및 내용

이 법에 따른 지원의 종류 및 내용은 다음과 같다(제9조).

(1) 금전 또는 현물 등의 직접지원

① 생계지원 : 식료품비·의복비 등 생계유지에 필요한 비용 또는 현물 지원

② 의료지원 : 각종 검사 및 치료 등 의료서비스 지원

③ 주거지원 : 임시거소(臨時居所) 제공 또는 이에 해당하는 비용 지원

④ 사회복지시설 이용 지원 : '사회복지사업법'에 따른 사회복지시설 입소(入所) 또는 이용 서비스 제공이나 이에 필요한 비용 지원

⑤ 교육지원 : 초·중·고등학생의 수업료, 입학금, 학교운영지원비 및 학용품비 등 필요한 비용 지원

⑥ 그밖의 지원 : 연료비나 그밖에 위기상황의 극복에 필요한 비용 또는 현물 지원

(2) 민간기관·단체와의 연계 등의 지원

'대한적십자사 조직법'에 따른 대한적십자사, '사회복지공동모금회법'에 따른 사회복지공동모금회 등의 사회복지기관·단체와의 연계 지원

(3) 상담·정보제공, 그밖의 지원

구체적인 지원기준·방법 및 절차 등에 관하여 필요한 사항은 대통령령으로 정한다.

시장·군수·구청장은 사회복지시설 이용 지원을 하는 경우 관할 사회복지시설의 장에게 지원을 요청할 수 있다. 이 경우 지원요청을 받은 사회복지시설의 장은 정당한 사유가 없으면 해당 시설의 입소기준에도 불구하고 긴급지원대상자가 제10조에 따른 기간에 그 시설을 이용할 수 있도록 조치하여야 한다.

제10조의 경우 긴급지원은 1개월간의 생계유지 등에 필요한 지원으로 한다. 다만, 시장·군수·구청장이 긴급지원대상자의 위기상황이 계속된다고 판단하

는 경우에는 1개월씩 두 번의 범위에서 기간을 연장할 수 있다.

(4) 긴급지원의 기간 등

① 제9조 제1항 제1호 가목·다목·라목 및 바목에 따른 긴급지원은 1개월간의 생계유지 등에 필요한 지원으로 한다. 다만, 시장·군수·구청장이 긴급지원 대상자의 위기상황이 계속된다고 판단하는 경우에는 1개월씩 두 번의 범위에서 기간을 연장할 수 있다(제10조).

② 제9조 제1항 제1호 나목에 따른 지원은 위기상황의 원인이 되는 질병 또는 부상을 검사·치료하기 위한 범위에서 한 번 실시하며, 같은 호 마목에 따른 지원도 한 번 실시한다.

③ 시장·군수·구청장은 제1항 및 제2항에 따른 지원에도 불구하고 위기상황이 계속되는 경우에는 제12조에 따른 긴급지원심의위원회의 심의를 거쳐 지원을 연장할 수 있다. 이 경우 제9조 제1항 제1호 가목·라목 및 바목에 따른 지원은 제1항에 따른 지원기간을 합하여 총 6개월을 초과하여서는 아니 되고, 같은 호 다목에 따른 지원은 제1항에 따른 지원기간을 합하여 총 12개월을 초과하여서는 아니 되며, 같은 호 나목 및 마목에 따른 지원은 제2항에 따른 지원횟수를 합하여 총 두 번을 초과하여서는 아니 된다(개정 2012. 10. 22).

④ 제3항에 따른 지원연장에 관한 긴급지원심의위원회의 심의 시기 및 절차는 보건복지부령으로 정한다(개정 2010. 1. 18).

2) 필요한 비용

국가 및 지방자치단체는 긴급지원 업무를 수행하기 위하여 필요한 비용을 분담하여야 한다(제17조).

3. 전달체계 및 위원회

1) 긴급지원기관

① 이 법에 따른 지원은 긴급지원대상자의 거주지를 관할하는 시장('제주특별자치도 설치 및 국제자유도시 조성을 위한 특별법' 제17조 제2항에 따른 행정시장을 포함) · 군수 · 구청장(자치구의 구청장)이 한다. 다만, 긴급지원대상자의 거주지가 분명하지 아니한 경우에는 제7조에 따른 지원요청 또는 신고를 받은 시장 · 군수 · 구청장이 한다.

② 위의 단서에도 불구하고 거주지가 분명하지 아니한 사람에게 제7조에 따른 지원요청 또는 신고가 특정지역에 집중되는 경우에는 보건복지부령으로 정하는 바에 따라 긴급지원기관을 달리 정할 수 있다.

③ 시장 · 군수 · 구청장은 이 법에 따른 긴급지원사업을 수행할 담당공무원을 지정하여야 한다(제6조).

2) 지원요청 및 신고

① 긴급지원대상자와 친족, 그밖의 관계인은 구술 또는 서면 등으로 관할 시장 · 군수 · 구청장에게 이 법에 따른 지원을 요청할 수 있다.

② 누구든지 긴급지원대상자를 발견한 경우에는 관할 시장 · 군수 · 구청장에게 신고하여야 한다.

③ 다음 어느 하나에 해당하는 사람은 진료 · 상담 등 직무수행 과정에서 긴급지원대상자가 있음을 알게 된 경우에는 관할 시장 · 군수 · 구청장에게 이를 신고하고, 긴급지원대상자가 신속하게 지원을 받을 수 있도록 노력하여야 한다.

㉮ '의료법'에 따른 의료기관의 종사자

㉯ '유아교육법', '초 · 중등교육법' 및 '고등교육법'에 따른 교원

㉰ '사회복지사업법'에 따른 사회복지시설의 종사자 및 같은 법 제8조에 따라 위촉된 복지위원

㉱ '국가공무원법' 및 '지방공무원법'에 따른 공무원(제7조)

3) 현장 확인 및 지원

① 시장·군수·구청장은 이에 따른 지원요청 또는 신고를 받거나 위기상황에 처한 사람(제7조)을 찾아낸 경우에는 지체 없이 긴급지원 담당공무원으로 하여금 긴급지원대상자의 거주지 등을 방문하여 위기상황을 확인하여야 한다.

② 시장·군수·구청장은 위기상황을 확인하기 위하여 필요한 경우에는 관할 경찰관서, 소방관서 등 관계 행정기관의 장에게 협조를 요청할 수 있다. 이 경우 관계 행정기관의 장은 정당한 사유가 없으면 그 요청에 따라야 한다.

③ 시장·군수·구청장은 위 현장 확인 결과 위기상황의 발생이 확인된 사람에 대하여는 지체 없이 지원의 종류 및 내용(제9조)을 결정하여 지원을 하여야 한다.

④ 제1항에 따라 현장을 확인하는 긴급지원 담당공무원은 권한을 표시하는 증표를 지니고 이를 관계인에게 내보여야 한다(제8조).

지원을 요청할 때 또는 긴급지원 담당공무원이 위기상황을 확인할 때에 그 긴급지원대상자 및 가구구성원은 자료 또는 정보의 제공에 대하여 동의한다는 서면을 제출하여야 한다(제8조의2).

4) 담당기구 설치 등

보건복지부장관은 위기상황에 처한 사람에게 상담·정보제공 및 관련 기관·단체 등과의 연계서비스를 제공하기 위하여 담당기구를 설치·운영할 수 있다(제11조).

시장·군수·구청장은 긴급지원사업을 원활하게 수행하기 위하여 '사회복지사업법' 제7조의2에 따른 지역사회복지협의체를 통하여 사회복지·보건의료 관련 기관·단체 간의 연계·협력을 강화하여야 한다.

5) 긴급지원심의위원회

다음 사항을 심의·의결하기 위하여 시('제주특별자치도 설치 및 국제자유도시 조성을 위한 특별법' 제15조 제2항에 따른 행정시를 포함)·군·구(자치구)에 긴급지원심의위원회를 둔다.

① 제10조 제3항에 따른 긴급지원연장 결정

② 제14조 제1항에 따른 긴급지원의 적정성 심사

③ 제15조 제1항에 따른 긴급지원의 중단 또는 지원비용의 환수 결정

④ 그밖에 긴급지원심의위원회의 위원장이 회의에 부치는 사항

긴급지원심의위원회는 위원장 1명을 포함한 15명 이내의 위원으로 구성하며, 위원장은 시장 · 군수 · 구청장이 되고, 위원은 다음 각 호의 어느 하나에 해당 하는 사람 중에서 시장 · 군수 · 구청장이 임명하거나 위촉한다. 이 경우 사회보 장에 관한 학식과 경험이 있는 사람과 비영리민간단체에서 추천한 사람이 2분 의 1 이상 되도록 구성하여야 한다.

긴급지원심의위원회는 긴급지원대상자가 '국민기초생활 보장법' 또는 '의료급 여법'에 따른 수급권자로 결정된 경우에는 제1항에 따른 심사를 하지 아니할 수 있다.

시장 · 군수 · 구청장은 제1항에 따른 심사결과 긴급지원대상자에 대한 지원이 적정하지 아니한 것으로 결정된 경우에도 긴급지원 담당공무원의 고의 또는 중대한 과실이 없으면, 이를 이유로 긴급지원 담당공무원에 대하여 불리한 처 분이나 대우를 하여서는 아니 된다.

4. 권리구제 및 벌칙

1) 이의신청

① 반환명령에 이의가 있는 사람은 그 처분을 고지받은 날부터 30일 이내에 해 당 시장 · 군수 · 구청장을 거쳐 특별시장 · 광역시장 · 도지사 · 특별자치도지사 에게 서면으로 이의신청할 수 있다. 이 경우 시장 · 군수 · 구청장은 이의신청 을 받은 날부터 10일 이내에 의견서와 관련 서류를 첨부하여 시 · 도지사에게 송부하여야 한다(제8조 제3항에 따른 결정이나 제15조 제1항 또는 제2항).

② 시·도지사는 제1항에 따른 송부를 받은 날부터 15일 이내에 이를 검토하고 처분이 위법·부당하다고 인정되는 때는 시정, 그밖에 필요한 조치를 하여야 한다(제16조).

2) 압류 등의 금지

① 이 법에 따라 긴급지원대상자에게 지급되는 금전 또는 현물은 압류할 수 없다.

② 긴급지원대상자는 이 법에 따라 지급되는 금전 또는 현물을 생계유지 등의 목적 외의 다른 용도로 사용하기 위하여 양도하거나 담보로 제공할 수 없다(제18조).

3) 벌칙

제13조 제7항을 위반한 사람은 3년 이하의 징역 또는 1천만 원 이하의 벌금에 처한다(제19조).

※ 제13조 제7항 : 긴급지원담당공무원 또는 긴급지원담당공무원이었던 사람은 제2항 또는 제3항에 따라 얻은 정보와 자료를 이 법에서 정한 지원 목적 외에 다른 용도로 사용하거나 다른 사람 또는 기관에 제공하여서는 아니된다.

5. 긴급복지지원법 일부 개정

(2015. 12. 29. 일부 개정[시행 2016. 6. 30])

① 긴급지원 담당공무원이 신청자를 조사할 때 권한을 표시하는 증표뿐만 아니라 조사기간, 조사범위 등이 기재된 서류를 제시하도록 하며, 행정조사의 내용·절차·방법 등에 관하여 이 법에서 정하는 사항을 제외하고는 '행정조사 기본법'에서 정하는 바를 따르도록 함(제8조 제4항 및 제5항).

② '국민기초생활 보장법' 개정에 따라 최저생계비를 기준 중위소득의 100분의 40으로 정비함(제9조 제2항).

제3절 가정폭력방지 및 피해자보호 등에 관한 법률

1. 목적과 대상

1) 목적(제1조)

1997년 12월 31일 제정된 이 법은 가정폭력을 예방하고 가정폭력의 피해자를 보호·지원함을 목적으로 한다.

2) 대상(제2조)

이 법에서 사용하는 용어의 뜻은 다음과 같다.
① "가정폭력"이란 '가정폭력범죄의 처벌 등에 관한 특례법' 제2조 제1호의 행위를 말한다.
② "가정폭력행위자"란 '가정폭력범죄의 처벌 등에 관한 특례법' 제2조 제4호의 자를 말한다.
③ "피해자"란 가정폭력으로 인하여 직접적으로 피해를 입은 자를 말한다.
④ "아동"이란 18세 미만인 자를 말한다.

3) 가정폭력 실태조사

① 여성가족부장관은 3년마다 가정폭력에 대한 실태조사를 실시하여 그 결과를 발표하고, 이를 가정폭력을 예방하기 위한 정책수립의 기초자료로 활용하여야 한다.
② 가정폭력 실태조사의 방법과 내용 등에 필요한 사항은 여성가족부령으로 정한다(제4조의2).

2. 급여 및 재정

1) 가정폭력 예방교육의 실시(제4조의3)

'초·중등교육법'에 따른 각급 학교의 장은 대통령령으로 정하는 바에 따라 가정폭력의 예방과 방지를 위하여 필요한 교육을 실시하여야 한다.

2) 아동의 취학 지원(제4조의4)

국가나 지방자치단체는 피해자나 피해자가 동반한 가정구성원('가정폭력범죄의 처벌 등에 관한 특례법' 제2조 제2호의 자 중 피해자의 보호나 양육을 받고 있는 자)이 아동인 경우 주소지 외의 지역에서 취학(입학·재입학·전학 및 편입학을 포함한다. 이하 같다)할 필요가 있을 때에는 그 취학이 원활히 이루어지도록 지원하여야 한다.

3) 피해자에 대한 불이익처분의 금지

피해자를 고용하고 있는 자는 누구든지 '가정폭력범죄의 처벌 등에 관한 특례법'에 따른 가정폭력범죄와 관련하여 피해자를 해고(解雇)하거나 그밖의 불이익을 주어서는 아니된다(제4조의5).

4) 긴급전화센터의 설치 · 운영 등(제4조의6)

여성가족부장관 또는 특별시장·광역시장·도지사·특별자치도지사는 피해자의 신고접수 관련 기관·시설과의 연계, 피해자에 대한 긴급한 구조의 지원 및 상담 업무 등을 수행하기 위하여 긴급전화센터를 설치·운영하여야 한다. 이 경우 외국어 서비스를 제공하는 긴급전화센터를 따로 설치·운영할 수 있다.

5) 상담소의 설치 · 운영(제5조)

국가나 지방자치단체는 가정폭력 관련 상담소를 설치 · 운영할 수 있다.

국가나 지방자치단체 외의 자가 상담소를 설치 · 운영하려면 특별자치도지사 · 시장 · 군수 · 구청장에게 신고하여야 한다.

상담소의 설치 · 운영기준, 상담소에 두는 상담원의 수와 신고절차 등에 필요한 사항은 여성가족부령으로 정한다.

3. 전달체계 및 위원회 혹은 사회복지서비스

1) 보호시설의 설치(제7조)

국가나 지방자치단체는 가정폭력피해자 보호시설을 설치 · 운영할 수 있다.

'사회복지사업법'에 따른 사회복지법인(이하 "사회복지법인"이라 한다)과 그밖의 비영리법인은 시장 · 군수 · 구청장의 인가(認可)를 받아 보호시설을 설치 · 운영할 수 있다.

보호시설에는 상담원을 두어야 하고, 보호시설의 규모에 따라 생활지도원, 취사원, 관리원 등의 종사자를 둘 수 있다.

보호시설의 설치 · 운영의 기준, 보호시설에 두는 상담원 등 종사자의 직종(職種)과 수(數) 및 인가기준(認可基準)등에 필요한 사항은 여성가족부령으로 정한다.(전문 개정 2007. 10. 17)

2) 보호시설의 종류(제7조의2)

보호시설의 종류는 다음과 같다.

① 단기보호시설 : 피해자 등을 6개월의 범위에서 보호하는 시설

② 장기보호시설 : 피해자 등에 대하여 2년의 범위에서 자립을 위한 주거편의(住居便宜) 등을 제공하는 시설

③ 외국인보호시설 : 배우자가 대한민국 국민인 외국인 피해자 등을 2년의 범위
   에서 보호하는 시설
④ 장애인보호시설 : '장애인복지법'의 적용을 받는 장애인인 피해자 등을 2년의
   범위에서 보호하는 시설

단기보호시설의 장은 그 단기보호시설에 입소한 피해자등에 대한 보호기간을
여성가족부령으로 정하는 바에 따라 3개월의 범위에서 한 차례만 연장할 수
있다.

3)   보호시설의 입소대상 등(제7조의3)

보호시설의 입소대상은 피해자 등으로서 다음 어느 하나에 해당하는 경우로
한다.
① 본인이 입소를 희망하거나 입소에 동의하는 경우
② '장애인복지법' 제2조에 따른 지적장애인이나 정신장애인, 그밖에 의사능력
   이 불완전한 자로서 가정폭력행위자가 아닌 보호자가 입소에 동의하는 경우
③ '장애인복지법' 제2조에 따른 지적장애인이나 정신장애인, 그밖에 의사능력
   이 불완전한 자로서 상담원의 상담 결과 입소가 필요하나 보호자의 입소 동
   의를 받는 것이 적절하지 못하다고 인정되는 경우

위 제7조 제2항에 따라 인가받은 보호시설의 장은 제1항에 따라 보호시설에
입소한 입소자의 인적사항 및 입소 사유 등을 시장·군수·구청장에게 지체 없
이 보고하여야 하며, 제1항 제3호에 해당하는 자를 입소시킨 경우에는 지체
없이 관할 시장·군수·구청장의 승인을 받아야 한다.

4)   보호시설의 퇴소(제7조의4)

제7조의3에 따라 보호시설에 입소한 자는 본인의 의사 또는 같은 조 제1항
제2호에 따라 입소 동의를 한 보호자의 요청에 따라 보호시설을 퇴소할 수 있
으며, 보호시설의 장은 입소한 자가 다음 어느 하나에 해당하는 경우에는 퇴
소를 명할 수 있다.

① 보호의 목적이 달성된 경우
② 보호기간이 끝난 경우
③ 입소자가 거짓이나 그밖의 부정한 방법으로 입소한 경우
④ 보호시설 안에서 현저한 질서문란 행위를 한 경우

5) 보호시설에 대한 보호비용 지원(제7조의5)

국가나 지방자치단체는 보호시설에 입소한 피해자나 피해자가 동반한 가정 구성원의 보호를 위하여 필요한 경우 다음과 같이 보호비용을 보호시설의 장 또는 피해자에게 지원할 수 있다. 다만, 보호시설에 입소한 피해자나 피해자가 동반한 가정 구성원이 '국민기초생활 보장법' 등 다른 법령에 따라 보호를 받고 있는 경우에는 그 범위에서 이 법에 따른 지원을 하지 아니한다.
① 생계비, ② 아동교육지원비, ③ 아동양육비, ④ 그밖에 대통령령으로 정하는 비용

위 제1항에 따른 보호비용의 지원 방법 및 절차 등에 필요한 사항은 여성가족부령으로 정한다.

6) 보호시설의 업무(제8조)

보호시설은 피해자 등에 대하여 다음 각 호의 업무를 행한다. 다만, 피해자가 동반한 가정 구성원에게는 제1호 외의 업무 일부를 하지 아니할 수 있고, 장기보호시설은 피해자 등에 대하여 제1호부터 제5호까지에 규정된 업무(주거편의를 제공하는 업무는 제외한다)를 하지 아니할 수 있다.
① 숙식의 제공
② 심리적 안정과 사회적응을 위한 상담 및 치료
③ 질병치료와 건강관리(입소 후 1개월 이내의 건강검진을 포함한다)를 위한 의료기관에의 인도 등 의료지원
④ 수사기관의 조사와 법원의 증인신문(證人訊問)에의 동행
⑤ 법률구조기관 등에 필요한 협조와 지원의 요청

⑥ 자립자활교육의 실시와 취업정보의 제공
⑦ 다른 법률에 따라 보호시설에 위탁된 사항

4. 권리구제 및 벌칙(20조)

1) 벌금

다음 어느 하나에 해당하는 자는 1년 이하의 징역 또는 500만 원 이하의 벌금에 처한다.

① 제5조 제2항·제7조 제2항 또는 제8조의3 제2항에 따른 신고를 하지 아니하거나 인가를 받지 아니하고 상담소·보호시설 또는 교육훈련시설을 설치·운영한 자

② 제12조에 따른 업무의 정지·폐지 또는 시설의 폐쇄 명령을 받고도 상담소·보호시설 또는 교육훈련시설을 계속 운영한 자

③ 제16조에 따른 비밀 엄수의 의무를 위반한 자

2) 양벌규정(제21조)

법인의 대표자나 법인 또는 개인의 대리인, 사용인, 그밖의 종업원이 그 법인 또는 개인의 업무에 관하여 제20조의 위반행위를 하면 그 행위자를 벌하는 외에 그 법인 또는 개인에게도 해당 조문의 벌금형을 과(科)한다. 다만, 법인 또는 개인이 그 위반행위를 방지하기 위하여 해당 업무에 관하여 상당한 주의와 감독을 게을리하지 아니한 경우에는 그러하지 아니하다.

3) 과태료(제22조)

① 다음 어느 하나에 해당하는 자에게는 300만 원 이하의 과태료를 부과한다.
 - 정당한 사유 없이 제11조 제1항에 따른 보고를 하지 아니하거나 거짓으로 보고한 자 또는 조사·검사를 거부하거나 기피한 자

　　－ 제17조에 따른 유사 명칭 사용 금지를 위반한 자

② 위의 과태료는 대통령령으로 정하는 바에 따라 여성가족부장관 또는 시장 · 군수 · 구청장이 부과 · 징수한다.

5. 일부 개정(2015. 6. 22, 시행 2015. 12. 23)

개정 이유로는 가정폭력 피해자의 신변노출 방지 및 보호 · 지원 체계를 구축하고, 긴급지원센터의 업무에 피해자 및 피해자가 동반한 가정구성원의 임시 보호 기능을 추가하며, 가정폭력 추방주간을 신설하고, 보호시설의 업무에서 구상권 청구 규정을 삭제하며, 긴급지원센터 등의 종사자의 자격기준을 정비하는 등 피해자 지원체계를 정비하기 위함이다.

CHAPTER

5 사회보장기본법 및 사회복지사업법

제 1 절   사회보장기본법의 의의

제 2 절   사회복지사업법

제1절   사회보장기본법의 의의

1. 목적과 대상

1) 목적

사회정책이란 사회적 요구에 대한 서비스로서, 사회문제애 대한 대책과 사회적 평등과 보장을 증진시키기는 정부의 역할이다. 사회정책을 실현하기 위한 제도는 사회봉사, 사회보장, 사회계획, 사회사업, 조세정책, 노동정책을 말한다.

사회보장법은 그 근거가 되는 사회보장사상 내지 사회보장정책에 따라 다의적이며, 사회보장법은 형식적으로는 사회보장제도에 관련된 법의 총체를 말한다. 이념적으로는 생존권을 직접적이며 구체적으로 실현하는 법체계이며, 실질적으로는 국민의 사회보장의 권리 및 이를 실현해야 할 국가의 의무관계를 규정한 법체계이다.

사회보장기본법은 사회보장에 관한 국민의 권리와 국가 및 지방자치단체의 책임을 정하고 사회보장정책의 수립·추진과 관련 제도에 관한 기본적인 사항을 규정함으로써 국민의 복지증진에 이바지하는 것을 목적으로 한다.

사회보장의 기본이념은 모든 국민이 다양한 사회적 위험으로부터 벗어나 행복하고 인간다운 생활을 향유할 수 있도록 자립을 지원하며, 사회참여·자아실현에 필요한 제도와 여건을 조성하여 사회통합과 행복한 복지사회를 실현하는 것을 기본 이념으로 한다.

사회보장법에서 사용하는 용어를 정리하면 다음과 같다.

사회보장이란 출산, 양육, 실업, 노령, 장애, 질병, 빈곤 및 사망 등의 사회적 위험으로부터 모든 국민을 보호하고 국민 삶의 질을 향상시키는 데 필요한 소득·서비스를 보장하는 사회보험, 공공부조, 사회서비스를 말한다.

사회보험이란 국민에게 발생하는 사회적 위험을 보험의 방식으로 대처함으로써 국민의 건강과 소득을 보장하는 제도를 말한다.

공공부조란 국가와 지방자치단체의 책임 하에 생활 유지 능력이 없거나 생활이 어려운 국민의 최저생활을 보장하고 자립을 지원하는 제도를 말한다.

사회서비스란 국가·지방자치단체 및 민간부문의 도움이 필요한 모든 국민에게 복지, 보건의료, 교육, 고용, 주거, 문화, 환경 등의 분야에서 인간다운 생활을 보장하고 상담, 재활, 돌봄, 정보의 제공, 관련 시설의 이용, 역량 개발, 사회참여 지원 등을 통하여 국민의 삶의 질이 향상되도록 지원하는 제도를 말한다.

평생사회안전망이란 생애주기에 걸쳐 보편적으로 충족되어야 하는 기본욕구와 특정한 사회위험에 의하여 발생하는 특수욕구를 동시에 고려하여 소득·서비스를 보장하는 맞춤형 사회보장제도를 말한다.

다른 법률과의 관계에서 보장에 관한 다른 법률을 제정하거나 개정하는 경우에는 이 법에 부합되도록 하여야 한다. 따라서 사회보장 네 가지 성격의 관점은 다음과 같다.
첫째, 경제질서이다. 사회보험과 공공부조로 사회적 불평등의 시정과 완화에 기여하는 소득재분배 기능이다.
둘째, 국가업무로서의 사회보장이다. 국가통치와 위기관리수단이며 자본주의체제의 유지에 있다.
셋째, 사회운동의 성격인데 빈곤으로부터 해방을 위한 사회운동, 계급투쟁, 사회개량의 노력을 말한다.
넷째, 사상으로서 사회보장이다. 생존권, 생활권을 실현하고 보장하기 위한 목적으로 각국의 헌법에서 사회복지를 하나의 이념으로 보고 있다.

그리고 사회보장 여섯 가지 원칙은 다음과 같다.
첫째, 보편성의 원칙으로 모든 국민을 대상으로 한다.
둘째, 통일성의 원칙에 의한 사회보장 전달체계이다.
셋째, 민주성의 원칙으로 참가이다. 정책결정 및 시행과정의 공익대표자 및 이해관계인의 참여에 있다.

넷째, 연대성의 원칙이다. 개인, 사회, 국가관계에 의한 연대에 있다.

다섯째, 형평성의 원칙으로 사회보장급여수준 및 비용부담에 있다.

여섯째, 연계성과 전문성의 원칙으로 사회보장의 유기적연결과 전문인력양성에 있다.

2) 주체와 권한

① 국가와 지방자치단체는 모든 국민의 인간다운 생활을 유지·증진하는 책임을 가지며, 국가와 지방자치단체는 사회보장에 관한 책임과 역할을 합리적으로 분담하여야 한다.

② 국가와 지방자치단체는 국가 발전수준에 부응하고 사회환경의 변화에 선제적으로 대응하며 지속가능한 사회보장제도를 확립하고 매년 이에 필요한 재원을 조달하여야 한다.

③ 국가는 사회보장제도의 안정적인 운영을 위하여 중장기 사회보장 재정추계를 격년으로 실시하고 이를 공표하여야 한다.

국가와 지방자치단체는 가정이 건전하게 유지되고 그 기능이 향상되도록 노력하여야 한다. 그리고 모든 국민은 관계 법령에서 정하는 바에 따라 사회보장급여에 필요한 비용의 부담, 정보의 제공 등 국가의 사회보장정책에 협력하여야 한다.

국내에 거주하는 외국인에게 사회보장제도를 적용할 때에는 상호주의의 원칙에 따르되, 관계 법령에서 정하는 바에 따른다(제8조). 사회보장에 관한 권리로 사회복지법은 대한민국 국민을 대상으로 하는 속인주의를 원칙으로 하고 있으나, 예외적으로 사회보장협정 등을 체결한 경우 외국인도 대상이 되는 속지주의가 적용대상이 된다.

국가와 지방자치단체는 최저생계비와 최저임금 등을 고려하여 사회보장급여의 수준을 결정하여야 한다.

3) 사회보장기본법의 발달

사회보장법과 사회보장에 관한 법률의 발달이다.

표 5.1 사회보장기본법의 발달

제 · 개정	주요내용
1963. 11. 5	'사회보장에 관한 법률'이 국가재건최고회의를 통과하여 제정
1995. 12. 30	사회보장기본법은 우리나라의 경제, 사회의 발전 수준과 국민의 복지욕구에 부합하는 사회보장제도를 확립
2005. 1. 27	일부 개정-사회보장심의위원회가 확대되었으며 구성이 부위원장 2인에서 3인으로, 위원 수가 20인에서 30인 이내로 확대
2008. 2. 29	정부조직법의 개정으로 인해 재정경제부가 기획재정부, 교육인적자원부가 교육과학기술부, 보건복지부가 보건복지가족부 그리고 보건복지부로 변경
2010. 1. 18	위원장은 국무총리가 되고 부위원장은 기획재정부장관 및 보건복지부장관이 된다.
2012. 1. 26 (2013. 1. 27)	모든 국민이 평생 동안 겪는 다양한 사회적 위험에 대하여 사회정책과 경제정책을 통합적으로 고려
2015. 12. 29 (2016. 1. 1)	국민기초생활보장제도를 맞춤형 빈곤정책으로 전환하여 급여별 수급자 선정기준을 다층화하고, 최저생계비 대신 최저보장수준 및 기준 중위소득 제도를 도입

(1) 1963. 11. 5 법 제정

4.19 혁명이라는 시대적 격변을 거치면서 국민들의 민생안정과 경제적 생활보장을 위한 명목상으로나마 사회보장제도의 확립을 위해 '사회보장에 관한 법률'이 국가재건최고회의를 통과하여 제정되었다. 당시의 이 법은 전문 7개조의 상징적 의미로서 존재하였고, 사회보장사업에 대한 담당 부처를 명확히 명시하지 않아 사회보장사업의 일원화가 이루어지지 못하였다. 이에 따라 1995 사회보장에 관한 법률이 폐지되고 사회보장기본법이 제정되었다.

(2) 1995. 12. 30

사회보장기본법은 우리나라의 경제, 사회의 발전 수준과 국민의 복지욕구에 부합하는 사회보장제도를 확립하여 국민복지의 증진을 도모하기 위해 제정되었으며, 사회보장기본법은 헌법과 개별 사회복지법 사이에서 중개자로서의 역할과 법의 성격상 개별 사회복지법에 비해 일반법적인 성격을 가진다.

(3) 2005. 1. 27 일부 개정

사회보장심의위원회가 확대되었으며 구성이 부위원장 2인에서 3인으로, 위원 수가 20인에서 30인 이내로 확대되었으며, 주요시책추진실적 평가제도가 도입되었다.

(4) 2008. 2. 29

정부조직법의 개정으로 인해 재정경제부가 기획재정부, 교육인적자원부가 교육과학기술부, 보건복지부가 보건복지가족부그리고 보건복지부로 변경되었다.

(5) 2010. 1. 18

위원장은 국무총리가 되고 부위원장은 기획재정부장관 및 보건복지부장관이 된다.

(6) 2012. 1. 26 개정 내용

가. 사회보장은 모든 국민이 다양한 사회적 위험으로부터 벗어나 행복하고 인간다운 생활을 향유할 수 있도록 자립을 지원하며, 사회참여·자아실현에 필요한 제도와 여건을 조성하여 사회통합과 행복한 복지사회를 실현하는 것을 기본 이념으로 함(안 제2조).

나. 사회보장의 정의에서 출산, 양육을 사회적 위험으로 포함하여 보호하고, 사회복지서비스와 관련 복지제도를 사회서비스로 포괄하여 확대하며, 기본욕구와 특수욕구를 고려하여 소득·서비스를 보장하는 맞춤형 사회보장제도인 평생사회안전망의 개념을 도입함으로써 복지사회 실현의 토대를 마련함(안 제3조).

다. 보건복지부장관은 관계 중앙행정기관의 장과 협의하여 사회보장 기본계획
및 연도별 시행계획을 수립·시행하도록 하고, 시·도지사 및 시장·군수·
구청장은 사회보장 기본계획과 연계하여 관계 법령으로 정하는 바에 따라
사회보장에 관한 지역계획을 수립·시행하도록 함(안 제16조부터 제19조
까지).

라. 사회보장위원회의 권한을 강화하여 사회보장에 관한 주요 시책을 심의·조
정하며 기본계획 및 심의·조정 결과를 관계 중앙행정기관의 장과 지방자
치단체의 장에게 통지하도록 하고, 해당 기관의 장은 사회보장제도의 운영
및 개선 시 이를 반영하도록 함(안 제20조).

(7) 2015. 12. 29(2016. 1. 1) 개정 내용

국민기초생활보장제도를 맞춤형 빈곤정책으로 전환하여 급여별 수급자 선정기
준을 다층화하고, 최저생계비 대신 최저보장수준 및 기준 중위소득 제도를 도
입하는 등의 내용으로 '국민기초생활 보장법'이 개정(법률 제12933호, 2014.
12. 30. 공포, 2015. 7. 1. 시행)됨에 따라, 개정된 내용을 반영하여 제도를
차질 없이 수행할 수 있도록 하려는 것이다.

> **키워드**
>
> 사회보장에 관한 주요시책을 심의·조정하기 위하여 국무총리소속으로 사회보장위원회
> 를 둔다. 보건복지부장관은 사회보장증진을 위하여 사회보장에 관한 기본계획을 5년마
> 다 수립하여야 하며, 시·도지사 및 시·군·구청장이 수립하는 지역계획은 기본계획과
> 연계되어야 한다.

2. 급여 및 재정

1) 급여

사회보장을 받을 권리를 사회보장수급권이라고 하는데, 모든 사회복지법상의
사회보장수급권을 인정하는 것이 아니라 관계법령이 정하는 바에 의하여 사회

보장수급권을 인정하고 있다(법 제9조). 사회보장수급권의 범위, 내용 등에 대한 기준을 사회보장기본법에서 규정해 주어야 함에도 개별법률에 맡기고 있어 기본법으로서의 역할에 충실하지 못한 부분도 있다.

사회보장급여의 신청은 어떻게 하는가? 사회보장급여를 받으려는 사람은 관계 법령에서 정하는 바에 따라 국가나 지방자치단체에 신청하여야 한다. 다만, 관계 법령에서 따로 정하는 경우에는 국가나 지방자치단체가 신청을 대신할 수 있다. 사회보장급여를 신청하는 사람이 다른 기관에 신청한 경우에는 그 기관은 지체 없이 이를 정당한 권한이 있는 기관에 이송하여야 한다. 이 경우 정당한 권한이 있는 기관에 이송된 날을 사회보장급여의 신청일로 본다(법 제11조).

사회보장수급권의 보호와 제한은 어떻게 이루어지는가? 사회보장수급권은 관계 법령에서 정하는 바에 따라 다른 사람에게 양도하거나 담보로 제공할 수 없으며, 이를 압류할 수 없다(법 제12조).

사회보장수급권의 제한 등에 있어서 사회보장수급권은 제한되거나 정지될 수 없다. 다만, 관계 법령에서 따로 정하고 있는 경우에는 그러하지 아니하다.

위의 단서에 따라 사회보장수급권이 제한되거나 정지되는 경우에는 제한 또는 정지하는 목적에 필요한 최소한의 범위에 그쳐야 한다(법 제13조).

사회보장수급권의 포기는 사회보장수급권은 정당한 권한이 있는 기관에 서면으로 통지하여 포기할 수 있다.

사회보장수급권의 포기는 취소할 수 있다.

위 내용도 불구하고 사회보장수급권을 포기하는 것이 다른 사람에게 피해를 주거나 사회보장에 관한 관계 법령에 위반되는 경우에는 사회보장수급권을 포기할 수 없다(법 제14조).

불법행위에 대한 구상에서 제3자의 불법행위로 피해를 입은 국민이 그로 인하여 사회보장수급권을 가지게 된 경우 사회보장제도를 운영하는 자는 그 불법행위의 책임이 있는 자에 대하여 관계 법령에서 정하는 바에 따라 구상권(求償權)을 행사할 수 있다(법 제15조).

2) 재정

사회보장비용부담의 원칙은 다음과 같다.

① 사회보장비용의 부담은 각각의 사회보장제도의 목적에 따라 국가·지방자치
단체 및 민간부문간에 합리적으로 조정되어야 한다.

② 사회보험에 소요되는 비용은 사용자·피용자 및 자영자가 부담하는 것을 원
칙으로 하되 관계법령이 정하는 바에 따라 국가가 그 비용의 일부를 부담할
수 있다.

③ 공공부조 및 관계법령이 정하는 일정소득수준 이하의 국민에 대한 사회서비
스에 소요되는 비용의 전부 또는 일부는 국가 및 지방자치단체가 이를 부담
한다.

④ 부담능력이 있는 국민에 대한 사회서비스에 소요되는 비용은 그 수익자가 부
담함을 원칙으로 하되, 관계법령이 정하는 바에 따라 국가 및 지방자치단체
가 그 비용의 일부를 부담할 수 있다.

국가와 지방자치단체의 책임(제5조 4항)에 따라 국가는 사회보장제도의 안정
적인 운영을 위하여 중장기 사회보장 재정추계를 격년으로 실시하고 이를 공
표하여야 한다고 하였다. 이에 따라 사회보장 재정추계(시행령 제2조)는 보건
복지부장관이 사회보장기본법에 따른 사회보장 재정추계(財政推計)를 위하여
재정추계를 실시하는 해의 3월 31일까지 사회보장위원회(법 제20조)의 심의를
거쳐 재정추계 세부지침을 마련하여야 한다. 이 경우 재정추계세부지침에는
재정의 세부범위, 추계방법, 추진체계, 공표방법·절차 등이 포함되어야 한다.
보건복지부장관은 위의 재정추계 세부지침에 따라 추계를 실시하는 해의 9월
30일까지 재정추계를 하고, 그 결과를 위원회의 심의를 거쳐 같은 해 10월
31일까지 관계 중앙행정기관의 장에게 통보하여야 한다.
관계 중앙행정기관의 장은 재정추계 결과를 바탕으로 정책개선안을 마련하여
같은 해 12월 31일까지 보건복지부장관에게 제출하여야 하며, 보건복지부장관
은 제출받은 정책개선안을 종합하여 이를 추계 실시 해의 다음 해 3월 31일
까지 위원회에 보고하여야 한다(시행령 제2조).

3. 전달체계 및 위원회

1) 기본계획

사회보장 기본계획은 보건복지부장관이 관계 중앙행정기관의 장과 협의하여 사회보장 증진을 위하여 사회보장에 관한 기본계획을 5년마다 수립하여야 한다. 기본계획에는 다음 사항이 포함되어야 한다(법 제16조).

① 국내외 사회보장환경의 변화와 전망
② 사회보장의 기본목표 및 중장기 추진방향
③ 주요 추진과제 및 추진방법
④ 필요한 재원의 규모와 조달방안
⑤ 사회보장 관련 기금 운용방안
⑥ 사회보장 전달체계
⑦ 그밖에 사회보장정책의 추진에 필요한 사항

기본계획은 사회보장위원회와 국무회의의 심의를 거쳐 확정한다. 기본계획 중 대통령령으로 정하는 중요한 사항을 변경하려는 경우에도 같다(법 제16조).

다른 계획과의 관계에서도 기본계획은 다른 법령에 따라 수립되는 사회보장에 관한 계획에 우선하며 그 계획의 기본이 된다(법 제17조).

연도별 시행계획의 수립·시행에 있어서 보건복지부장관 및 관계 중앙행정기관의 장은 기본계획에 따라 사회보장과 관련된 소관 주요 시책의 시행계획을 매년 수립·시행하여야 하며, 관계 중앙행정기관의 장은 수립한 소관 시행계획 및 전년도의 시행계획에 따른 추진실적을 대통령령으로 정하는 바에 따라 매년 보건복지부장관에게 제출하여야 한다. 보건복지부장관은 제출받은 관계 중앙행정기관 및 보건복지부 소관의 추진실적을 종합하여 성과를 평가하고, 그 결과를 사회보장위원회에 보고하여야 하며, 보건복지부장관은 따른 평가를 효율적으로 하기 위하여 이에 필요한 조사·분석 등을 전문기관에 의뢰할 수 있다. 시행계획의 수립·시행 및 추진실적의 평가 등에 필요한 사항은 대통령령으로 정한다(법 제18조).

사회보장에 관한 지역계획의 수립·시행 등에 관하여 특별시장·광역시장·특별자치시장·도지사 또는 특별자치도지사·시장('제주특별자치도 설치 및 국제자유도시 조성을 위한 특별법'에 따른 행정시장 포함)·군수·구청장(자치구의 구청장)은 관계 법령으로 정하는 바에 따라 사회보장에 관한 지역계획을 수립·시행하여야 한다.

지역계획은 기본계획과 연계되어야 하며 지역계획의 수립·시행 및 추진실적의 평가 등에 필요한 사항은 대통령령으로 정한다(법 제19조).

2) 사회보장위원회

사회보장에 관한 주요 시책을 심의·조정하기 위하여 국무총리 소속으로 사회보장위원회를 두며, 그 위원회는 다음 사항을 심의·조정한다.

① 사회보장 증진을 위한 기본계획
② 사회보장 관련 주요 계획
③ 사회보장제도의 평가 및 개선
④ 사회보장제도의 신설 또는 변경에 따른 우선순위
⑤ 둘 이상의 중앙행정기관이 관련된 주요 사회보장정책
⑥ 사회보장급여 및 비용 부담
⑦ 국가와 지방자치단체의 역할 및 비용 분담
⑧ 사회보장의 재정추계 및 재원조달 방안
⑨ 사회보장 전달체계 운영 및 개선
⑩ 사회보장통계
⑪ 사회보장정보의 보호 및 관리
⑫ 그밖에 위원장이 심의에 부치는 사항

위원장은 확정된 기본계획과 위의 사항에 관하여 심의·조정한 결과를 관계 중앙행정기관의 장과 지방자치단체의 장에게 통지하여야 한다.

위원회의 구성에서 위원회는 위원장 1명, 부위원장 2명과 교육부장관, 안전행정부장관, 고용노동부장관, 여성가족부장관, 국토교통부장관을 포함한 30명 이내의 위원으로 구성한다.

위원장은 국무총리가 되고 부위원장은 기획재정부장관 및 보건복지부장관이 된다.

위원회의 위원은 다음 어느 하나에 해당하는 사람으로 한다.

첫째, 대통령령으로 정하는 관계 중앙행정기관의 장

둘째, 다음 사람 중에서 대통령이 위촉하는 사람이다.

① 근로자를 대표하는 사람

② 사용자를 대표하는 사람

③ 사회보장에 관한 학식과 경험이 풍부한 사람

④ 변호사 자격이 있는 사람

위원의 임기는 2년으로 한다. 다만, 공무원인 위원의 임기는 그 재임 기간으로 하고, 대통령이 위촉하는 위원이 기관·단체의 대표자 자격으로 위촉된 경우에는 그 임기는 대표의 지위를 유지하는 기간으로 한다.

보궐위원의 임기는 전임자 임기의 남은 기간으로 한다.

위원회를 효율적으로 운영하고 위원회의 심의사항을 전문적으로 검토하기 위하여 위원회에 실무위원회를 두며, 실무위원회에 분야별 전문위원회를 둘 수 있다.

3) 사회보장 정책방향과 제도의 운영

(1) 사회보장 정책의 기본방향

평생사회안전망의 구축·운영을 위하여 국가와 지방자치단체는 모든 국민이 생애 동안 삶의 질을 유지·증진할 수 있도록 평생사회안전망을 구축하여야 하며 국가와 지방자치단체는 평생사회안전망을 구축·운영함에 있어 사회적 취약계층을 위한 공공부조를 마련하여 최저생활을 보장하여야 한다(법 제22조).

사회서비스 보장을 위하여 국가와 지방자치단체는 모든 국민의 인간다운 생활과 자립, 사회참여, 자아실현 등을 지원하여 삶의 질이 향상될 수 있도록 사회서비스에 관한 시책을 마련하여야 하며, 국가와 지방자치단체는 사회서비스

보장과 제24조에 따른 소득보장이 효과적이고 균형적으로 연계되도록 하여야
한다(법 제23조).

(2) 사회보장제도의 운영

운영원칙은 첫째, 국가와 지방자치단체가 사회보장제도를 운영할 때에는 이
제도를 필요로 하는 모든 국민에게 적용하여야 한다.

둘째, 국가와 지방자치단체는 사회보장제도의 급여 수준과 비용 부담 등에서
형평성을 유지하여야 한다.

셋째, 국가와 지방자치단체는 사회보장제도의 정책 결정 및 시행 과정에 공익
의 대표자 및 이해관계인 등을 참여시켜 이를 민주적으로 결정하고 시행하여
야 한다.

넷째, 국가와 지방자치단체가 사회보장제도를 운영할 때에는 국민의 다양한
복지 욕구를 효율적으로 충족시키기 위하여 연계성과 전문성을 높여야 한다.

다섯째, 사회보험은 국가의 책임으로 시행하고, 공공부조와 사회서비스는 국가
와 지방자치단체의 책임으로 시행하는 것을 원칙으로 한다. 다만, 국가와 지방
자치단체의 재정 형편 등을 고려하여 이를 협의·조정할 수 있다(법 제25조).

비용의 부담은 누가 하는가? 사회보장 비용의 부담은 각각의 사회보장제도의
목적에 따라 국가, 지방자치단체 및 민간부문 간에 합리적으로 조정되어야 하
며, 사회보험에 드는 비용은 사용자, 피용자(被傭者) 및 자영업자가 부담하는
것을 원칙으로 하되, 관계 법령에서 정하는 바에 따라 국가가 그 비용의 일부
를 부담할 수 있다. 공공부조 및 관계 법령에서 정하는 일정 소득 수준 이하
의 국민에 대한 사회서비스에 드는 비용의 전부 또는 일부는 국가와 지방자치
단체가 부담한다.

그러나 부담 능력이 있는 국민에 대한 사회서비스에 드는 비용은 그 수익자가
부담함을 원칙으로 하되, 관계 법령에서 정하는 바에 따라 국가와 지방자치단
체가 그 비용의 일부를 부담할 수 있다(법 제28조).

사회보장 전달체계의 구축은 다음과 같다.

국가와 지방자치단체는 모든 국민이 쉽게 이용할 수 있고 사회보장급여가 적시에 제공되도록 지역적·기능적으로 균형잡힌 사회보장 전달체계를 구축하여야 하며, 국가와 지방자치단체는 사회보장 전달체계의 효율적 운영에 필요한 조직, 인력, 예산 등을 갖추어야 한다. 그리고 국가와 지방자치단체는 공공부문과 민간부문의 사회보장 전달체계가 효율적으로 연계되도록 노력하여야 한다(법 제29조).

사회보장급여의 관리에 있어서 국가와 지방자치단체는 국민의 사회보장수급권의 보장 및 재정의 효율적 운용을 위하여 다음에 관한 사회보장급여의 관리체계를 구축·운영하여야 한다.

① 사회보장수급권자 권리구제
② 사회보장급여의 사각지대 발굴
③ 사회보장급여의 부정·오류 관리
④ 사회보장급여의 과오지급액의 환수 등 관리이다.

보건복지부장관은 사회서비스의 품질기준 마련, 평가 및 개선 등의 업무를 수행하기 위하여 필요한 전담기구를 설치할 수 있으며, 전담기구 설치·운영 등에 필요한 사항은 대통령령으로 정한다(법 제30조).

4. 권리구제(제39조)

위법 또는 부당한 처분을 받거나 필요한 처분을 받지 못함으로써 권리 또는 이익의 침해를 받은 국민은 국민은 '행정심판법'에 따른 행정심판을 청구하거나, '행정소송법'에 따른 행정소송을 제기하여 그 처분의 취소 또는 변경 등을 청구할 수 있다.

1. 목적과 대상

1) 목적과 대상

사회복지사업법은 사회복지사업에 관한 기본적 사항을 규정하여 사회복지를 필요로 하는 사람에 대하여 인간의 존엄성과 인간다운 생활을 할 권리를 보장하고 사회복지의 전문성을 높이며, 사회복지사업의 공정·투명·적정을 도모하고, 지역사회복지의 체계를 구축함으로써 사회복지의 증진에 이바지함을 목적으로 한다(개정 2012. 1. 26).

(1) 기본이념

기본이념은 다음과 같다.

첫째, 사회복지를 필요로 하는 사람은 누구든지 자신의 의사에 따라 서비스를 신청하고 제공받을 수 있다.

둘째, 사회복지법인 및 사회복지시설은 공공성을 가지며 사회복지사업을 시행하는 데 있어서 공공성을 확보하여야 한다.

셋째, 사회복지사업을 시행하는 데 있어서 사회복지를 제공하는 자는 사회복지를 필요로 하는 사람의 인권을 보장하여야 한다(제1조의2).

사회복지사업법에 따라 복지업무에 종사하는 사람은 그 업무를 수행할 때에 사회복지를 필요로 하는 사람을 위하여 인권을 존중하고 차별 없이 최대로 봉사하여야 한다(법 제5조).

시설 설치의 방해 금지에 관하여 누구든지 정당한 이유 없이 사회복지시설의 설치를 방해하여서는 안 되며, 시장('제주특별자치도 설치 및 국제자유도시 조성을 위한 특별법', 행정시장)·군수·구청장(자치구의 구청장)은 정당한 이유 없이 사회복지시설의 설치를 지연시키거나 제한하는 조치를 하여서는 아니된다.

(2) 사회복지사업법의 특징

사회복지사업법의 특징은 다음과 같다.

첫째, 사회복지사업법의 급여는 금전적 물질적 급여보다는 비금전적 비물질적 급여를 내용으로 한다. 즉, 보호, 선도 또는 복지에 관한 사업, 상담, 사회복귀, 자원봉사, 시설사업의 운영 및 지원을 말한다. 이것은 경제적 욕구에 대한 개입이라기보다 비물질적, 심리사회적 욕구의 해결을 목적으로 한다.

둘째, 급여적 욕구의 해결은 사회복지전문가의 전문적 개입과 실천이 필수적이다. 이를 위해 사회복지사업은 사회복지사의 자격제도와, 사회복지공공행정 위한 사회복지전담공무원제도를 규정하고 있다.

셋째, 사회복지사업은 대상자별(아동, 노인, 장애인, 성폭력피해자 등), 문제별 (심리사회, 질병, 소득, 범죄, 학대 등), 접근방법(비금전적 방법, 금전적 방법, 지원적 방법 등)으로 분류하고 있다.

넷째, 사회복지사업은 위 규정에 명시한 사업만을 말하지 않는다. 사회복지서비스 국가·지방자치단체 및 민간부문의 도움을 필요로 하는 모든 국민에 대하여 상담, 재활, 직업 소개 및 지도, 사회복지시설의 이용 등을 제공하여 정상적인 사회생활이 가능하도록 제도적으로 지원하는 것이다(제2조 6호).

2) 기본용어

사회복지사업법에서 사용하는 용어의 뜻은 다음과 같다.

"사회복지사업"이란 다음 항목의 법률에 따른 보호·선도(善導) 또는 복지에 관한 사업과 사회복지상담, 직업지원, 무료 숙박, 지역사회복지, 의료복지, 재가복지(在家福祉), 사회복지관 운영, 정신질환자 및 한센병력자의 사회복귀에 관한 사업 등 각종 복지사업과 이와 관련된 자원봉사활동 및 복지시설의 운영 또는 지원을 목적으로 하는 사업을 말한다.

사회복지사업법에서의 사회복지사업으로서의 25개 관련 법률은 다음과 같다.

표 5.2   사회복지사업의 25개 법률

㉮	국민기초생활 보장법, 아동복지법, 노인복지법
㉯	장애인복지법, 한부모가족지원법, 영유아보육법
㉰	성매매방지 및 피해자보호 등에 관한 법률, 정신보건법, 성폭력방지 및 피해자보호 등에 관한 법률
㉱	입양특례법, 일제하 일본군위안부 피해자에 대한 생활안정지원 및 기념사업 등에 관한 법률, 사회복지공동모금회법
㉲	장애인·노인·임산부 등의 편의증진 보장에 관한 법률, 가정폭력방지 및 피해자 보호 등에 관한 법률, 농어촌주민의 보건복지증진을 위한 특별법
㉳	식품기부 활성화에 관한 법률, 의료급여법, 기초노령연금법
㉴	긴급복지지원법, 다문화가족지원법, 장애인연금법
㉵	장애인활동 지원에 관한 법률, 노숙인 등의 복지 및 자립지원에 관한 법률, 보호관찰 등에 관한 법률, 장애아동 복지지원법

① 지역사회복지란 주민의 복지증진과 삶의 질 향상을 위하여 지역사회 차원에서 전개하는 사회복지를 말한다.

② 사회복지법인이란 사회복지사업을 할 목적으로 설립된 법인을 말하며, 사회복지시설이란 사회복지사업을 할 목적으로 설치된 시설을 말한다.

③ 사회복지관이란 지역사회를 기반으로 일정한 시설과 전문인력을 갖추고 지역주민의 참여와 협력을 통하여 지역사회의 복지문제를 예방하고 해결하기 위하여 종합적인 복지서비스를 제공하는 시설을 말한다.

④ 사회복지서비스란 국가·지방자치단체 및 민간부문의 도움을 필요로 하는 모든 국민에게 상담, 재활, 직업 소개 및 지도, 사회복지시설의 이용 등을 제공하여 정상적인 사회생활이 가능하도록 제도적으로 지원하는 것을 말한다.

⑤ 보건의료서비스란 국민의 건강을 보호·증진하기 위하여 보건의료인이 하는 모든 활동을 말한다(법 제2조).

다른 법률과의 관계에서는 사회복지사업의 내용 및 절차 등에 관하여 법률에 특별한 규정이 있는 경우를 제외하고는 이 법에서 정하는 바에 따른다.

3) 사회복지사업법의 발달

사회복지사업법은 사회복지사업에 대한 기본적인 사항을 규정하여 공정한 운영을 기함으로써 사회복지의 증진을 도모하기 위해 제정되었다.

표 5.3 사회복지사업법의 발달

제 · 개정	주요내용
1970. 1. 1 제정	사회복지법인을 설립하고자 하는 자는 보건사회부장관의 인가, 사회복지시설의 설치 · 운영은 국가 · 지방자치단체 및 시 · 도지사의 허를 받은 사회복지법인 또는 보건사회부장관의 허를 받은 기의 법인에 한정
1992. 12. 8	일선행정기관에 사회복지전담공무원을 두는 법적 근거 마련, 시 · 군 · 구에는 복지사무전담기구를 설치, 사회복지사업의 범위를 확대, 조정
1997. 8. 22	사회복지사 1급은 국가시험에 합격한 자, 시설 설치 · 운영을 허가제를 신고제로 변경, 개인도 동시설을 설치 · 운영 가능
2000. 1. 12	사회복지사업 종사자의 활동 장려. 사회복지의 날을 제정
2002. 12. 18	남성이 세대주인 부자가정에 대하여도 지원
2003. 7. 30	시 · 군 · 구에 지역사회복지협의체를 설치
2006. 3. 24	식품기부 활성화에 관한 법률 개정으로 신설
2007. 10. 17	모부자복지법이 한부모가족지원법으로 변경
2007. 12. 14	사회복지업무의 전자적 처리를 위한 근거규정 마련
2011. 8. 4 (2011. 8. 4)	'사회복지사업법' 일부 개정. 출소자의 갱생보호사업을 사회복지사업에 포함시켜 사회적 · 재정적 지원을 받도록 함.
2012. 1. 26 (2012. 8. 5)	'사회복지사업법' 일부 개정. 사회복지사업의 인권보호 강화. 사회복지법인 임원의 자격 요건 강화
2012. 5. 23	사회복지사 등의 처우 및 지위 향상을 위한 법률 [시행 2012. 11. 24] [법률 제11442호, 일부 개정]
2012. 8. 7	일부 개정, 사회복지법인 및 사회복지시설 재무 · 회계 규칙
2012. 10. 22	사회복지공동모금회법 일부 개정
2016. 2. 3 (2017. 2. 4)	사회복지사업의 정의에 '청소년복지 지원법'을 추가하고, 사회복지사 자격의 정지 및 취소요건에 대한 법적근거를 마련하며, 보조금의 부정수급에 대하여 환수명령을 의무화하도록 명시

(1) 1970. 1. 1 제정 : 사회복지법인 설립

사회복지사업에 대한 기본적인 사항을 규정한 사회복지사업은 생활보호법·아동복리법·윤락행위등방지법 등에 의한 보호사업·복지사업·선도사업·복지시설의 운영 등을 목적으로 하는 사업으로 하였고, 사회복지사업을 목적으로 하는 사회복지법인을 설립하고자 하는 자는 보건사회부장관의 인가를 받도록 하였다. 그리고 사회복지시설의 설치·운영은 국가·지방자치단체 및 시·도지사의 허가를 받은 사회복지법인 또는 보건사회부장관의 허가를 받은 기타의 법인에 한정하였다.

(2) 1992. 12. 8 : 사회복지 전담공무원 법적 근거

사회복지행정의 전문성과 효율성을 높이기 위하여 일선행정기관에 사회복지 전담공무원을 두는 법적 근거를 마련하여 시·군·구에는 복지사무 전담기구를 설치할 수 있도록 하였으며, 사회복지사업의 범위를 확대, 조정하였다.

(3) 1997. 8. 22 : 사회복지사 1급시험, 시설 설치·운영 신고제

사회복지사의 전문성을 제고하기 위하여 사회복지사 1급은 국가시험에 합격한 자로 하였으며 시설 설치·운영을 허가제를 신고제로 변경하고, 개인도 동 시설을 설치·운영할 수 있도록 하였다. 또한 사회복지법인과 시설운영의 투명성을 보장할 수 있도록 제도적 장치를 강화하고, 자원봉사활동을 지원할 수 있는 법적 근거를 마련하였으며 사회복지시설에 대한 평가제도를 도입하였다.

(4) 2000. 1. 12 : 사회복지사의 날 제정

국민의 사회복지에 대한 이해를 증진하고 사회복지사업 종사자의 활동을 장려하기 위하여 사회복지의 날을 제정.
사회복지시설의 장은 화재로 인한 손해배상책임의 이행을 위하여 그 시설에 대하여 화재보험에 가입하도록 함.

(5) 2002. 12. 18 : 모·부자가정 지원

모자가정에 대해서만 국가 등이 경제적·사회적 지원을 하도록 하고 있으나, 앞으로는 이를 확대하여 같은 조건의 남성이 세대주인 부자가정에 대하여도

지원.

(6) 2003. 7. 30 : 지역사회 복지협의체 설치

시·군·구에 지역사회복지협의체를 설치하도록 하고, 사회복지사업에 관한 중
요사항과 지역사회복지계획을 심의하도록 하였으며, 지역사회복지를 효율적으
로 실시하기 위하여 시·도 및 시·군·구 지역사회복지계획을 수립·시행하고
결과를 평가할 수 있도록 하였다. 재가복지서비스를 우선하여 제공하도록 하
고, 재가복지서비스를 담당하는 가정봉사원을 양성.

(7) 2006. 3. 24 : 식품기부 활성화

식품기부를 활성화하고 기부된 식품을 생활이 어려운 자에게 지원하기 법률이
사회복지사업에 포함됨.

(8) 2007. 10. 17 : 한부모가족지원법 명칭 변경

모부자복지법이 한부모가족지원법으로 변경.

(9) 2007. 12. 14 : 보수교육근거

사회복지업무의 전자적 처리를 위한 근거규정 마련을 통한 복지업무의 효율성
및 접근성을 높이려 하였고, 사회복지사의 자질향상을 위한 보수교육의 근거
마련하고, 시장·군수·구청장이 수립하는 지역복지계획에 사회복지시설에 종
사하는 자의 처우개선에 관한 사항을 포함하도록 규정, 지방자치단체 간 협약
에 따른 사회복지시설의 지도·감독에 대한 규정 마련.

(10) 2008. 2. 29 : 명칭변경

정부조직법 개정에 따라 보건복지부(장관)를 보건복지가족부(장관)로 개정.

(11) 2009. 6. 9(2009. 12. 1) : 정보유출, 오용, 남용 금지

기초노령연금법, 긴급복지지원원법, 다문화가족지원법, 통합전산망구축 및 운
영과정에서 발생, 정보유출, 오용 및 남용 금지하고 이에 대한 벌칙 마련.

(12) 2010. 1. 18 : 보건복지부 명칭 개정

보건복지가족부를 보건복지부로 개정

(13) 노숙인 등의 복지 및 자립지원에 관한 법률(시행 2012. 6. 8)[법률 제 10784호, 2011. 6. 7 제정]

(14) 사회서비스 이용 및 이용권 관리에 관한 법률(시행 2012. 8. 5)[법률 제 10998호, 2011. 8. 4 제정]

(15) 2011. 8. 4(2011. 8. 4) : 출소자 갱생보호사업의 복지사업

- 출소자의 갱생보호사업을 사회복지사업에 포함시켜 사회적·재정적 지원을 받도록 함.
- 사회복지법인의 설치·운영 등에 관한 보건복지부장관의 사무를 시·도지사 에게 이양
- 농어촌 지역 등의 지역특성과 시설분포 등을 고려하여 사회복지시설을 통합 하여 설치할 수 있는 근거를 마련

(16) 입양특례법

시행 2012. 8. 5[법률 제11007호, 2011. 8. 4 전부 개정]

(17) 사회복지사업법

시행 2012. 8. 5<개정 2011. 8. 4> 목적에 따른 존엄성 첨가(제1조)

제1조의2(기본이념) [본조 신설 2012. 1. 26]

(18) 보호관찰 등에 관한 법률 시행규칙

시행 2012. 4. 13[법무부령 제753호, 2011. 10. 12 일부 개정]

(19) 보호관찰 등에 관한 법률 시행규칙(시행 2012. 4. 13)[법무부령 제753호, 2011. 10. 12 일부 개정]

(20) 사회복지사업법, 사회복지사업법 시행령, 사회복지사업법 시행규칙

　　사회복지사업법(시행 2013. 1. 27)[법률 제11239호, 2012. 1. 26 일부 개정]

(21) 2012. 1. 26(2012. 8. 5) : 시설관리감독 강화

　　－ 사회복지사업의 인권보호 강화

　　－ 사회복지법인 임원의 자격 요건 강화 등

　　－ 사회복지법인 및 시설 임직원 결격사유 확대 및 직무집행 정지사유 신설

　　－ 사회복지법인 및 시설 관리감독 강화

　　－ 사회복지법인 및 시설의 운영 개선

　　－ 사회복지시설 서비스 최저기준 마련, 시설 운영자는 최저기준 이상으로 서
　　　비스 수준을 유지하도록 함

(22) 사회복지사 등의 처우 및 지위 향상을 위한 법률

　　시행 2012. 11. 24[법률 제11442호, 2012. 5. 23 일부 개정]

(23) 사회복지법인 및 사회복지시설 재무·회계 규칙

　　시행 2013. 1. 1[보건복지부령 제152호, 2012. 8. 7 일부 개정]

(24) 사회복지법인 및 사회복지시설 재무·회계 규칙

　　시행 2013. 1. 1[보건복지부령 제152호, 2012. 8. 7 일부 개정]

(25) 사회복지공동모금회법

　　시행 2012. 10. 22[법률 제11518호, 2012. 10. 22 일부 개정]

(26) 사회복지법인의 이사를 외부에서 추천

　　시행 2013. 1. 27[법률 제11239호, 2012. 1. 26 시행으로 일부 개정]

　　일부 사회복지법인 및 시설 대표자의 전횡, 시설 내 이용자 인권 침해, 사적이익
　　추구 등이 사회문제로 대두됨에 따라 시설이용자의 인권보호와 사회복지법인
　　및 시설 운영의 투명성이 요구되고 있는 바, 사회복지법인의 이사를 외부에서
　　추천하여 선임하도록 하는 등 임원의 자격요건을 강화하고, 성폭력범죄를 저

지른 사람, 퇴직한 지 2년이 경과하지 아니한 사회복지공무원 등은 사회복지 법인의 임원 또는 시설의 장 등이 될 수 없도록 하며, 사회복지법인 또는 시 설에 대하여 행정처분을 한 경우에는 관련 정보를 공표할 수 있도록 하였다.

(27) 사회복지사업법에 '청소년지원법'을 추가하고, 사회복지사 자격의 정지요건 법적 근거마련

시행 2017. 2. 4[법률 제13996호, 2016. 2. 3 일부 개정]

사회복지사업의 정의에 '청소년복지 지원법'을 추가하고, 사회복지사 자격의 정지 및 취소요건에 대한 법적근거를 마련하며, 보조금의 부정수급에 대하여 환수명령을 의무화하도록 명시하는 등 현행 법률상 미흡한 점을 개선·보완하 려는 것임.

2. 급여 및 재정

1) 재정

(1) 보조금

국가 또는 지방자치단체는 사회복지사업을 수행하는 자 중 대통령령이 정하는 자에 대해 필요한 비용의 전부 또는 일부를 보조할 수 있으며, 보조금은 목적 이외의 용도에 사용할 수 없다. 그리고 부정한 방법 및 사업목적 외의 용도로 사용했을 경우 국가 또는 지방자치단체는 보조금의 반환을 명할 수 있다(법 제42조).

위에서 대통령령으로 정하는 자란 다음 어느 하나에 해당하는 자를 말한다.

① 사회복지법인
② 사회복지사업을 수행하는 비영리법인
③ 사회복지시설 보호대상자를 수용하거나 보육·상담 및 자립지원을 하기 위하 여 사회복지시설을 설치·운영하는 개인(시행령 20조)

법에 따라 비용을 징수하고자 하는 때에는 그 산출근거를 명시하여 서면으로 통지하여야 한다. 다만, 그 혜택을 받은 본인이 '국민기초생활 보장법'에 따른 수급자인 경우에는 그 비용을 징수하지 아니한다. 위 규정에 의한 비용의 징수방법 및 절차 등에 관하여 필요한 사항은 보건복지부령으로 정한다.

(2) 지원금

보건복지부장관은 시·도지사 및 시·군·구청장에게 사회복지사업의 수행에 필요한 비용을 지원할 수 있다(제43조).

비용의 징수에 대하여 복지조치에 필요한 비용을 부담한 지방자치단체의 장 기타 시설을 운영하는 자는 혜택을 받은 본인 또는 부양의무자로부터 비용의 전부 또는 일부를 징수할 수 있다(법 제44조).

후원금의 관리에 대하여 사회복지법인의 대표이사와 시설의 장은 후원금의 수입·지출 내용과 관리에 명확성이 확보되도록 하여야 한다(법 제45조).

2) 재산

법인은 사회복지사업의 운영에 필요한 재산을 소유하여야 하며, 법인의 재산은 기본재산과 보통재산으로 구분된다.

(1) 재산의 구분 및 범위

재산의 구분 및 범위는 법의(법 제23조) 규정에 의한 법인의 기본재산은 다음에 해당하는 재산으로 하고, 그밖의 재산은 보통재산으로 한다(시행규칙 제12조).

① 부동산
② 정관에서 기본재산으로 정한 재산
③ 이사회의 결의에 의하여 기본재산으로 편입된 재산

위의 규정에 의한 기본재산은 다음과 같이 목적사업용 기본재산과 수익용 기본재산으로 구분한다. 다만, 시설의 설치·운영을 목적으로 하지 아니하고 사회복지사업을 지원하는 것을 목적으로 하는 법인에 있어서는 이를 구분하지 아니할 수 있다.

① 목적사업용 기본재산 : 법인이 사회복지시설(이하 "시설"이라 한다) 등을 설
   치하는데 직접 사용하는 기본재산
② 수익용 기본재산 : 법인이 그 수익으로 목적사업의 수행에 필요한 경비를 충
   당하기 위한 기본재산

기본재산의 기준으로 법(제23조)에 따라 시설의 설치·운영을 목적으로 하는
법인은 기본재산을 갖추어야 한다(법 제13조).

시설거주자를 보호하기 위한 시설은 다음 구분에 따라 상시 10명 이상의 시
설거주자를 보호할 수 있는 목적사업용 기본재산을 갖추어야 한다. 다만, 법에
서 10명 미만의 소규모시설을 따로 정하고 있는 경우에는 해당 법률에 의한
시설의 설치기준에 해당하는 목적사업용 기본재산을 갖추어야 한다.

(2) 장기차입금액의 허가

보건복지부령이 정하는 금액 이상이라 함은 장기차입하고자 하는 금액을 포함
한 장기차입금의 총액이 기본재산 총액에서 차입 당시의 부채총액을 공제한
금액의 100분의 5에 상당하는 금액 이상을 말한다(법 제23조 제3항 제2호).
위 규정에 의한 금액을 장기차입하고자 하는 경우에는 장기차입허가신청서에
다음 서류를 첨부하여 시·도지사에게 제출하여야 한다.

① 이사회 회의록사본 1부
② 차입목적 또는 사유서(차입용도를 포함한다) 1부
③ 상환계획서 1부

재산취득보고로서 법인은 매년 1월말까지 전년도의 재산취득상황을 시·도지
사에게 보고하여야 한다(시행규칙 16조).

(3) 잔여재산 및 수익사업

잔여재산 처리에서 해산한 법인의 잔여재산은 정관이 정하는 바에 의하여 국
가 또는 지방자치단체에 귀속되며, 국가 또는 지방자치단체에 귀속된 재산은
사회복지사업에 사용하거나 유사한 목적을 가진 법인에게 무상으로 대부하거

나 무상으로 사용·수익하게 할 수 있다. 다만, 해산한 법인의 이사 본인 및 그와 특별한 관계에 있는 자가 이사로 있는 법인에 대하여는 그러하지 아니하다(법 제27조).

수익사업으로 법인은 목적사업의 경비에 충당하기 위하여 필요한 때에는 법인의 설립목적 수행에 지장이 없는 범위 안에서 수익사업을 할 수 있으며, 수익사업으로부터 생긴 수익을 법인 또는 그가 설치한 사회복지시설의 운영 외의 목적에 사용할 수 없다. 그리고 수익사업에 관한 회계는 법인의 다른 회계와 구분(법인회계, 시설회계, 수익사업회계)하여 계리한다(법 제28조).

3. 전달체계 및 위원회

1) 지역사회복지계획의 수립·시행

시장·군수·구청장은 지역주민 등 이해관계인의 의견을 들은 후 지역사회복지협의체의 심의를 거쳐 해당 시·군·구의 지역사회복지계획을 수립하고 이를 시·도지사에게 제출하여야 한다. 이 경우 지역보건법(제3조 제1항)에 따른 지역보건의료계획 및 사회보장기본법(제20조)에 따른 사회보장 증진을 위한 장기발전방향과 연계되도록 하여야 한다.

시·도지사는 위의 시·군·구의 지역사회복지계획을 종합·조정하여 사회복지위원회의 심의를 거쳐 시·도의 지역사회복지계획을 수립하고 이를 보건복지부장관에게 제출하여야 한다. 이 경우 '지역보건법'(제3조 제2항)에 따른 지역보건의료계획 및 '사회보장기본법'(제20조)에 따른 사회보장 증진을 위한 장기발전방향과 연계되도록 하여야 한다.

그리고 지역복지계획의 수립방법 및 수립시기 등에 관하여 필요한 사항은 대통령령으로 정한다(15조의3). 지역복지계획에는 지역복지계획의 내용으로 다음 사항이 포함되어야 한다(제15조의4).

① 복지 수요의 측정 및 전망에 관한 사항
② 사회복지시설 및 재가복지의 장기·단기 공급대책에 관한 사항

③ 인력·조직 및 재정 등 복지자원의 조달 및 관리에 관한 사항

④ 사회복지 전달 체계에 관한 사항

⑤ 사회복지서비스 및 보건의료서비스의 연계 제공 방안에 관한 사항

⑥ 지역사회복지에 관련된 통계의 수집 및 정리에 관한 사항

⑦ 사회복지시설에 종사하는 사람의 처우 개선에 관한 사항

⑧ 그밖에 대통령령으로 정하는 사항

지역복지계획의 시행에 대하여 시·도지사 또는 시장·군수·구청장은 보건복지부령으로 정하는 바에 따라 지역복지계획을 시행하여야 한다.

2) 사회복지위원회

사회복지사업에 관한 중요 사항과 지역사회복지계획을 심의하거나 건의하기 위하여 특별시·광역시·도·특별자치도에 사회복지위원회를 두며, 사회복지위원회의 위원은 다음 어느 하나에 해당하는 사람 중에서 특별시장·광역시장·도지사·특별자치도지사가 임명하거나 위촉한다.

① 사회복지 또는 보건의료에 관한 학식과 경험이 풍부한 사람

② 사회복지법인의 대표자

③ 사회복지사업을 하는 비영리법인 또는 단체의 대표자

④ 사회복지를 필요로 하는 사람의 이익 등을 대표하는 사람

⑤ 지역사회복지협의체의 대표자

⑥ 공익단체(비영리민간단체 지원법, 비영리민간단체)에서 추천한 사람

⑦ 사회복지공동모금회법에 따른 사회복지공동모금지회에서 추천한 사람

사회복지위원회의 조직·운영에 필요한 사항은 보건복지부령으로 정하는 바에 따라 해당 시·도의 조례로 정한다(제7조 사회복지위원).

3) 지역사회복지협의체

관할지역의 사회복지사업에 관한 중요 사항과 지역사회복지계획을 심의하거나 건의하고, 사회복지·보건의료 관련 기관·단체가 제공하는 사회복지서비스 및 보건의료서비스의 연계·협력을 강화하기 위하여 특별자치도 또는 시('제주특별자치도 설치 및 국제자유도시 조성을 위한 특별법' 행정시 포함)·군·구(자치구)에 지역사회복지협의체를 둔다(제7조의2).

지역사회복지협의체의 위원은 다음 어느 하나에 해당하는 사람 중에서 특별자치도지사 또는 시장·군수·구청장이 임명하거나 위촉한다.

① 사회복지 또는 보건의료에 관한 학식과 경험이 풍부한 사람

② 사회복지사업을 하는 기관·단체의 대표자

③ 보건의료사업을 하는 기관·단체의 대표자

④ 공익단체에서 추천한 사람

⑤ 사회복지업무 또는 보건의료업무를 담당하는 공무원

지역사회복지협의체의 업무를 효율적으로 수행하기 위하여 지역사회복지협의체에 실무협의체를 두며, 지역사회복지협의체 및 실무협의체의 조직·운영에 필요한 사항은 보건복지부령으로 정하는 바에 따라 시·군·구의 조례('제주특별자치도 설치 및 국제자유도시 조성을 위한 특별법'에 따른 행정시의 경우에는 특별자치도의 조례)로 정한다.

지역사회복지협의체의 위원에 대하여는 사회복지위원회는 "지역사회복지협의체"로 본다(제7조의 2).

또한 복지위원제도이다. 시장·군수·구청장은 읍·면·동의 사회복지사업을 원활하게 수행하기 위하여 읍·면·동 단위로 복지위원을 위촉하여야 하며, 복지위원은 명예직으로 하되, 예산의 범위에서 수당을 지급할 수 있으며, 복지위원의 자격, 직무, 위촉절차 등에 관하여 필요한 사항은 보건복지부령으로 정하는 바에 따라 시·군·구의 조례로 정한다(제8조).

4)   **사회복지 전담공무원**

사회복지 전담공무원에 대하여 사회복지사업에 관한 업무를 담당하게 하기 위하여 시·도, 시·군·구 및 읍·면·동 또는 복지사무 전담기구(법 제15조)에 사회복지 전담공무원을 둘 수 있으며, 복지전담 공무원은 사회복지사 자격을 가진 사람으로 하며, 그 임용 등에 필요한 사항은 대통령령으로 정한다.

그리고 복지전담 공무원은 그 관할지역에서 사회복지를 필요로 하는 사람 등에 대하여 항상 그 생활 실태 및 가정환경 등을 파악하고, 사회복지에 관하여 필요한 상담과 지도를 하며, 관계 행정기관과 사회복지시설을 설치·운영하는 자는 복지전담 공무원의 업무 수행에 협조하여야 하며, 국가는 복지전담 공무원의 보수 등에 드는 비용의 전부 또는 일부를 보조할 수 있다(법 제14조).

5)   **사회복지법인**

사회복지법인을 설립하려는 자는 대통령령으로 정하는 바에 따라 시·도지사의 허가를 받아야 하며, 허가를 받은 자는 법인의 주된 사무소의 소재지에서 설립등기를 하여야 한다(법 제16조).

그리고 법인의 정관에는 다음 사항이 포함되어야 한다(법 제17조).

① 목적

② 명칭

③ 주된 사무소의 소재지

④ 사업의 종류

⑤ 자산 및 회계에 관한 사항

⑥ 임원의 임면(任免) 등에 관한 사항

⑦ 회의에 관한 사항

⑧ 수익을 목적으로 하는 사업이 있는 경우 그에 관한 사항

⑨ 정관의 변경에 관한 사항

⑩ 존립시기와 해산 사유를 정한 경우에는 그 시기와 사유 및 남은 재산의 처리 방법

⑪ 공고 및 공고방법에 관한 사항

법인이 정관을 변경하려는 경우에는 시·도지사의 인가를 받아야 한다. 다만, 보건복지부령으로 정하는 경미한 사항의 경우에는 그러하지 아니하다.

임원의 경우 법인은 대표이사를 포함한 이사 7명 이상과 감사 2명 이상을 두어야 한다. 법인은 이사 정수의 3분의 1이상을 다음 어느 하나에 해당하는 기관이 어느 하나에 해당하는 사람 중 2배수로 추천한 사람 중에서 선임하여야 한다(개정 2012. 1. 26).

① 사회복지위원회

② 지역사회복지협의체

이사회의 구성에 있어서 대통령령으로 정하는 특별한 관계에 있는 사람이 이사 현원(現員)의 5분의 1을 초과할 수 없다.

이사의 임기는 3년으로 하고 감사의 임기는 2년으로 하며, 각각 연임할 수 있다.

외국인인 이사는 이사 현원의 2분의 1 미만이어야 한다.

법인은 임원을 임면하는 경우에는 보건복지부령으로 정하는 바에 따라 지체 없이 시·도지사에게 보고하여야 한다.

키워드

사회복지사업법령상 사회복지사 및 법인에 관한 내용

- 사회복지법인 또는 사회복지시설을 설치·운영하는 자는 해당 법인 또는 시설에서 사회복지프로그램의 개발 및 운영업무, 시설거주자의 생활지도업무, 사회복지를 필요로 하는 사람에 대한 상담업무에 종사하는 자를 사회복지사로 채용하여야 한다.
- 금고 이상의 형을 선고받고 그 집행이 끝난 사람은 사회복지사의 결격사유에 해당하지 않는다.
- 시·도지사는 법인이 설립 후 기본재산을 출연하지 아니한 때 설립허가를 취소하여야 한다. 이는 임의규정이 아니라 강행규정에 해당한다.

CHAPTER

6 고용보험법 및 산업재해보상보험법

제 1 절 고용보험법

제 2 절 산업재해보상보험

제1절   고용보험법

1. 목적과 대상

1) 고용보험법의 정의

고용보험법은 고용보험의 시행을 통하여 실업의 예방, 고용의 촉진 및 근로자의 직업능력의 개발과 향상을 꾀하고, 국가의 직업지도와 직업소개 기능을 강화하며, 근로자가 실업한 경우에 생활에 필요한 급여를 실시하여 근로자의 생활안정과 구직 활동을 촉진함으로써 경제·사회 발전에 이바지하는 것을 목적으로 한다(제1조).

이 법에서 사용하는 용어의 뜻은 다음과 같다(제2조).<개정 2011. 7. 21>

① 여기서 피보험자란 다음에 해당하는 자를 말한다.

첫째, 고용보험 및 산업재해보상보험의 보험료징수 등에 관한 법률에 따라 보험에 가입되거나 가입된 것으로 보는 근로자

둘째, 보험료징수법에 따라 고용보험에 가입하거나 가입된 것으로 보는 자영업자를 말한다.

② "이직(離職)"이란 피보험자와 사업주 사이의 고용관계가 끝나게 되는 것을 말한다.

③ "실업"이란 근로의 의사와 능력이 있음에도 불구하고 취업하지 못한 상태에 있는 것을 말한다.

④ "실업의 인정"이란 직업안정기관의 장이 제43조에 따른 수급자격자가 실업한 상태에서 적극적으로 직업을 구하기 위하여 노력하고 있다고 인정하는 것을 말한다.

⑤ "보수"란 소득세법 제20조에 따른 근로소득에서 대통령령으로 정하는 금품을 뺀 금액을 말한다. 다만, 휴직이나 그밖에 이와 비슷한 상태에 있는 기간 중에 사업주 외의 자로부터 지급받는 금품 중 고용노동부장관이 정하여 고시하

는 금품은 보수로 본다.

⑥ "일용근로자"란 1개월 미만 동안 고용되는 자를 말한다.

2) 대상

근로자를 사용하는 모든 사업 또는 사업장(이하 "사업"이라 한다)에 적용하며 단, 산업별 특성 및 규모 등을 고려하여 대통령령이 정하는 사업에 대하여는 적용하지 아니한다(제8조).

국민기초생활보장법 상 자활근로자(제113조의2), 국민기초생활보장법(제15조 제1항 제4호)에 따라 자활을 위한 근로기회를 제공하기 위한 사업은 이 법의 적용을 받는 사업으로 한다. 그리고 고용보험법상의 근로자는 '근로기준법'에 따른 근로자를 말한다.

적용제외 사업(시행령 제2조)은 농·임·어업, 수렵업 중 법인이 아닌 자가 상시 4명 이하의 근로자를 사용하는 사업과 가사서비스업 등이다.

적용 제외 근로자(제10조)는 다음과 같다.

① 65세 이상인 자 : 고용안정, 직업능력개발 사업의 경우에는 예외

② 소정(소정)근로시간이 대통령령이 정하는 시간 미만인 자

③ '국가공무원법'과 '지방공무원법'에 따른 공무원. 다만, 대통령령으로 정하는 바에 따라 별정직공무원, '국가공무원법'(제26조의5) 및 '지방공무원법'(제25조의5)에 따른 임기제공무원의 경우는 본인의 의사에 따라 고용보험(제4장에 한한다)에 가입할 수 있다(제10조).[시행일 : 2013. 12. 12]

④ 사립학교교직원 연금법의 적용을 받는 자

⑤ 그밖에 대통령령으로 정하는 자이다.

보험관계 성립 및 소멸(제9조)은 보험료 징수법이 정하는 바에 따른다.

3)   고용보험법의 발전

표 6.1   고용보험법의 발전

제·개정	주요내용
1993. 12. 27 (1995. 7. 1)	법률 제4664호 '고용보험법' 제정
1996. 12. 30 (1997. 1. 1)	'고용보험법' 일부 개정. 고용보험 적용대상 연령 제한, 고용안정사업 및 직업능력개발사업 실시, 사업주 등에 대한 지원범위 확대
1998. 2. 20 (1998. 3. 1)	'고용보험법' 일부 개정. 1일 최저 구직급여액을 최저임금액의 70퍼센트가 되도록 함. - 특별한 실업대책이 필요하다고 인정되는 경우 구직급여의 지급기간을 60일의 범위 내에서 연장할 수 있도록 함. - 임금액의 1천분의 30의 범위 내에서 고용보험요율을 결정할 수 있도록 함. - 실직자가 구직급여를 지급받을 수 있는 최저지급기간을 60일로 상향 조정함.
1998. 9. 17 (1998. 10. 1)	'고용보험법' 일부 개정 - 적용대상에서 제외되었던 3월 이내의 기간 동안 고용되는 단기고용근로자를 1월로 단축하여 단기고용근로자의 범위를 확대 - 이직 시 퇴직금 등으로 고액의 금품을 지급받은 자에 대하여는 직업안정기관에 실업을 신고한 날부터 3월간은 구직급여의 지급을 유예할 수 있도록 함.
2001. 8. 14 (2001. 11. 1)	'고용보험법' 일부 개정 남녀고용평등법의 규정에 의한 출산 전후 휴가급여와 근로자의 육아휴직급여를 고용보험에서 지급할 수 있도록 근거규정 마련
2002. 12. 30 (2004. 1. 1)	'고용보험법' 일부 개정. 일용근로자도 적용, 일용근로자가 구직급여를 받기 위한 수급요건 - 구직급여를 지급하지 않는 대기기간을 14일에서 7일로 하향 조정함. 정당한 사유없이 실업의 인정을 받지 못한 경우 그 기간에 대한 구직급여는 지급하지 아니하도록 함. 조기재취직수당을 안정된 직장에 재취직하는 경우뿐 아니라 영리 목적사업 영위하는 경우에도 지급하도록 함.

제 · 개정	주요내용
2003. 12. 31 (2005. 1. 1)	'고용보험법' 일부 개정 －고용보험의 성립·소멸 및 보험료징수 등에 관한 규정을 삭제하고 '고용보험 및 산업재해보상보험의 보험료징수 등에 관한 법률'과 관련되는 규정 정비
2005. 5. 31 (2006. 1. 1)	'고용보험법' 일부 개정. 유산·사산휴가를 받은 경우에도 급여 지급
2005. 12. 7 (2006. 1. 1)	'고용보험법' 일부 개정. 고용안정사업과 직업능력개발사업의 통합 운영 －고용보험사업의 지원대상 확대(65세 이상인 자, 고용보험 피보험자 또는 피보험자이었던 자가 아닌 실업자) －육아휴직급여 신청기한 연장(육아휴직 종료 후 12월) －부정행위신고자 포상제도, 자영업자에 대한 고용보험 임의가입제도 도입
2007. 5. 11 (2007. 5. 11)	'고용보험법' 전부 개정 －구직급여의 수급자격 제한에 관한 규정을 직접 법률에서 정하도록 함. －보험사업의 전면적 시행에 어려움이 예상되거나 보험사업의 수행방식을 미리 검증할 필요가 있는 경우에 시범사업을 실시할 수 있는 근거 마련 －법 문장의 표기의 한글화 및 복잡한 문장 체계의 정리, 간결화
2007. 12. 21 (2008. 6. 22)	'고용보험법' 일부 개정 －배우자 출산휴가 규정 신설 －육아기 근로시간 단축 규정 신설 －일·가정 양립지원 기반 조성 규정 신설
2008. 3. 21 (2008. 3. 21)	'고용보험법' 일부 개정 －별정직 및 계약직 공무원의 경우 본인의 의사에 따라 고용보험에 가입 가능 －구직급여 수급자가 직업능력개발훈련을 받는 경우 지급하는 훈련연장급여의 지급수준을 구직급여의 100분의 100으로 인상
2008. 12. 31 (2008. 12. 31)	'고용보험법' 일부 개정. 고용보험위원회 신설 －고용보험사업의 평가 근거 마련 －직업능력개발 훈련을 받는 저소득 계층에 대한 생계비 대부 조항 신설

제·개정	주요내용
2010. 1. 27 (2011. 1. 1)	'고용보험법' 일부 개정. 고용보험 및 산업재해보상보험의 보험료 산정기준을 임금에서 다른 사회보험과 같이 소득세 과세대상 근로소득으로 통일
2011. 7. 21 (2012. 22.)	'고용보험법' 일부 개정. 근로자를 사용하지 않거나 50인 미만 근로자 사용 자영업자가 희망하는 경우 실업급여에 가입 가능, 육아휴직 대신 근로시간 단축 근로자에게 육아기 근로시간 단축 급여 신설 – 자활급여 수급자에 대해 고용보험 적용
2015. 1. 20 (2015. 1. 20)	실업급여를 받을 권리는 압류금지 대상이지만 실업급여가 예금계좌에 입금되면 그 실업급여는 예금으로 성질이 변경되어 압류금지의 효력이 미치지 않게 된다고 보아 실업급여가 압류되는 사례가 종종 발생. 실업급여에 대한 압류금지 제도의 실효성이 미흡하다는 견해 제기되고 있음.
2016. 5. 29 (2016. 8. 1)	구직급여 수급기간도 국민연금 가입기간으로 산입될 수 있도록 국민연금에 '실업크레딧' 제도를 도입하고, 이를 신청하는 구직급여 수급자에 대해 고용노동부장관이 보험료의 일부를 지원할 수 있도록 법적 근거 마련

2. 급여 및 재정

1) 급여

(1) 고용안정·직업능력개발 사업

고용안정·직업능력개발 사업의 실시에 대하여 고용노동부장관은 피보험자 및 피보험자였던 자, 그밖에 취업할 의사를 가진 자에 대한 실업의 예방, 취업의 촉진, 고용기회의 확대, 직업능력개발·향상의 기회 제공 및 지원, 그밖에 고용안정과 사업주에 대한 인력 확보를 지원하기 위하여 고용안정·직업능력개발 사업을 실시한다. 고용노동부장관은 고용안정·직업능력개발 사업을 실시할 때에는 근로자의 수, 고용안정·직업능력개발을 위하여 취한 조치 및 실적 등 대통령령으로 정하는 기준에 해당하는 기업을 우선적으로 고려하여야 한다.

고용안정·직업능력개발 사업은 다음과 같다.

고용창출의 지원(제20조), 고용조정의 지원(제21조), 지역 고용 촉진(제22조) 및 노령자 등의 고용 촉진 지원(제23조), 건설 근로자 등의 고용안정 지원(제24조)

고용안정과 취업촉진(제25조, 제26조), 사업주에 대한 직업능력개발 훈련의 지원(제27조)

피보험자 등에 대한 직업능력개발 지원(제29조), 직업능력개발훈련 시설에 대한 지원(제30조), 직업능력개발의 촉진(제31조), 건설근로자 등의 직업능력개발 지원(제32조), 고용정보의 제공 및 고용지원 기반 구축(제33조), 지방자치 단체 등에 대한 지원(제34조)

(2) 실업급여

실업은 근로의 의사와 능력이 있음에도 불구하고 취업하지 못한 상태(제2조 제3호)이며, 이직은 피보험자와 사업주 사이에 고용관계가 끝나게 되는 것(제2조 제2호)을 말한다.

실업급여는 고용보험의 3대 사업의 하나로 근로자가 실직한 경우 일정기간 동안 급여를 지급하여 실직자 및 그 가족의 생활안정을 도모하고 자신의 능력과 적성에 맞는 새로운 직장에 재취업할 수 있도록 지원하는 제도이다.

(3) 구직급여

취업촉진수당으로는 조기재취업 수당, 직업능력개발 수당, 광역 구직활동비, 이주비를 말한다. 실업급여의 연장은 피보험자로서 65세 전에 이직한 자가 그 이직과 관련하여 실업한 상태에서 65세가 되면 실업급여의 적용을 연장한다(제39조).

구직급여의 수급요건(제40조)으로서 구직급여는 이직한 피보험자가 다음 요건을 모두 갖춘 경우에 지급한다.

① 이직일 이전 18개월간 피보험 단위기간이 통산 180일 이상 일정한 양의 보험료 납부 기록이 있어야 신청자격 획득

② 근로의 의사와 능력이 있음에도 불구하고 취업하지 못한 상태에 있을 것으로 지속적으로 노동시장 참여를 위해 노력하고 있어야 함.

③ 이직 사유(제58조)에 따른 수급자격의 제한 사유에 해당하지 아니할 것이며, 자발적 실업은 수급자격을 박탈한다.

④ 재취업을 위한 노력을 적극적으로 할 것.

⑤ 수급자격 인정신청일 이전 1개월 동안의 근로일수가 10일 미만일 것.

⑥ 최종 이직일 이전 기준기간의 피보험 단위기간 180일 중 다른 사업에서 수급자격의 제한 사유에 해당하는 사유로 이직한 사실이 있는 경우에는 피보험 단위기간 중 90일 이상을 일용근로자로 근로하였을 것 등이다.

기준 급여일수로는 구직급여의 수급자격과 관련된 이직일의 다음날부터 계산하기 시작하여 12개월 내에 하나의 수급자격에 따라 구직급여를 지급받을 수 있는 날은 대기기간이 끝난 다음날부터 계산하기 시작하여 피보험기간과 연령에 따라(제50조 제1항) 소정급여일수를 한도로 하여 지급한다(제48조 제1항).

표 6.2 구직급여의 소정급여일수(제50조 제1항 관련)

구분		피보험기간				
		1년 미만	1년 이상 3년 미만	3년 이상 5년 미만	5년 이상 10년 미만	10년 이상
이직일 현재 연령	30세 미만	90일	90일	120일	150일	180일
	30세 이상 50세 미만	90일	120일	150일	180일	210일
	50세 이상 및 장애인	90일	150일	180일	210일	240일

비고 : 장애인이란 '장애인 고용촉진 및 직업재활법'에 따른 장애인을 말한다.

하나의 수급자격에 따라 구직급여를 지급받을 수 있는 날(이하 "소정급여일수"라 한다)은 대기기간이 끝난 다음날부터 계산하기 시작하여 피보험기간과 연령에 따라 별표 1에서 정한 일수가 되는 날까지로 한다.

구직급여에는 훈련연장급여(제51조), 개별연장급여(제52조), 특별연장급여(제53조)가 있으며 급여의 제한은 훈련거부 등으로 인한 수급 제한(제60조)이나 부정행위 등에 따른 제한(제61조)이 있다.

반환명령(제62조)으로는 구직 거짓이나 부정한 방법으로 구직급여를 지급받은 자는 전부 또는 일부 반환을 명할 수 있다.

사업주의 거짓된 신고·보고 또는 증명으로 인한 것이면, 구직급여 받은자와 사업주가 연대하여 책임을 진다.

수급자격자 또는 수급자격이 있었던 자에게 잘못 지급된 구직급여가 있으면 그 지급금액을 징수할 수 있다.

상병급여(제63조)로서 실업신고 이후 질병·부상 또는 출산으로 취업이 불가능하여 실업의 인정을 받지 못한 날에 대하여는 수급자격자의 청구에 의해 구직급여일액에 해당하는 금액을 구직급여에 갈음하여 지급할 수 있다.

취업촉진 수당은 구직급여를 받고 있는 근로자가 빠른 시일 내에 새로운 직장을 구하는 것을 도와주기 위하여 지급하는 급여다.

취업촉진 수당의 종류는

① 조기재취업 수당(제64조)

② 직업능력개발 수당(제65조)

③ 광역 구직활동비(제66조)

④ 이주비(제67조)

취업촉진수당의 급여 제한(제68조)으로는 거짓이나 그밖의 부정한 방법으로 실업급여를 받았거나 받으려고 한 자에게는 급여를 받은 날 또는 받으려 한 날부터의 취업촉진수당을 지급하지 아니한다.

(4) 자영업자에 대한 실업급여

자영업자인 피보험자의 실업급여 종류는 구직급여와 취업촉진 수당(제37조)에 따르되, 연장급여(법 제51조부터 제55조)와 조기재취업 수당(법 제64조)은 제외한다(제69조의2).

구직급여의 수급조건은 폐업한 자영업자인 피보험자가 다음 요건을 모두 갖춘 경우에 지급한다.

① 폐업일 이전 24개월간 자영업자인 피보험자로서 갖춘 피보험 단위기간이 통산(通算)하여 1년 이상일 것

② 근로의 의사와 능력이 있음에도 불구하고 취업을 하지 못한 상태에 있을 것

③ 폐업사유가 제69조의7에 따른 수급자격의 제한 사유에 해당하지 아니할 것

④ 재취업을 위한 노력을 적극적으로 할 것 등이다.

구직급여일액은 수급자격자의 기초일액에 100분의 50을 곱한 금액으로 하며(제69조의5), 소정급여일수는 실업의 신고일부터 계산하기 시작하여 7일간은 대기기간으로 보아 구직급여를 지급하지 아니하므로(제49조) 대기기간이 끝난 다음 날부터 계산하기 시작하여 피보험기간에 따라 정한 일수가 되는 날까지로 한다(제69조의6).

(5) 육아휴직 급여 등

남녀고용평등과 일·가정 양립 지원에 관한 법률(제19조)에 따른 육아휴직사업주는 만 6세 이하의 초등학교 취학 전 자녀(입양한 자녀를 포함)를 양육하기 위하여 휴직을 신청하는 경우 이를 허용하여야 한다. 육아휴직 급여를 지급받으려는 사람은 육아휴직을 시작한 날 이후 1개월부터 육아휴직이 끝난 날 이후 12개월 이내에 신청하여야 한다. 다만, 해당 기간에 대통령령으로 정하는 사유로 육아휴직 급여를 신청할 수 없었던 사람은 그 사유가 끝난 후 30일 이내에 신청하여야 한다.<신설 2011. 7. 21>

고용노동부장관은 '남녀고용평등과 일·가정 양립 지원에 관한 법률' 제19조에 따른 육아휴직을 30일(근로기준법 제74조에 따른 출산전후휴가기간 90일과 중복되는 기간은 제외) 이상 부여받은 피보험자 중 다음의 요건을 모두 갖춘

경우에 육아휴직 급여를 지급한다(제70조).

① 육아휴직을 시작한 날 이전에 제41조에 따른 피보험 단위기간이 통산하여 180일 이상일 것

② 같은 자녀에 대하여 피보험자인 배우자가 30일 이상의 육아휴직을 부여받지 아니하거나 '남녀고용평등과 일·가정 양립지원에 관한 법률'(제19조의2)에 따른 육아기 근로시간 단축을 30일 이상 실시하지 아니하고 있을 것 등이다.

휴직 급여는 육아휴직 개시일을 기준으로 근로기준법에 따라 산정한 월 통상임금의 100분의 40에 해당되는 금액으로 한다(시행령 제95조).

(6) 출산전후휴가 급여

출산전후휴가 급여에 대하여 고용노동부장관은 '남녀고용평등과 일·가정 양립지원에 관한 법률'(제18조)에 따라 피보험자가 근로기준법(제74조)에 따른 출산전후휴가 또는 유산·사산휴가를 받은 경우로서 다음의 요건을 모두 갖춘 경우 지급(제75조)한다.

① 휴가가 끝난 날 이전에 피보험기간 통산하여 180일 이상

② 휴가를 시작한 날 이후 1개월부터 휴가가 끝난 날 이후 12개월 이내에 신청하여야 하며 다만, 그 기간에 대통령령으로 정하는 사유로 출산전후휴가 급여등을 신청할 수 없었던 자는 그 사유가 끝난 후 30일 이내에 신청하여야 한다.

출산전후휴가일은 90일로 확대되었으며, 산후휴가를 최소 45일 사용이 가능하다.

급여액은 근로기준법의 통상임금에 해당하는 금액으로 지급하며, 우선지원대상기업(90일 고용보험기금)과 대규모기업(30일 고용보험기금, 60일은 기업에서 지급)이 다르다.

2) 재정(비용)

(1) 보험료(제6조)

이 법에 따른 보험사업에 드는 비용을 충당하기 위하여 징수하는 보험료와 그 밖의 징수금에 대하여는 보험료징수법으로 정하는 바에 따른다(제1항).

보험료 등의 고지 및 수납과 보험료 등의 체납관리는 고용노동부장관의 위탁을 받아 국민건강보험공단이 행한다('보험료징수법' 제4조).

(2) 고용보험료

고용안정·직업능력개발 사업의 보험료 및 실업급여의 보험료는 각각 그 사업에 드는 비용에 충당한다. 다만, 실업급여의 보험료는 육아휴직 급여 및 산전후휴가 급여 등에 드는 비용에 충당할 수 있다(제2항).

자영업자인 피보험자로부터 징수된 고용안정·직업능력개발 사업의 보험료 및 실업급여의 보험료는 각각 자영업자인 피보험자를 위한 사업에 드는 비용에 충당한다(제3항).

국고의 부담(제5조)으로 고용노동부장관은 보험사업에 필요한 재원에 충당하기 위하여 고용보험기금을 설치한다. 기금은 보험료와 이 법에 따른 징수금·적립금·기금운용 수익금과 그밖의 수입으로 조성한다(제78조).

기금은 다음 용도에 사용하여야 한다.<개정 2008. 3. 21, 2012. 2. 1>
① 고용안정·직업능력개발 사업에 필요한 경비
② 실업급여의 지급
③ 육아휴직 급여 및 출산전후휴가 급여등의 지급
④ 보험료의 반환
⑤ 일시 차입금의 상환금과 이자
⑥ 이 법과 보험료징수법에 따른 업무를 대행하거나 위탁받은 자에 대한 출연금
⑦ 그밖에 이 법의 시행을 위하여 필요한 경비로서 대통령령으로 정하는 경비와 사업의 수행에 딸린 경비

위의 사항에 따른 출연금의 지급기준, 사용 및 관리에 관하여 필요한 사항은 대통령령으로 정한다.

3. 전달체계 및 위원회

1) 고용보험위원회

고용보험은 고용노동부장관이 관장(제3조)하며, 실제적으로 업무 담당하는 기관은 근로복지공단과 고용노동부의 지방관서이다. 근로복지공단 및 각 지사는 사업장 관리, 고용보험 사무조합 업무를 담당하며 고용센터는 피보험자 신고, 실업급여 등의 각종 지원업무를 담당한다.

'고용보험법' 및 '보험료 징수법'의 시행에 관한 주요사항 심의를 위해 고용노동부에 고용보험위원회(제7조)를 둔다.

위원은 위원장(고용노동부 차관)을 포함한 20명 이내의 위원으로 구성되며 위원은 근로자를 대표하는 사람, 사용자를 대표하는 사람, 공익을 대표하는 사람, 정부를 대표하는 사람이 위촉된다.

그리고 위원회는 심의 사항을 사전에 검토·조정하기 위하여 위원회에 전문위원회를 둘 수 있다.

위원회 및 전문위원회의 구성·운영과 그밖에 필요한 사항은 대통령령으로 정한다.

위원회는 다음 각 사항을 심의하며 심의내용은 다음과 같다.

① 보험제도 및 보험사업의 개선에 관한 사항

② '보험료 징수법'에 따른 보험료율의 결정에 관한 사항

③ 보험사업의 평가에 관한 사항(제11조의2)

④ 기금운용 계획의 수립 및 기금의 운용 결과에 관한 사항(제81조)

⑤ 그밖에 위원장이 보험제도 및 보험사업과 관련하여 위원회의 심의가 필요하다고 인정하는 사항

4. 권리구제

1) 심사와 재심사

권리구제에 대한 심사와 재심사(제87조)에 있어서 심사청구는 피보험자격의 취득·상실에 대한 확인, 실업급여 및 육아휴직급여와 출산전후휴가 급여 등에 관한 처분에 이의가 있는 자는 고용보험심사관에서 심사청구를 할 수 있다.
재심사청구는 심사청구 결정에 이의가 있는 고용보험심사위원회에 재심사를 청구할 수 있다. 심사의 청구는 같은 항의 확인 또는 처분이 있음을 안 날부터 90일 이내에, 재심사의 청구는 심사청구에 대한 결정이 있음을 안 날부터 90일 이내에 각각 제기하여야 한다.

고용보험심사관(제89조)제에 대하여 피보험자격의 취득·상실에 관한 확인, 실업급여 및 육아휴직급여와 산전후휴가급여 등에 관한 처분에 이의가 있는 자가 청구한 심사를 행하기 위해 고용보험심사관을 둔다.

2) 고용보험심사위원회(제99조)

피보험자격의 취득·상실에 대한 확인, 제4장의 규정에 따른 실업급여 및 육아휴직 급여와 출산전후휴가 급여등에 관한 처분에 대하여 청구한 심사 결정에 이의가 있는 자가 청구한 재심사를 하기 위해 고용노동부에 고용보험심사위원회를 둔다(제87조).
심사위원회는 근로자를 대표하는 자 및 사용자를 대표하는 자 각 1명 이상을 포함한 15명 이내의 위원으로 구성하며 위원 중 2명은 상임위원으로 한다.
재심사의 청구는 원처분 등을 행한 직업안정기관의 장을 상대방으로 한다.
심리에 대하여, 심사위원회는 재심사의 청구를 받으면 그 청구에 대한 심리 기일(審理期日) 및 장소를 정하여 심리 기일 3일 전까지 당사자 및 그 사건을 심사한 심사관에게 알려야 한다.
당사자는 심사위원회에 문서나 구두로 그 의견을 진술할 수 있다.

심사위원회의 재심사청구에 대한 심리는 공개한다. 다만, 당사자의 양쪽 또는 어느 한 쪽이 신청한 경우에는 공개하지 아니할 수 있다. 심사위원회는 심리조서(審理調書)를 작성하여야 한다.

당사자나 관계인은 심리조서의 열람을 신청할 수 있으며, 위원회는 당사자나 관계인이 열람 신청을 하면 정당한 사유 없이 이를 거부하여서는 아니된다.

키워드

- 고용보험사업에는 고용안정·직업능력개발사업·실업급여·육아휴직급여 및 출산전후휴가 급여 등이 포함된다.
- 피보험자가 이직한 경우에는 이직한 날의 다음 날 피보험자격을 상실한다.
- 육아휴직 급여를 지급받으려는 사람은 육아휴직을 시작한 날 이후 1개월부터 육아휴직이 끝난 날 이후 12개월 이내에 신청하여야 한다.

제2절   산업재해보상보험

1. 목적과 대상

산업재해보상보험법은 산업재해보상보험 사업을 시행하여 근로자의 업무상의 재해를 신속하고 공정하게 보상하며, 재해근로자의 재활 및 사회 복귀를 촉진하기 위하여 이에 필요한 보험시설을 설치·운영하고, 재해 예방과 그밖에 근로자의 복지 증진을 위한 사업을 시행하여 근로자 보호에 이바지하는 것을 목적으로 한다(제1조).

1) 적용범위

적용범위는 근로자를 사용하는 모든 사업(제6조)으로, 적용단위는 사업 또는 사업장이다.

당연가입자는 대통령령으로 정하는 사업을 제외한 근로자를 사용하는 모든 사업 또는 사업자의 사업주이며, 임의가입자는 산재보험법 적용 제외 사업의 사업주도 근로복지공단의 승인을 얻어 가입한다.

특례가입자는

① 국외사업(제121조 제1항)

② 해외파견자(제122조 제1항)

③ 현장실습생(제123조 제1항)

④ 중소기업 사업주에 대한 특례(제124조 제1항)

　　50명 미만의 근로자를 사용하는 사업주(시행령 제122조 제1항)

⑤ 특수형태 근로자에 대한 특례(제125조)

⑥ 국민기초생활보장법상 수급자에 대한 특례(제126조)

　　보험급여 수급자는 사업주가 보험가입자가 되지만, 보험급여의 수급자는 업무상 재해를 당한 근로자가 된다.

2)   대상

보험사고는 업무상의 재해는 업무상의 사유에 따른 근로자의 부상, 질병, 신체 장해 또는 사망을 말한다(제5조 제1호).

업무상 사고나 업무상 질병 사유 중 하나로 부상, 질병 또는 장해가 발생하거나 사망하면 업무상의 재해로 본다(제37조 제1항).

업무상재해는 업무 기인성과 업무 수행성을 모두 충족시켜야 하는데, 업무 기인성은 업무 수행과 재해 사이에 상당한 인과관계가 있어야 하며, 업무 수행성은 사용자의 지배 또는 관리 하에 이루어지는 당해 근로자의 업무수행 및 그에 수반되는 통상적인 활동과정에서 재해의 원인이 발생하여야 한다. 업무상의 개념이 너무 엄격하며 업무상 재해의 구체적인 인정 기준은 대통령령으로 정한다(제37조 제3항).

3)   산업재해보상보험법의 발전

표 6.3   산업재해보상보험법의 발전

제 · 개정	주요내용
1963. 11. 5 (1964. 1. 1)	법률 제1438호 '산업재해보상보험법' 제정
1983. 12. 31 (1984. 4. 1)	'산업재해보상보험법' 일부 개정 – 사업주의 고의 또는 중대한 과실로 인한 산업재해시 보험금의 일부를 사업주로부터 징수하던 제도 폐지 – 보험가입대상 사업체의 증가에 따른 징수업무의 간소화
1994. 12. 22 (1995. 5. 1)	'산업재해보상보험법' 전부 개정 – 정부에서 관리 · 운영하던 일선업무를 노동부산하 근로복지공단에 위탁 – '산업재해보상보험특별회계법' 및 '산업재해보상보험업무 및 심사에 관한 법률'을 이 법으로 통합 및 정비
1997. 8. 28 (1998. 1. 1)	'산업재해보상보험법' 일부 개정. 현장실습생과 해외진출 근로자에게 적용 확대, 연체금 징수 및 연금지급장법 등의 보완

제·개정	주요내용
1999. 12. 31 (2000. 7. 1)	'산업재해보상보험법' 일부 개정 − 보험급여의 최고·최저보상한도를 설정 등으로 급여 수준의 형평성 제고 − 간병급여 등 새로운 보험급여의 신설 − 중·소기업사업주에 대한 적용확대 − 1인 이상 사업장 적용, 전 사업장 확대
2003. 12. 31 (2005. 1. 1)	− 산업재해보상보험의 성립·소멸 및 보험료징수 등에 관한 규정 삭제(산업재해보상보험과 고용보험의 보험료를 통합징수하기 위한 '고용보험 및 산업재해보상보험의 보험료 징수 등에 관한 법률'의 제정) − '고용보험 및 산업재해보상보험의 보험료 징수 등에 관한 법률'과 관련되는 규정 정비
2007. 12. 14 (2008. 7. 1)	− 산재근로자에 대한 의료·재활서비스는 확충하되 산재근로자 및 의료기관의 요양관리는 합리화하여 산재근로자의 직업·사회복귀를 촉진 − 저소득·재활근로자에 대한 보호를 강화하되 산재근로자 간 보험급여의 형평성과 합리성 강화 − 보험급여결정 등에 관한 심사청구·재심사 청구의 전문성 및 공정성을 강화하려는 것임. − 4개 특수형태 근로자(골프장 캐디, 학습지 교사, 레미콘 기사, 보험설계사)에 대해 산재보험 적용
2009. 10. 9 (2010. 4. 10)	− 산업재해보상보험심의위원회를 '산업안전보건법' 제7조의 산업안전보건정책심의위원회와 통합, 그 명칭을 산업재해보상보험 및 예방심의위원회로 바꾸고, 산업재해의 예방과 보상체계를 종합적 심의함.
2010. 1. 27 (2010. 1. 27)	− 한국산재의료원 폐지(근로복지공단에 통합함) − 산업재해보상보험의 징수업무 국민건강보험공단에 위탁 수행함.
2010. 5. 20 (2010. 11. 21)	− 진폐근로자에게 휴업급여와 상병보상연금을 지급하지 않고 요양여부와 관계없이 기초연금을 포함한 진폐보상연금을 지급하는 것으로 변경 − 보험급여 등을 부당하게 지급받은 자를 신고한 사람에 대한 포상금 지급 근거를 마련

제·개정	주요내용
2012. 12. 18 (2012. 12. 18)	성차별적 요소를 없애기 위하여 유족보상연금 수급자격자의 범위에서 남자배우자에 대한 연령제한 삭제, 유족의 생활안정을 도모하기 위하여 자녀 또는 손자녀 등에 대한 유족보상연금 수급자격자 연령범위 18세 미만에서 19세 미만까지로 연장
2015. 1. 20 (2015. 4. 21)	− 근로복지공단의 사업범위에 진료, 업무상질병 관련 연구 등을 추가함(제11조). − 산재근로자 요양종결 후 건강보험공단에서 부담한 비용을 2년 이내에 산재보험에서 지원할 수 있도록 근거 마련(제90조의2 신설) − 민법의 개정, 금치산·한정치산제도가 폐지됨. 산재보험재심사위원회 위원의 결격사유를 피성년후견인과 피한정후견인으로 변경

2. 급여 및 재정

1) 급여

(1) 급여의 종류와 산정

급여의 종류와 산정은 다음과 같다.

요양급여(제40조)는 업무상의 사유로 부상을 당하거나 질병에 걸린 경우 근로자에게 지급하는 급여로 의료기관 상급기관 적용가능. 건강보험 우선 적용이 가능하다.

휴업급여(제52조)는 업무상의 사유로 부상을 당하거나 질병에 걸린 근로자에게 요양으로 취업하지 못한 기간에 대해 지급한다.

장해급여(제57조)는 업무상의 사유로 부상을 당하거나 질병에 걸려 치유된 후 신체 등에 장해가 있는 경우 근로자에게 지급한다. 장해등급에 따라 지급한다.

유족급여(제62조)는 근로자가업무상의 사유로 사망한 경우 유족에게 지급한다.

상병보상연금(제66조)은 다음과 같다.

장의비(제71조)는 업무상의 사유로 사망한 경우에 장제를 지낸 유족에게 지급한다.

간병급여(제61조)는 요양급여를 받은 자 중 의학적으로 상시 또는 수시로 간병이 필요하여 실제로 간병을 받는 자에게 지급한다. 직업재활급여(제72조)는 장해급여를 받은 자 중 취업을 위하여 직업훈련이 필요한 자에게 직업훈련 수당 등을 지급하는 급여로 2007년 개정 시 신설되었다.

(2) 보험급여산정기준

보험급여의 산정기준(제5조 제2호)에 있어서 요양급여와 같은 현물급여를 제외하고는 현금급여를 제공하는 경우가 많으며, 피해근로자의 임금, 통상임금 및 평균임금 등이 급여산정을 위해 사용된다.

보험급여 지급의 제한(제83조 제1항)은 첫째, 요양 중인 근로자가 정당한 사유 없이 요양에 관한 지시를 위반하여 부상·질병 또는 장해 상태를 악화시키거나 치유를 방해한 경우이다.

둘째, 장해보상연금 수급권자가 제59조에 따른 장해등급 재판정 전에 재해 등 고의로 장해 상태를 악화시킨 경우이다.

(3) 다른 법에 의한 보상이나 배상과의 관계(제80조)

수급권자가 이 법에 따라 보험급여를 받았거나 받을 수 있으면 보험가입자는 동일한 사유에 대하여 '근로기준법'에 따른 재해보상 책임이 면제된다.(제1항). 수급권자가 동일한 사유로 이 법에 따른 보험급여를 받으면 보험가입자는 그 금액의 한도 내에서 '민법'이나 그밖의 법령에 따른 손해배상의 책임이 면제된다(제2항).

구상권(제87조)으로서 근로복지공단은 제3자의 행위에 따른 재해로 보험급여를 지급한 경우에는 그 급여액의 한도 안에서 급여를 받은 자의 제3자에 대한 손해배상청구권을 대위한다.

(4) 고용노동부와 근로복지공단

보험사업은 고용노동부장관이 관장(제2조 제1항)한다.

● 근로복지공단(제10조)

고용노동부장관의 위탁을 받아 이 법의 목적을 달성하기 위한 사업을 효율적으로 수행하기 위하여 근로복지공단을 설립한다.

근로복지공단의 사업수행(제11조)은 다음과 같다.

① 보험가입자와 수급권자에 관한 기록의 관리·유지

② '보험료 징수법'에 따른 보험료와 그밖의 징수금의 징수

③ 보험급여의 결정과 지급

④ 보험급여 결정 등에 관한 심사 청구의 심리·결정

⑤ 산업재해보상보험 시설의 설치·운영

⑥ 업무상 재해를 입은 근로자 등의 요양 및 재활

⑦ 재활보조기구의 연구개발·검정 및 보급

⑧ 근로자의 복지 증진을 위한 사업

⑨ 그밖에 정부로부터 위탁 받은 사업

공단은 법인으로 하며 공단의 주된 사무소 소재지는 정관으로 정한다. 공단은 필요하면 정관으로 정하는 바에 따라 분사무소를 둘 수 있다.

2) 재정(비용)

(1) 보험료의 부담

보험료와 그밖의 징수금은 '보험료 징수법'이 정하는 바에 따른다(제4조).

사업부 부담 산재보험료는 사업주가 경영하는 사업의 임금총액에 같은 종류의 사업에 적용되는 산재보험료율을 곱한 금액이며, 산재보험료율은 매년 6월 30일 현재 과거 3년 동안의 보수총액에 대한 산재보험급여총액의 비율을 기초로 한다.

(2) 국고부담

회계연도마다 예산의 범위에서 보험사업의 사무집행에 드는 비용을 일반회계에서 부담하여야 한다. 국가는 회계연도마다 예산의 범위에서 보험사업에 드는 비용의 일부를 지원할 수 있다(제3조).

(3) 산업재해보상보험 및 예방기금

고용노동부장관은 보험사업, 산업재해 예방 사업에 필요한 재원을 확보, 보험급여에 충당하기 위하여 산업재해보상보험 및 예방기금을 설치한다(제95조).

3. 전달체계 및 위원회

1) 산업재해보상보험 및 예방심의위원회

산업재해보상보험 및 예방에 관한 주요 사항을 심의하기 위하여 고용노동부에 산업재해보상보험 및 예방심의위원회를 두며, 위원회는 근로자를 대표하는 자, 사용자를 대표하는 자 및 공익을 대표하는 자로 구성하되, 그 수는 각각 같은 수로 한다.

위원회는 그 심의 사항을 검토하고, 위원회의 심의를 보조하게 하기 위하여 위원회에 전문위원회를 둘 수 있다. 위원회 및 전문위원회의 조직·기능 및 운영에 필요한 사항은 대통령령으로 정한다.

심의사항은 다음과 같다.
① 요양급여의 범위나 비용 등 요양급여의 산정 기준에 관한 사항
② 산재보험료율의 결정에 관한 사항
③ 산업재해보상보험 및 예방기금의 운용계획 수립에 관한 사항
④ 산업안전보건 업무와 관련되는 주요 정책 및 같은 법 제8조에 따른 산업재해 예방에 관한 중·장기 기본계획

⑤ 그밖에 고용노동부장관이 산업재해보상보험 사업 및 산업안전·보건 업무에
관하여 심의에 부치는 사항(시행령 제3조).

4. 권리구제

산업재해보상보험 심사제도는 심사청구와 재심사청구가 있다. 심사청구는 근
로복지공단의 산업재해보상보험 심사위원회에서 한다(제103조). 그리고 재심
사청구는 심사청구 결정에 이의가 있을 때에 고용노동부의 산업재해보상보험
재심사위원회에 다시 재심사를 청구할 수 있도록 하고 있다(제106조).

키워드

- 산업재해보상보험법에서 장해보상연금과 장해보상일시금은 원칙적으로 수급권자의 선택에 따라 지급하되, 대통령령이 정하는 자에게는 장해보상연금을 지급한다.
- 수급권자가 이 법에 따라 보험급여를 받았거나 받을 수 있으면, 보험가입자는 동일한 사유에 대하여 근로기준법에 따른 재해보상책임이 면제된다.
- 현장실습생이 실습과 관련하여 입은 재해는 업무상의 재해로 보아 보험급여를 지급한다.
- 산재보험 특례적용대상에는 해외파견자, 현장실습생, 특수형태 근로 종사자, 중소기업 사업주, 자활급여 수급자가 있다.

CHAPTER

7 국민연금법 및 국민건강보험법

제1절 국민연금법

1. 목적과 대상

1) 국민연금법의 목적

국민연금법은 국민의 노령, 장애 또는 사망에 대하여 연금급여를 실시함으로써 국민의 생활 안정과 복지 증진에 이바지하는 것을 목적으로 한다(제1조).

2) 국민연금법의 대상과 종류

(1) 대상

가입대상(제6조)은 국내에 거주하는 18세 이상 60세 미만의 국민이다.

가입대상 제외자는 다음과 같다.

① 공무원연금법, 군인연금법 및 사립학교교직원 연금법을 적용 받는 공무원, 군인 및 사립학교 교직원 등

② 노령연금의 수급권을 취득한 자 중 60세 미만의 특수직종 근로자

③ 그리고 조기노령연금의 수급권을 취득한 자이다.

(2) 가입자의 종류(제7조)

가입자의 종류는 사업장가입자, 지역가입자, 임의가입자 및 임의계속가입자로 구분된다.

첫째, 사업장가입자(제8조)이다. 사업장에 고용된 근로자와 사용자로서 국민연금에 가입된 자(제3조 제1항 제6호)로 사업의 종류, 근로자의 수 등을 고려하여 대통령령이 정하는 사업장이다. 당연적용사업장의 18세 이상 60세 미만의 근로자와 사용자는 당연히 사업장 가입자가 된다.

둘째, 지역가입자(제9조)이다. 사업장가입자가 아닌 자로서 18세 이상 60세 미만인 자이다. 지역가입자 가입 제외 대상자는 다음과 같다.

① 국민연금 가입대상 제외자의 배우자로 별도 소득이 없는 자 등

② 퇴직연금등 수급권자

③ 18세 이상 27세 미만인 자로 학생이거나 군복무로 소득이 없는 자

④ 국민기초생활보장법에 따른 수급자

⑤ 1년 이상 행방불명된 자

셋째, 임의가입자(제10조)이다.

사업장가입자와 지역가입자에 해당되는 자 외의 자로서 18세 이상 60세 미만인 자는 국민연금공단에 가입신청서를 제출하는 경우 임의가입자가 될 수 있다. 보건복지부령이 정하는 바에 따라 국민연금공단에 신청하여 탈퇴할 수 있다 (시행규칙 제5조).

넷째, 임의계속가입자(제13조)이다.

국민연금 가입기간이 20년 미만인 가입자로서 60세가 된 자 또는 대통령령으로 정하는 직종에 종사하거나 종사하였던 근로자로서, 노령연금 수급권을 취득한 자 또는 특례노령연금수급권을 취득한 자는 65세가 될 때까지 국민연금공단에 가입신청서를 제출하면 임의계속가입자가 될 수 있다.

3) 자격상실과 자격기간 계속

(1) 자격상실(제12조)

그에 해당되는 날의 다음 달에 자격상실에는 사망, 국적상실 또는 국외 이주, 60세가 된 때, 사업장가입자가 사용관계가 끝난 날이다.

그리고 그날에 자격상실은 국민연금 가입 대상 제외자에 해당된 날이나 지역가입자가 사업장가입자의 자격을 취득한 날이다.

(2) 가입기간 계산

가입기간은 월 단위로 계산하며, 가입자의 자격을 취득한 날이 속하는 달의 다음 달부터 자격을 상실한 날의 전날이 속하는 달까지로 한다. 연금보험료를 내지 않은 기간은 산입하지 아니한다(제17조). 노령연금 수급 시 군복무기간

추가 산입(제18조) 시는 6개월이며, 노령연금 수급 시 2명 이상의 자녀가 있는
경우 추가 산입(제19조)에 있어서 2명인 경우 12개월, 3명 이상인 경우 12개
월에 2명을 초과하는 자녀 1명마다 18개월을 추가로 가입기간에 산입한다.

2. 급여 및 재정

1) 급여의 종류

표 7.1 급여의 종류

연금 급여(매월 지급)		일시금 지급	
노령연금	노후 소득보장을 위한 금여 (국민연금의 기초가 되는 급여)	반환 일시금	가입기간이 10년 미만인 자가 60세가 된 때, 연금을 받지 못 하거나 더 이상 가입할 수 없는 경우 청산적 성격으로 지급하는 급여
장애연금	장애로 인한 소득감소에 대비한 급여		
유족연금	가입자의 사망으로 인한 유족의 생계보호를 위한 급여		

2) 노령연금 수급권자

표 7.2 노령연금의 수급권자

구분	수급요건	급여 수준
노령연금	가입기간 10년 이상인 가입자 또는 가입자였던 자에 대하여는 60세부터	생존하는 동안 노령연금 지급
	가입기간이 10년 이상인 가입자 또 는 가입자였던 자로서 55세 이상인 자가 대통령령으로 정하는 소득이 있 는 업무에 종사하지 아니하는 경우	60세 전이라도 일정한 금액의 연금 을 받을 수 있음.(조기노령연금)

표 7.3　노령연금의 유형별 수급조건

구분	수급요건	급여 수준
조기 노령연금	가입기간 10년 이상, 연령 55세 이상인 자가 소득 있는 업무에 종사하지 아니하고, 60세 도달 전에 청구한 경우	초기 노령연금은 가입기간에 따라 노령연금액 중 부양가족금액을 제외한 금액에 수급 연령별로 구분에 따른 비율을 곱한 금액에 부양가족연금액을 더한 금액으로 한다.
분할 연금	가입기간 중 혼인기간이 5년 이상인 노령연금 수급권자의 배우자가 60세 이상이 된 경우	배우자이었던 자의 노령연금액 혼인기간에 해당하는 연금액을 균등하게 배분(5년 이내에 청구하여야 함)

3)　장애연금(67조~68조)

표 7.4　장애연금

수급요건	장애등급	급여 수준
가입 중에 발생한 질병 또는 부상으로 완치 후에도 장애가 있는자	1급	기본연금액 100% + 부양가족연금액
※ 초진일로부터 1년 6개월 경과 후에도 완치되지 아니한 경우는 그 1년 6개월이 경과한 날을 기준으로 장애정도 결정. 다만, 1년 6개월 경과일에 장애등급에 해당되지 아니한 자가 60세 전에 악화된 경우 청구일을 기준으로 장애정도 결정	2급	기본연금액 80% + 부양가족연금액
	3급	기본연금액 60% + 부양가족연금액
	4급	기본연금액 255%(일시보상금)

4) 유족연금(72조 및 74조)

표 7.5 유족연금

급여요건	급여 수준	
	가입기간	연금액
• 다음의 자가 사망한 때 – 노령연금수급권자 – 가입기간 10년 이상인 가입자이었던 자 – 가입자 – 장애등급 2급 이상의 장애연금 수급권자	10년 미만	기본연금액 40% + 부양가족연금액
• 가입기간 10년 미만인 가입자이었던 자가 가입 중에 발생한 질병이나 부상 또는 그 부상으로 인한 질병으로 가입 중 초진일 또는 가입자 자격상실 후 1년 이내의 초진일로부터 2년 이내에 사망한 때	20년 이상 20년 미만	기본연금액 50% + 부양가족연금액
	20년 이상	기본연금액 60% + 부양가족연금액

5) 유족연금(72조 및 74조)

(1) 유족연금(제72조 및 74조)

① 유족연금 순위(제73조)

가입자 또는 가입자였던 자가 사망 시 그에 의해 생계를 유지하고 있던 사람들 중 순위에 따른 최우선 순위자에게만 지급한다. 배우자, 자녀(19세 미만이거나 장애등급 2급 이상인 자), 부모(60세 이상이거나 장애등급이 2급 이상인 자) 등의 순서에 따른다.

② 유족연금 수급권의 소멸(제75조 제1항)

수급권자의 사망, 배우자인 수급권자의 재혼, 자녀나 손자녀의 수급권자가 다른 사람에게 입양되거나 파양된 때 등

③ 반환일시금(제77조)

그동안 납부한 보험료에 대통령령이 정한 이자를 더해서 일시금으로 지급되는 급여

④ 반환일시금에 해당되는 경우(제1항)

가입기간이 10년 미만인 자가 60세가 된 때, 가입자 또는 가입자였던 자가 사망하였으나 유족연금에 해당되지 아니한 경우, 국적을 상실하거나 국외로 이주한 때

(2) 연금액의 산정

국민연금액은 지급사유에 따라 기본연금액과 부양가족연금액을 기초로 산정(제50조 제2항).

(3) 기본연금액(제51조)

• 균등부분 급여 : 연금 수급 전 3년간의 평균소득월액을 평균한 금액에 비례
• 소득비례부분 급여 : 자신의 가입기간 동안의 평균소득에 비례

(4) 부양가족연금액(제52조)

노령연금, 장애연금(장애등급 1~3급) 및 유족연금의 수급권자에게 기본연금액에 추가하여 지급되는 가족수당 성격의 급여. 배우자 : 연 15만 원
18세 미만 또는 장애등급 2급 이상에 해당하는 자녀, 60세 이상 또는 장애등급 2급 이상에 해당하는 부모 : 연 10만 원

(5) 연금액의 최고한도(제53조)

국민연금액은 지급사유에 따라 기본연금액과 부양가족연금액을 기초로 산정(제50조 제2항).

3. 국민연금법 연혁

표 7.6 국민연금 연혁

제·개정 (시행)	주요 내용
1973. 12. 24 (1974. 1. 1)	국민의 노령·폐질 또는 사망 등에 대하여 연금급여를 실시, 국민의 생활안정과 복지증진에 기여 ① 국내에 거주하는 18세 이상 60세 미만의 국민은 국민연금 가입대상이 되도록 함. ② 국민연금 가입자의 종류는 제1종 가입자와 제2종 가입자로 구분함. ③ 급여의 종류를 노령연금·장해연금·유족연금·반환일시금으로 정함. ④ 1974년 1월 1일부터 시행함(그 후 국민생활의 안정을 위한 대통령 긴급조치 제3호에 의하여 1974년 12월 31일까지 효력이 정지되었음).
2015. 6. 22 (2016. 6. 23)	사용자의 연금보험료 체납에 따른 사업장가입자의 연금수급권 제약발생을 최소화하기 위하여 법인인 사용자의 재산으로 체납보험료를 충당할 수 없을 경우에 무한책임사원·과점주주 등에게 제2차 납부의무를 부과하도록 하는 법적근거를 마련하고, '노후준비 지원법' 제정에 맞추어서 국민연금공단의 노후준비서비스사업 관련 규정을 정비하는 한편, 납부기한을 도과하여 연금보험료를 납부한 일반 국민들의 경제적 부담을 완화하고 납부기한 경과 정도에 보다 정확하게 비례하여 연체금을 산정할 수 있도록 하기 위해, 연체금 계산방식을 월할계산에서 일할계산으로 전환하는 등 현행 제도의 운영상 나타난 일부 미비점을 개선·보완하려는 것임.
2015. 12. 29 (2016. 12. 30)	종전에 '국민기초생활 보장법'에 따른 수급자로 규정한 사항을 '국민기초생활 보장법' 제7조 제1항 제1호에 따른 생계급여 수급자 또는 같은 항 제3호에 따른 의료급여 수급자로 조정(제8조 제3항 및 제9조 제4호)하고 국민연금공단의 업무로 '국민연금제도·재정계산·기금운용에 관한 조사연구'와 '국민연금에 관한 국제협력'을 추가(제25조 제7호 및 제8호 신설)하였다. 그리고 국민연금연구원의 설립 근거를 신설(제27조의2 신설)하고, 국민연금공단의 상임이사의 수를 현행 3명 이내에서 4명 이내로 상향 조정하였다.

제·개정 (시행)	주요 내용
2016. 5. 29 (2016. 11. 30)	전업주부 및 경력단절여성의 연금수급권 강화를 위하여 공적연금가입자의 무소득배우자로서 국민연금 적용제외되었던 기간에 대해서도 연금보험료 추후 납부를 허용하고, 장애·사망일 당시 적용제외자인 전업주부나 경력단절여성도 일정한 가입기간이 있는 경우에는 가입자와 동일한 요건에 따라서 장애연금이나 유족연금을 지급받을 수 있도록 장애연금 및 유족연금의 수급기준을 개선하며, 부부 가입자가 늘어나고 있는 현실을 반영하여 유족연금의 중복지급률을 인상 조정하고, 현실적인 청년의 경제활동 시작 시점을 고려하여 유족연금을 수급받을 수 있는 자녀의 연령을 현행 19세 미만에서 25세 미만으로 확대하고자 하였다.

키워드

• 국민연금에서 사업장가입자는 사업장에 고용된 근로자 및 사용자로서 국민연금에 가입된 자를 말한다.

• 임의가입자란 사업장가입자 및 지역가입자외의 자로서 국민연금에 가입된 자를 말한다.

• 사업장가입자는 사용관계가 끝난 다음 날에 가입자 자격을 상실한다. 그 외에 사망한 때, 국적을 상실하거나 국외로 이주한 때, 60세가 된 때 가입자 자격을 상실한다.

• 배우자인 유족연금 수급권자가 재혼하면 그 수급권은 소멸한다.

• 출산에 대한 가입기간 추가산입은 자녀가 2명 이상인 경우만 가능하다.

• 가입기간이 10년 이상인 가입자 또는 가입자였던 자로서 55세 이상인 자가 대통령령으로 정하는 소득이 있는 업무에 종사하지 아니하는 경우 본인이 희망하면 60세가 되기 전이라도 본인이 청구한 때부터 그가 생존하는 동안 일정한 금액의 연금(조기노령연금)을 받을 수 있다.

제2절 국민건강보험법(Ⅰ)

1. 목적과 대상

1) 목적

이 법은 국민의 질병·부상에 대한 예방·진단·치료·재활과 출산·사망 및 건강증진에 대하여 보험급여를 실시함으로써 국민보건을 향상시키고 사회보장을 증진함을 목적으로 한다(제1조).

2) 대상

자격요건은 국내에 거주하는 국민으로서 적용 제외 대상자가 아닌 사람은 일단 자격요건을 갖는다(제5조).

피부양자(제5조 제2항)는 다음과 같다.

① 직장가입자에 의하여 주로 생계를 유지하는 자로서 보수 또는 소득이 없는 자

② 직장가입자의 배우자

③ 직장가입자의 직계존속(배우자 직계존속 포함)

④ 직장가입자의 직계비속(배우자의 직계비속 포함) 및 그 배우자

⑤ 직장가입자의 형제, 자매

적용제외 대상자(제5조 제1항)는 '의료급여법'에 따른 의료급여 대상자, '독립유공자예우에 관한 법률' 및 '국가유공자 등 예우 및 지원에 관한 법률'에 의해 의료보호를 받는 자이다.

3) 가입자의 종류와 자격상실

(1) 가입자의 종류

여기서 근로자와 사용자의 정의(제3조)는 다음과 같다.

근로자는 직업의 종류와 관계없이 근로의 대가로 보수를 받아 생활하는 사람(법인의 이사와 그밖의 임원을 포함한다)으로서, 공무원 및 교직원을 제외한 사람을 말한다. 사용자란 근로자가 소속된 사업장의 사업주, 공무원에 소속된 기관의 장으로 대통령령이 정한 사람, 교직원이 소속된 사립학교를 설립·운영하는 자를 말한다. 가입자는 직장가입자와 지역가입자로 구분한다(제6조).

직장가입자(제6조 제2항)는 모든 사업장의 근로자 및 사용자와 공무원 및 교직원을 말한다.

지역가입자(제6조 제3항)는 가입자 중 직장가입자와 그 피부양자를 제외한 가입자를 말한다. 그리고 외국인에 대한 특례(제109조)에 의하면 정부는 외국정부가 사용자인 사업장의 근로자의 건강보험에 관하여 외국정부와의 합의에 의해 이를 따로 정할 수 있으며, 국내에 체류하고 있는 재외국민 또는 외국인으로서 대통령령이 정하는 사람은 이 법의 적용을 받는 가입자 또는 피부양자가 된다.

(2) 가입자의 자격의 취득과 상실

자격취득의 시기(제8조)에 있어서 가입자는 국내에 거주하게 된 날에 직장가입자 또는 지역가입자의 자격을 얻는다. 해당되는 날에 자격을 얻는 경우가 있다.

자격변동의 시기(제9조)는 지역가입자가 적용대상사업장의 사용자로 되거나 또는 근로자·공무원 또는 교직원으로 사용된 날, 직장가입자가 다른 적용대상사업장의 사용자로 되거나 근로자 등으로 사용된 날, 직장가입자인 근로자 등이 그 사용관계가 끝난 날의 다음날이거나 그리고 직장적용 대상사업장에 자격변동(제7조 제2호)에 따른 사유가 발생한 날의 다음날이나, 지역가입자가 다른 세대로 전입한 날이 자격변동시기이다.

자격상실의 시기(제10조)는 다음과 같이 사망한 날의 다음날, 국적을 잃은 날의 다음 날, 국내에 거주하지 아니하게 된 날의 다음 날, 직장가입자의 피부양자가 된 날, 수급권자가 된 날, 건강보험의 적용을 받고 있던 자로서 유공자 등 의료보호대상자가 되어 건강보험의 적용배제 신청을 한 날이 자격상실시기이다.

4) 국민건강보험법의 발전

표 7.7 국민건강보험법의 발전

제 · 개정	주요내용
2000. 12. 29 (2001. 7. 1)	'국민건강보험법' 일부 개정 – 5인 미만 사업장 근로자들을 직장가입자로 편입
2003. 9. 29 (2004. 4. 30)	'국민건강보험법' 일부 개정 – 국민건강보험법상의 요양기관에 한국희귀의약품센터 포함
2006. 12. 30 (2007. 7. 1)	'국민건강보험법' 일부 개정 – '국민건강보험 재정건전화특별법' 만료에 따라 동 법에서 규정하고 있는 주요사항을 본 법에서 규정 – 보험료 부과 기준이 되는 표준보수월액 및 부과표준소득의 등급제 폐지 – 취약계층에 대한 보험료 경감 확대
2008. 3. 28 (2008. 3. 28)	'국민건강보험법' 일부 개정 – 새로이 건강보험이 적용되는 사업장이 되거나 기존의 적용대상 사업장에서 적용제외 사업장이 되는 경우 사업장신고를 의무화 – 요양기관에 대한 업무정지처분의 효과가 요양기관을 양수한 자에게도 승계되도록 함. – 행정처분이 확정된 요양기관 중 허위청구로 인하여 행정처분을 받은 요양기관에 대하여 그 처분과 관련된 사항을 공표하는 제도를 마련함. – 허위 또는 부당한 방법으로 보험급여비용을 지급받은 요양기관을 신고한 자에 대하여 포상금을 지급할 수 있는 법적 근거를 신설함.
2009. 5. 21 (2011. 1. 1)	'국민건강보험법' 일부 개정 – 사회보험(국민건강보험, 국민연금, 고용보험, 산재보험)료 징수업무를 국민건강보험공단으로 일원화
2011. 12. 31 (2012. 9. 1)	'국민건강보험법' 전부 개정 – 의료자원관리의 효율성을 확보하고 요양급여비용의 누수를 방지하기 위하여 요양기관에 대하여 그 시설 · 장비 · 인력 현황 신고 의무를 부과하고, 미신고 또는 거짓 신고 시 과태료를 부과할 수 있도록 함. – 직장가입자에 대하여 보수월액보험료 외에 보수를 제외한 다른 소득을 기준으로 산정하는 소득월액보험료를 징수하는 근거를 두고, 소득월액보험료 신설에 따른 관련 규정을 정비

제 · 개정	주요내용
2011. 12. 31 (2012. 9. 1)	− 건강보험제도의 안정적 운영을 위하여 건강보험재정에 대한 정부지원 규정의 유효기간을 2016년 12월 31일까지로 연장
2014. 5. 20 (2014. 11. 21)	− 사무장병원 및 면허대여약국에 대하여 국민건강보험공단이 요양급여비용의 지급을 보류할 수 있는 근거를 마련함(제47조의2 신설). − 국민건강보험공단이 현금으로 지급하는 보험급여를 받는 수급자의 신청이 있는 경우에는 별도의 보험급여수급계좌로 해당 급여를 입금하도록 하고, 금융기관은 이 법에 따른 급여만이 보험급여수급계좌에 입금되도록 관리하며, 보험급여수급계좌의 예금채권은 압류금지 대상으로 규정함(제56조의2 및 제59조 제2항 신설).
2016. 3. 22 (2016. 9. 23)	− 건강보험재정에 대한 정부지원의 기간을 1년 연장함(2016. 12. 31~2017. 12. 31). − 선별급여의 요건 및 평가에 관한 사항과 요양기관의 선별급여 실시에 대한 관리에 관한 사항을 신설함(제41조의3, 제42조의2 및 제115조 제3항 제1호). − 사용자가 직장가입자가 될 수 없는 자를 직장가입자로 거짓으로 신고한 경우 국민건강보험공단이 해당 사용자에게 보험료 차액의 100분의 10에 해당되는 금액을 일정한 가산금으로 부과하여 징수하도록 함(제78조의2 신설).

2. 급여 및 재정

1) 요양급여와 요양비 지급

요양급여는 가입자 및 피부양자의 질병·부상·출산 등에 대하여 진찰·검사, 약제·치료재료의 지급, 처치·수술 기타의 치료, 예방·재활, 입원, 간호, 이송 등을 제공하는 급여다(제41조).

요양급여는 다음의 요양기관에서 행한다(제42조).

① 의료법에 의한 의료기관

② 약사법에 의해 등록된 약국

③ 약사법에 의해 설립된 한국희귀의약품센터

④ 지역보건법에 의한 보건소, 보건의료원 및 보건지소

⑤ 농어촌 등 보건의료를 위한 특별조치법에 의해 설치된 보건진료소, 전문요양
   기관 인정(제42조)

요양급여를 받는 자는 대통령령이 정하는 바에 따라 비용의 일부를 본인이 부
담하며, 이 경우 선별급여에 대해서는 다른 요양급여에 비하여 본인 일부부담
금을 상향 조정할 수 있다(제44조).

기타 급여는 다음과 같다.

첫째, 건강검진(제52조 제1항)이다. 공단은 가입자 및 피부양자에 대하여 질
병의 조기발견과 그에 따른 요양급여를 하기 위해 건강검진을 실시한다
건강검진에는 일반건강검진, 암검진, 영유아검강검진이 있다.

둘째, 부가급여(제50조)로 법에 규정한 요양급여 이외에 대통령령이 정하는
바에 의하여 장제비·상병수당 기타의 급여를 실시할 수 있다. 부가급여는 임
신·출산 진료비로 한다(시행령 제25조 제1항).

셋째, 장애인에 대한 특례(제51조 제1항)는 장애인복지법에 의하여 등록한 장
애인인 가입자 및 피부양자에게는 보장구에 대하여 급여를 할 수 있다.

2) 요양기관 시설·장비·인력 현황에 대한 신고의무

신고의무(제43조)는 의료자원관리의 효율성을 확보하고 요양급여비용의 누수
를 방지하기 위함이며, 요양기관은 제47조에 따라 요양급여비용을 최초로 청
하는 때에 요양기관의 시설·장비 및 인력 등에 대한 현황을 건강보험심사평
가원에 신고하여야 한다.

업무정지 명령 및 포상금 등에 관한 규정에 의하면 보건복지부장관은 요양기
관이 속임수나 그밖의 부당한 방법으로 보험자·가입자 및 피부양자에게 요양
급여비용을 부담하게 한 경우에는 1년의 범위에서 그 요양기관에 업무정지를
명할 수 있으며, 업무정지 처분의 효과는 요양기관을 양수한 자에게도 승계된
다(제98조). 공단은 속임수나 그밖의 부당한 방법으로 보험급여 비용을 지급
받은 요양기관을 신고한 사람에게 포상금을 지급할 수 있다(제104조).

3) 수급권의 제한(제53조)과 보호

(1) 급여의 제한(제1항)

① 고의 또는 중대한 과실로 인한 범죄행위에 그 원인이 있거나 고의로 사고를 일으킨 경우

② 고의 또는 중대한 과실로 공단이나 요양기관의 요양에 관한 지시에 따르지 아니한 경우

③ 고의 또는 중대한 과실로 제55조에 따른 문서와 그밖의 물건의 제출을 거부하거나 질문 또는 진단을 거부한 경우

④ 업무상 또는 공무로 생긴 질병·부상·재해로 인해 다른 법령에 따른 보험급여나 보상(報償) 또는 보상(補償)을 받게 되는 경우

그리고 다른 법령에 따라 국가 또는 지방자치단체로부터 보험급여에 상당하는 급여를 받거나 보험급여에 상당하는 비용을 지급받게 되는 경우에는 그 한도 내에서 보험급여를 하지 아니한다(제2항).

또한 세대단위의 보험료를 일정기간 이상 체납한 지역가입자의 경우 보험료를 완납할 때까지 보험급여를 실시하지 않을 수 있다(제3항).

마지막으로 보험료를 체납한 직장가입자의 경우 본인의 귀책사유로 체납한 경우 완납할 때까지 보험급여를 실시하지 않을 수 있다(제4항).

(2) 수급권의 보호와 구상권

수급권 보호(제59조) 측면에서 보험급여를 받을 권리는 양도 또는 압류할 수 없다.

구상권(제58조)에 관한 내용으로는 제3자의 행위로 인한 보험급여사유가 생겨 가입자 또는 피부양자에게 보험급여를 한 경우에는 그 급여에 들어간 비용의 한도에서 그 제3자에게 권리를 얻는다. 이 경우에 보험급여를 받은 사람이 제3자로부터 이미 손해배상을 받은 경우에는 공단은 그 배상액 한도에서 보험급여를 하지 아니한다.

4)   재정

국고지원(제92조 제1항)으로 국가가 매년 예산의 범위 안에서 당해연도 보험료 예상수입액의 100분의 14에 해당하는 금액을 국고에서 지원한다(2016년 12월 31일까지).

(1) 보험료부담과 납부

보험료의 부담(제69조)은 다음과 같다.

① 직장 가입자

보수월액보험료는 제70조에 따라 산정한 보수월액에 제73조 제1항 또는 제2항에 따른 보험료율을 곱하여 얻은 금액이다.

소득월액보험료는 제71조에 따라 산정한 소득월액에 제73조 제1항 또는 제2항에 따른 보험료율의 100분의 50을 곱하여 얻은 금액으로, 직장가입자 본인이 50/100, 근로자인 경우 소속사업장의 사업주 50/100

공무원인 경우는 소속된 국가 또는 지방자치단체 50/100, 교직원인 경우는 소속 학교경영기관 30/100이고, 국가는 20/100이다.

② 지역가입자

지역가입자 월별보험료액은 세대단위로 산정하되, 보험료부과점수 × 보험료부과점수당 금액으로 가입자가 속한 세대의 지역가입자 전원이 연대하여 부담한다.

보험료의 납부는 다음과 같다.

① 직장가입자

납부 내용은 다음과 같다.

첫째, 보수월액보험료는 사용자, 이 경우 사업자의 사용자가 2명 이상인 때에는 그 사업장의 사용자는 해당 직장가입자의 보험료를 연대하여 납부한다.

둘째, 소득월액보험료는 직장가입자에 있어 사용자는 보수월액보험료 중 직장가입자가 부담하여야 하는 그 달의 보험료액을 그 보수에서 공제하여 납부하여야 한다. 직장가입자에게 공제액을 통지하여야 함(제77조 제3항).

② 지역가입자

가입자가 속한 세대의 지역가입자 전원이 연대하여 납부한다. 다만 소득·재산·생활수준·경제활동참가율 등을 고려하여 대통령령으로 정하는 기준에 해당하는 미성년자는 납부의무를 부담하지 아니한다(제77조 제2항).

(2) 보험료 면제 및 경감

보험료의 면제 및 경감은 다음과 같다.

보험료의 면제는 첫째, 직장가입자는 국외업무 종사, 현역병, 전환복무된 사람 및 무관후보생, 교도소, 그밖에 이에 준하는 시설에 수용되어 있는 경우(제74조 제1항)에 해당된다.

둘째, 지역가입자는 위의 사유 이외에 소득활동에 종사하지 않는 것이 명백하다고 인정되는 경우에 그 가입자가 속한 세대의 보험료 산정함에 있어 가입자의 소득을 제외한다(제74조 제2항).

보험료의 경감의 경우는 다음의 어느 하나에 해당하는 가입자 중 보건복지부령이 정하는 가입자에 대하여는 그 가입자 또는 그 가입자가 속한 세대의 보험료의 일부를 경감할 수 있다.

① 섬·벽지(僻地)·농어촌 등 대통령으로 정하는 지역에 거주하는 사람,

② 65세 이상인 사람, '장애인복지법'에 따라 등록한 장애인, '국가유공자 등 예우 및 지원에 관한 법률'에 따른 국가유공자, 휴직자, 그밖에 생활이 어렵거나 천재지변 등의 사유로 보험료를 경감할 필요가 있다고 보건복지부장관이 정하여 고시하는 사람

제3절　국민건강보험법(Ⅱ)

1. 전달체계 및 위원회

국민건강보험제도의 주관은 보건복지부장관(제2조)이며, 보험자는 국민건강보험공단(제13조)이다.

1) 국민건강보험공단의 업무

국민건강보험공단의 업무(제14조 제1항)는 다음과 같다.
① 가입자 및 피부양자의 자격관리
② 보험료 및 징수금의 부과·징수
③ 보험급여의 관리 등
④ 가입자 및 피부양자의 건강의 유지와 증진을 위하여 필요한 예방사업
⑤ 자산의 관리·운영 및 증식사업
⑥ 의료시설의 운영
⑦ 건강보험에 관한 교육훈련 및 홍보
⑧ 건강보험에 관한 조사연구 및 국제협력
⑨ 이 법에서 공단의 업무로 정하고 있는 사항
⑩ '국민연금법', '고용보험 및 산업재해보상보험의 보험료징수 등에 관한 법률', '임금채권보장법' 등에 따라 위탁받은 업무
⑪ '임금채권보장법', '석면피해구제법'에 따라 위탁받은 업무
⑫ 그밖에 이 법 또는 다른 법령에 따라 위탁받은 업무
⑬ 그밖에 건강보험과 관련하여 보건복지부장관이 필요하다고 인정한 업무

2) 관계위원회

(1) 건강보험심사평가원
요양급여비용을 심사하고, 요양급여의 적정성을 평가하기 위해 설립하였다.

요양급여의 적정성 평가 업무를 독립적으로 수행하기 위함(제62조)이다.

(2) 건강보험정책심의위원회(제4조)

요양급여의 기준, 요양급여 비용에 관한 사항, 직장가입자의 보험료율, 지역가입자의 보험료부과점수당 금액, 그밖에 건강보험에 관한 주요 사항으로서 대통령령으로 정하는 사항을 심의·의결하기 위해 보건복지부장관 소속으로 건강보험정책심의위원회를 둔다. 건강보험정책심의위원회는 다음과 같이 보건복지부차관인 위원장을 포함한 25명의 위원으로 구성된다.

① 근로자단체 및 사용자단체가 추천하는 각 2명
② 시민단체(비영리민간단체지원법에 따른 비영리민간단체를 말한다), 소비자단체,
③ 농어업인단체 및 자영업장단체가 추천하는 각 1명
④ 의료계를 대표하는 단체 및 약업계를 대표하는 단체가 추천하는 8명
⑤ 대통령령으로 정하는 중앙행정기관 소속 공무원 2명
⑥ 국민건강보험공단의 이사장 및 건강보험심사평가원 원장이 추천하는 각 1명
⑦ 건강보험에 관한 학식과 경험이 풍부한 4명

(3) 재정운영위원회(제33조)

요양급여비용의 계약 및 보험료의 결손 처분 등 보험재정과 관련된 심의·의결하기 위하여 공단에 재정위원회를 둔다. 위원구성은 다음과 같다.

① 직장가입자를 대표하는 위원 10명(노동조합과 사용자단체에서 추천하는 각 5명)
② 지역가입자를 대표하는 위원 10명(대통령령으로 정하는 바에 따라 농어업인단체·도시자영업자단체 및 시민단체에서 추천하는 사람)
③ 공익을 대표하는 위원 10명(대통령령으로 정하는 관계 공무원 및 건강보험에 관한 학식과 경험이 풍부한 사람)

(4) 건강보험분쟁조정위원회(제89조)

제88조에 따른 심판청구를 심리·의결하기 위하여 보건복지부에 35명으로 구성된 건강보험분쟁위원회를 둔다.

2. 권리구제

1) 권리구제

(1) 이의신청(제87조)

공단에 이의신청은 가입자 및 피부양자의 자격, 보험료 등 보험급여 또는 보험급여 비용에 관한 공단의 처분에 이의가 있는 자(제1항)가 신청한다.

심사평가원에 이의신청은 요양급여비용 및 요양급여의 적정성에 대한 평가 등에 관한 심사평가원의 처분에 이의가 있는 공단·요양기관 기타의 자(제2항)가 신청하며, 이의신청은 처분이 있는 날로부터 90일 이내에 문서로 해야 한다.

심판청구(제88조)는 공단 또는 심사평가원이 행한 이의신청 결정에 불복이 있는 자는 건강보험분쟁조정위원회에 심판청구를 할 수 있다.

(2) 행정소송(제90조)

공단 또는 심사평가원의 처분에 이의가 있는 자와 이의신청 또는 심판청구에 대한 결정에 불복이 있는 자는 '행정소송법'이 정하는 바에 의하여 행정소송을 제기할 수 있다.

2) 벌칙(115조)

(1) 징역 또는 벌금

3년 이하의 징역 또는 3천만원 이하의 벌금은 대행청구단체의 종사자로서 거짓 그밖에 부정한 방법으로 요양급여비용의 청구를 한 자이다.

1년 이하의 징역 또는 1천만 원 이하의 벌금

① 선별급여를 제공한 요양기관의 개설자(제42조의2 제1항 및 제3항 위반)

② 대행청구단체가 아닌 자로 하여금 대행하게 한 자(제47조 제6항 위반)

③ 근로자의 권익보호를 위반한 자(제93조)

④ 업무정지처분을 받는 자가 요양기관을 개설한 경우(제98조 제2항)

⑤ 거짓이나 그밖의 부정한 방법으로 보험급여를 받거나 보험급여를 받게 한 자

(2) 과태료(제119조)

– 500만 원 이하의 과태료는 다음과 같다.

① 신고를 하지 아니하거나 거짓으로 신고한 사용자(제7조)

② 신고서류를 제출하지 아니하거나 거짓으로 신고서류를 제출한 자(제94조 1항)

③ 행정처분절차가 진행중인 사실을 지체없이 알리지 아니한 자(제98조 제4항)

– 100만 원 이하의 과태료는 다음과 같다.

제43조 제1항 및 제2항을 위반하여 신고를 하지 아니하거나 거짓으로 신고한 자이거나, 5년간 요양급여 비용청구 서류를 보존하지 아니하거나, 공단 등에 대한 감독 등의 명령을 위반한 자(제103조)

키워드

• 국민건강보험가입자는 국내에 거주하게 된 날에 직장가입자 또는 지역가입자의 자격을 얻는다.

• 가입자는 사망한 날의 다음날 자격을 상실한다.

• 요양급여비용은 공단의 이사장과 대통령령으로 정하는 의약계를 대표하는 사람들의 계약으로 정한다.

• 요양기관에는 의료기관, 약국, 보건소, 보건의료원 및 보건지소 등이 있다.

• 국가는 매년 예산의 범위에서 해당 연도 보험료 예상 수입액의 14/100에 해당하는 금액을 국고에서 공단에 지원한다.

CHAPTER

8   노인장기요양보험법 · 기초연금법 · 노인복지법

제1절	노인장기요양보험

1. 목적과 대상

1) 목적과 기본계획

(1) 목적

고령이나 노인성 질병 등의 사유로 일상생활을 혼자서 수행하기 어려운 노인 등에게 제공하는 신체활동 또는 가사활동 지원 등의 장기요양급여에 관한 사항을 규정하여 노후의 건강증진 및 생활안정을 도모하고 그 가족의 부담을 덜어줌으로써 국민의 삶의 질을 향상하도록 함을 목적으로 한다(제1조).

장기요양급여(제2조 제2호)는 6개월 이상 동안 혼자서 일상생활을 수행하기 어렵다고 인정되는 자에게 신체활동 · 가사활동의 지원 또는 간병 등의 서비스나 이에 갈음하여 지급하는 현금 등을 말한다(제15조 제2항 참조).

2) 기본원칙과 장기요양 기본계획

(1) 기본원칙(제3조)

장기요양급여의 적정 제공(제1항), 재가급여의 우선 제공(제2항), 장기요양급여의 의료서비스와 연계 제공(제3항)의 원칙이다.

(2) 장기요양 기본계획(제6조)

보건복지부장관은 노인 등에 대한 장기요양급여를 원활하게 제공하기 위하여 5년 단위로 다음 사항이 포함된 장기요양 기본계획을 수립 · 시행한다.
① 연도별 장기요양급여 대상인원 및 재원조달 계획
② 연도별 장기요양기관 및 장기요양전문인력 확충 방안
③ 그밖에 노인 등의 장기요양에 관해 대통령령으로 정하는 사항
지방자치단체의 장은 장기요양 기본계획에 따라 세부시행계획을 수립 · 시행하여야 한다.

3) 대상

첫째, 노인 등으로서 65세 이상의 노인 또는 65세 미만의 자로서 치매·뇌혈관성질환 등 대통령령으로 정하는 노인성 질병을 가진 자를 말한다.

둘째, 보험가입자로서 장기요양보험의 가입자는 '국민건강보험법'에 따른 건강보험의 가입자로 한다(제7조).

셋째, 신청자격은 장기요양인정을 신청할 수 있는 자는 노인 등으로서 다음의 어느 하나에 해당하는 자격을 갖추어야 한다(제12조).

① 장기요양보험가입자 및 그 피부양자

② '의료급여법'에 따른 수급권자(제2조 제1호)

4) 노인장기요양보험의 발전

표 8.1 노인장기요양보험의 발전

제·개정	주요내용
2007. 4. 27 (2008. 7. 1)	법률 제8403호 '노인장기요양보험법' 제정
2009. 3. 18 (2009. 9. 19)	외국인근로자 제외신청 시 제외 규정 마련
2009. 5. 21 (2009. 5. 21)	도서·벽지·농어촌 등 일정지역에 거주하는 자에 대하여 장기요양급여, 그리고 본인 일부부담금의 100분의 50을 감경할 수 있는 법적 근거 마련
2010. 3. 17 (2010. 3. 17)	① 장기요양기관의 장에게 장기요양급여 제공자료 기록·관리의무 부여 ② 폐업 또는 휴업할 경우 장기요양급여 제공 자료를 공단으로 이관 ③ '국민기초생활보장법'에 따른 수급자를 100분의 50 감경대상에서 제외하여 본인 일부 부담금 면제대상 규정에 따르도록 함. ④ 공단의 업무에 장기요양기관의 설치 및 운영 추가 ⑤ 장기요양기관은 설치하는 목적에 필요한 최소의 범위에서 설치·운영함.

제 · 개정	주요내용
2013. 8. 13 (2014. 2. 14)	– 장기요양기관의 운영 질서를 확립하고 장기요양기관에 대한 관리를 강화하기 위하여 장기요양기관 등이 본인 일부 부담금을 면제 · 할인하는 행위 등을 금지 – 장기요양기관이 거짓으로 급여비용을 청구한 경우에 위반사실 등을 공표할 수 있도록 하며, 행정제재처분의 효과가 양수인, 합병 후의 법인 또는 폐업 후 같은 장소에서 장기요양기관을 운영하는 직계혈족 등에게 승계되도록 하는 한편, 그밖에 현행 제도의 운영상 나타난 일부 미비점을 개선 · 보완하려는 것임.
2015. 12. 29 (2016. 12. 30)	– 경증치매노인을 위한 장기요양 5등급(일명, 치매특별등급)이 2014년 7월 신설되었으나, 현재 기타 재가급여의 복지용구가 일상생활 · 신체활동 지원위주로 되어 있어서 기타 재가급여의 범위에 치매노인의 인지기능의 유지 · 향상을 위한 용구 추가 – 장기요양기관의 휴업 · 폐업 또는 지정취소 · 폐쇄 등의 경우 서비스 중단에 따른 수급자의 불편이 있으므로, 장기요양기관 휴 · 폐업 등의 경우에 수급자 권익보호조치 의무화 – 농어촌이나 도서벽지 등 취약지역에는 충분한 장기요양기관 확보가 어려워 공단 장기요양기관 설치시 노인인구 및 지역특성 등 감안
2016. 5. 29 (2017. 5. 30)	– 장기요양기관 재무 · 회계기준을 마련하되 사회복지시설인 장기요양기관의 경우는 '사회복지사업법'에 따른 재무 · 회계기준 – 국가 및 지방자치단체의 책무로 장기요양요원 처우개선 및 복지증진 규정, 장기요양사업 실태파악 위해 3년마다 실태조사를 실시 – 장기요양기관이 지급받은 장기요양급여비용 중 일부를 장기요양요원의 인건비로 지출, 지방자치단체가 장기요양요원의 권리보호를 위한 장기요양요원지원센터 설치 · 운영

2. 급여 및 재정

1) 급여(수급자)

(1) 수급자 판정

신청자격요건을 충족하고 6개월 이상 동안 혼자서 일상생활을 수행하기 어렵다고 인정하는 경우, 심신상태 및 장기요양이 필요한 정도 등으로 대통령령으로 정하는 등급판정 기준에 따라 장기요양급여를 받을 자(수급자)로 판정하게 된다(제15조 제2항).

(2) 등급판정 기준

① 장기요양 1등급

심신의 기능상태 장애로 일상생활에서 전적으로 다른 사람의 도움이 필요한 자로서 장기요양인정 점수가 95점 이상인 자

② 장기요양 2등급

심신의 기능상태 장애로 일상생활에서 상당 부분 다른 사람의 도움이 필요한 자로서 장기요양인정 점수가 75점 이상 95점 미만인 자

③ 장기요양 3등급

심신의 기능상태 장애로 일상생활에서 부분적으로 다른 사람의 도움이 필요한 자로서 장기요양인정 점수가 60점 이상 75점 미만인 자(시행령 제7조 제1항) 그 외 장기요양 4등급, 장기요양 5등급이 있다.

④ 장기요양인정 점수

장기요양이 필요한 정도를 나타내는 점수로서 보건복지부장관이 정하여 고시하는 심신의 기능 저하 상태를 측정하는 방법에 따라 산정한다(제2항).

(3) 급여

급여의 유형은 다음과 같다.

장기요양급여(제23조)는 다음과 같다.

① 재가급여(제1항 제1호) : 방문요양, 방문목욕, 방문간호, 주·야간보호, 단기보호, 기타 재가급여이다.

② 시설급여(제1항 제2호) : 장기요양기관이 운영하는 노인복지법 제34조에 따른 노인의료복지시설 등에 장기간 입소하여 신체활동 지원 및 심신기능의 유지·향상을 위한 교육·훈련 등을 제공한다.

③ 특별현금급여(제1항 제3호) : 도서벽지 지역 등 요양시설이 없어 불가피하게 가족 등으로부터 요양을 받은 경우 지원되는 현금급여 등이다. 이에는 가족요양비, 특례요양비, 요양병원 간병비 등이다.

(4) 급여의 제한 등

첫째, 중복수급 금지이다(시행규칙 제17조).

수급자는 재가급여, 시설급여 및 특별현금급여를 중복하여 받을 수 없다. 다만 가족요양비 수급자 중 기타 재가급여를 받는 경우에는 그러하지 아니한다.

동일한 시간에 방문요양, 방문목욕, 방문간호, 주·야간보호 또는 단기보호 급여를 2가지 이상 받을 수 없다.

둘째, 장기요양급여 수급자이다. 공단은 장기요양급여를 받고 있거나 받을 수 있는 자가 다음에 해당하는 경우 급여를 중단하거나 제공하지 아니하여야 한다(제29조 제1항).

① 거짓이나 부정한 방법으로 장기요양을 받은 경우

② 고의로 사고를 발생하도록 하거나 본인의 위법행위에 기인하여 장기요양인정을 받은 경우

③ 공단은 장기요양을 받고 있는 자가 정당한 사유 없이 자료 제출 거부 및 보고 및 검사(제60조 또는 61조)에 응하지 않거나 답변 거절 시 급여의 전부 또는 일부를 제공하지 아니하게 할 수 있다(제2항).

셋째, 구상권이다(제44조).

공단은 제3자의 행위로 인한 장기요양급여의 제공사유가 발생하여 수급자에게 장기요양급여를 행한 때 그 급여에 사용된 비용의 한도 안에서 그 제3자에 대한 손해배상의 권리를 얻는다. 공단은 장기요양급여를 받은 자가 제3자로부터 손해배상을 받은 때 손해배상액의 한도 안에서 장기요양급여를 행하지 않는다.

2) 재정(비용)

(1) 장기요양보험료

① 장기요양보험료의 징수(제8조) : 장기요양보험료는 국민건강보험법에 따른 '건강보험료'와 통합하여 징수한다.

② 장기요양보험료의 산정(제9조) : 국민건강보험법에 따라 산정한 보험료액에서 같은 법의 경감 또는 면제되는 비용을 공제한 금액에 장기요양보험료율을 곱하여 산정한 금액으로 한다.

(2) 국가의 부담(제58조)

국가는 매년 예산의 범위 안에서 장기요양보험료 예상수입액의 20/100에 상당하는 금액을 공단에 지원한다(제1항).

국가와 지방자치단체는 의료급여수급권자의 장기요양급여비용, 의사소견서 발급비용, 방문간호지시서 발급비용 중 공단이 부담하여야 할 비용, 관리운영비의 전액을 부담한다(제2항).

(3) 본인일부부담금(제40조)

재가급여의 경우 당해 장기요양급여비용의 15%, 시설급여의 경우 20%를 수급자가 부담하도록 한다.

3. 전달체계 및 위원회

전달체계 및 위원회는 다음과 같다.

전달체계의 관리운영기관으로 장기요양사업의 관리운영기관은 국민건강보험공단으로 한다(제48조).

1) 위원회

(1) 장기요양위원회(제45조)

보건복지부장관 소속으로 다음의 사항을 심의하기 위해 장기요양위원회를 둔다.

① 장기요양보험료율

② 가족요양비, 특례요양비 및 요양병원간병비의 지급기준

③ 재가 및 시설 급여비용

④ 그밖에 대통령령으로 정하는 주요 사항

(2) 등급판정위원회(제52조)

장기요양인정 및 장기요양등급 판정 등을 심의하기 위해 공단에 장기요양등급 판정위원회를 둔다. 시 · 군 · 구 단위로 설치한다.

(3) 장기요양심사위원회(제55조)

공단은 장기요양심사위원회를 구성하여 이의신청사건을 심의하게 하여야 한다.

(4) 장기요양기관

장기요양기관의 지정 및 설치로 장기요양기관을 설치 · 운영하고자 하는 자는 소재지를 관할 구역으로 하는 시장 · 군수 · 구청장으로부터 지정을 받아야 한다(제31조).

재가급여 중 어느 하나 이상에 해당하는 장기요양급여를 제공하고자 하는 자는 시설 및 인력을 갖추어 재가장기요양기관을 설치하고 시장 · 군수 · 구청장에게 이를 신고하여야 한다(제32조).

장기요양기관의 의무(제35조)로서 장기요양기관은 수급자로부터 장기요양급여신청을 받은 때 장기요양급여의 제공을 거부하여서는 아니된다.

장기요양기관의 폐업 등(제36조)에 관하여 장기요양기관은 폐업하거나 휴업하고자 하는 경우 폐업이나 휴업 예정일 전 30일까지 시장 · 군수 · 구청장에게 신고하여야 한다.

장기요양기관의 지정 취소(제37조)는 ① 거짓이나 부정한 방법으로 지정을 받은 경우, ② 시설 및 인력의 지정기준에 적합하지 않은 경우, ③장기요양급여를 거부한 경우이다.

4. 권리구제

1) 이의신청(제55조)

장기요양인정 · 장기요양등급 · 장기요양급여 · 부당이득 · 장기요양급여비용 또는 장기요양보험료 등에 관한 공단의 처분에 이의가 있는 자는 공단에 이의신청을 할 수 있다(제1항).

처분이 있는 날로부터 90일 이내에 문서로 해야 한다(제2항). 그리고 공단에서 장기요양심사위원회를 구성하여 심의하게 하여야 한다(제3항).

2) 심사청구(제56조)

이의신청 결정에 불복하는 자는 결정처분을 받은 날로부터 90일 이내에 장기요양심판위원회에 심사청구를 할 수 있다(제1항). 장기요양심판위원회는 보건복지부장관 소속으로 둔다(제2항).

3) 행정소송(제57조)

공단의 처분에 이의가 있는 자와 이의신청 또는 심사청구에 대한 결정에 불복하는 자는 행정소송법이 정하는 바에 따라 행정소송을 제기할 수 있다.

키워드

- 장기요양 1등급의 경우 유효기간은 3년으로 하며, 2등급부터 5등급까지는 2년으로 한다.
- 장기요양 인정을 신청하는 자는 장기요양인정 신청서에 원칙적으로 의사소견서를 첨부하여 공단에 제출하여야 한다.

제2절   기초연금법

1. 목적과 대상

1) 목적

노인에게 기초연금을 지급하여 안정적인 소득기반을 제공함으로서 노인의 생활안정을 지원하고 복지를 증진함을 목적으로 한다.

2) 대상

(1) 연금 지급대상(제3조)

기초연금은 65세 이상인 자로서 소득인정액이 보건복지부장관이 정하는 금액 이하인 자에게 연금을 지급한다.

(2) 선정기준액(시행령 제4조)

보건복지부장관이 정하여 고시하는 금액, 즉 선정기준액은 65세 이상인 사람 및 그 배우자의 소득·재산수준과 생활실태, 물가상승률 등을 고려하여 전년도 12월 31일까지 보건복지부장관이 결정·고시하고, 1월 1일부터 12월 31일까지 적용한다. 배우자가 있는 노인가구의 선정기준액은 배우자가 없는 노인가구의 선정기준액에 100분의 160을 곱한 금액으로 한다(시행령 제4조 2항).

3) 기초연금의 연혁

표 8.2   기초연금의 연혁

제·개정 (시행)	주요내용
2007. 4. 25 (2008. 1. 1)	법률 제8385호 '기초노령연금법' 제정

제 · 개정 (시행)	주요내용

2007. 7. 27
(2008 .1. 1)
	'기초노령연금법' 일부 개정
	– 기초노령연금액을 '국민연금법' 제51조 제1항 제1호에 따른 평균소득
	  월액의 100분 10으로 2028년까지 단계적으로 상향조정
	– 2009년 1월 1일 당시 수급자가 65세 이상인 자 중 100분의 70 수준
	  이 되도록 함.
	– 부부가 모두 기초노령연금을 지급받는 경우 각 연금액의 감액비율을
	  20%로 상향조정
	– 병급 제한에 대한 규정 삭제

2011. 3. 30
(2011. 7. 1)
	'기초노령연금법' 일부 개정
	– 보건복지부장관 또는 지방자치단체의 장이 관계 기관의 장에게 요청
	  할 수 있는 자료에 교정시설 · 치료감호시설에 수용 중인 자의 수용개
	  시 및 석방 정보를 포함
	– 연금의 지급정지 요건을 교정시설 또는 치료감호시설에 수용 중인 기
	  간으로 변경하여 가석방기간과 집행유예기간 제외

2014. 5. 20 (2014. 7. 1)	국가재정의 지속가능성을 확보하면서 노인세대를 위한 안정적인 공적연 금제도를 마련하여 65세 이상의 노인 중 소득기반이 취약한 70퍼센트 의 노인에게 기초연금을 지급

2016. 2. 3
(2016. 8. 4)
	– 보건복지부장관 또는 지방자치단체의 장이 65세 이상인 사람에게 기
	  초연금의 지급대상, 금액 및 신청방법 등 기초연금 관련 정보를 제공
	  하도록 함(제10조의2 신설).
	– 관계공무원이 기초연금 수급신청자 및 수급권자 등의 집이나 그밖의
	  필요한 장소를 출입하여 조사할 때 권한을 표시하는 증표뿐만 아니라
	  조사기간, 조사범위 등이 기재된 서류를 제시하도록 함(제11조 제3항
	  및 제6항).
	– '가족관계의 등록 등에 관한 법률'에 따른 신고의무자가 같은 법에 따
	  라 기초연금 수급자의 사망신고를 한 경우에는 이 법에 따른 기초연
	  금 수급권 상실신고를 한 것으로 간주함으로써 국민 편의를 증진하고
	  행정의 효율성을 제고함(제18조 제2항 신설).

2. 급여 및 재정

1) 급여

(1) 기초연금액의 산정

첫째, 기초연금 수급권자에 대한 기초연금의 금액(기초연금액)은 기준연금액과 국민연금 급여액 등을 고려하여 산정한다.

둘째, 기준연금액은 보건복지부장관이 그 전년도의 기준연금액에 대통령령으로 정하는 바에 따라 전국소비자물가변동률("통계법"에 따라 통계청장이 매년 고시하는 전국소비자물가변동률)을 반영하여 매년 고시한다.

셋째, 국민연금 수급권자에게 지급하는 기초연금액은 다음 ①의 금액에서 ②의 금액을 뺀 금액(그 뺀 후의 금액이 0보다 작은 경우에는 0으로 한다)에 ③의 금액을 더한 금액으로 한다.

① 기준연금액

② 국민연금 수급권자가 받을 수 있는 연금의 금액 중 "국민연금법"의 금액을 기초로 산정한 금액("국민연금법" 제51조 제2항에 따라 매년 조정한 금액으로 '소득재분배급여금액'이라 함)에 3분의 2를 곱한 금액. 다만, "국민연금법"에 따라 국민연금 수급권자의 연금의 금액을 연기 또는 조기 지급하거나 가산 또는 감액하여 지급하는 경우 등의 소득재분배급여금액 산정 기초가 되는 연금의 금액 기준은 대통령령으로 정한다.

③ 부가연금액 : 기준연금액의 2분의 1에 해당하는 금액

(2) 기초연금 지급의 신청

① 기초연금을 지급받으려는 사람 또는 보건복지부령으로 정하는 대리인은 특별자치시장 · 특별자치도지사 · 시장 · 군수 · 구청장에게 기초연금의 지급을 신청할 수 있다(제10조).

② 기초연금 수급 희망자와 그 배우자는 신청을 할 때 다음의 자료 또는 정보를 보건복지부장관 및 특별자치시장 · 특별자치도지사 · 시장 · 군수 · 구청장에게 제공하는 것에 대하여 동의한다는 서면을 제출하여야 한다.

첫째, "금융실명거래 및 비밀보장에 관한 법률"에 따른 금융자산 및 금융거래에 관한 자료 또는 정보 중 예금의 평균잔액과 그밖에 대통령령으로 정하는 자료 또는 정보

둘째, "신용정보의 이용 및 보호에 관한 법률"에 따른 신용정보 중 채무액과 그밖에 대통령령으로 정하는 자료 또는 정보

셋째, "보험업법"에 따른 보험에 가입하여 납부한 보험료와 그밖에 대통령령으로 정하는 자료 또는 정보에 관한 것이다.

2) 재정

국가는 지방자치단체의 노인인구 비율 및 재정 여건 등을 고려하여 기초연금의 지급에 드는 비용 중 100분의 40 이상 100분의 90 이하의 범위에서 대통령령으로 정하는 비율에 해당하는 비용을 부담한다.

국가가 부담하는 비용을 뺀 비용은 특별시·광역시·특별자치시·도·특별자치도와 시·군·구가 상호 분담한다. 이 경우, 그 부담비율은 노인인구 비율 및 재정여건 등을 고려하여 보건복지부장관과 협의하여 시·도의 조례 및 시·군·구의 조례로 정한다.

3. 전달체계 및 위원회

1) 기초연금관련 정보제공

보건복지부장관 또는 특별자치시장·특별자치도지사·시장·군수·구청장은 65세 이상인 사람에게 기초연금의 지급대상, 금액 및 신청방법 등 기초연금 관련 정보를 제공하여야 한다.

2) 수급권자와의 방문조사 및 질문

보건복지부장관 또는 특별자치시장·특별자치도지사·시장·군수·구청장은 기초연금 수급권의 발생·변경·상실 등을 확인하기 위하여 기초연금을 신청한

기초연금 수급희망자, 기초연금 수급권자, 기초연금 수급자와 그 각각의 배우자 및 고용주(기초연금 수급권자등)에게 필요한 서류나 그밖에 소득·재산 등에 관한 자료의 제출을 요구할 수 있으며, 소속 공무원으로 하여금 기초연금 수급권자등의 집이나 그밖의 필요한 장소에 방문하여 서류 등을 조사하게 하거나 관계인에게 필요한 질문을 하게 할 수 있다.<개정 2016. 2. 3>

3)   자료 또는 정보제공 요청

보건복지부장관 또는 특별자치시장·특별자치도지사·시장·군수·구청장은 제1항에 따른 확인·조사 또는 기초연금사업의 수행을 위하여 기초연금 수급권자등의 다음에 해당하는 자료 또는 정보의 제공을 관계 기관의 장에게 요청할 수 있다. 이 경우 자료 또는 정보의 제공을 요청받은 관계 기관의 장은 특별한 사유가 없으면 그 요청에 따라야 한다.

① 소득과 재산에 관한 자료 또는 정보
   금융정보, 신용정보 및 보험정보, "국세기본법", "지방세기본법"에 따른 과세정보로서 당사자의 동의를 받은 과세정보
② 토지, 건축물, 자동차, 선박, 항공기, 주택 입주권·분양권, 입목재산, 어업권 및 "지방세법"에 관한 자료 또는 정보
③ 국민연금, 건강보험, 고용보험, 산업재해보상보험, 보훈급여, 공무원연금, 군인연금, 사학연금 및 별정우체국연금 수급에 관한 자료 또는 정보
④ 인적사항에 관한 자료 또는 정보, 출입국 사실 관련 자료 또는 정보, "형의 집행 및 수용자의 처우에 관한 법률"에 따른 교정시설 및 "치료감호법"에 따른 치료감호시설의 입소 및 출소 사실 관련 자료 또는 정보이다.

특별자치시장·특별자치도지사·시장·군수·구청장은 제11조에 따른 조사를 한 후 기초연금 수급권의 발생·변경·상실 등을 결정한다.
특별자치시장·특별자치도지사·시장·군수·구청장은 제1항에 따른 결정을 한 경우에는 그 결정 내용을 서면으로 그 이유를 구체적으로 밝혀 기초연금 수급권자에게 지체 없이 통지하여야 한다.

4. 권리구제 및 벌칙

① 금융정보를 다른 자에게 제공하거나 누설한 자는 5년 이하의 징역 또는 3천 만 원 이하의 벌금에 처한다.

② 신용정보 또는 보험정보를 다른 자에게 제공하거나 누설한 자는 3년 이하의 징역 또는 2천만 원 이하의 벌금에 처한다.

③ 거짓이나 그밖의 부정한 방법으로 기초연금을 지급받은 사람은 1년 이하의 징역 또는 500만 원 이하의 벌금에 처한다.

④ 법인의 대표자, 법인 또는 개인의 대리인, 사용인, 그밖의 종업원이 그 법인 또는 개인의 업무에 관하여 위반행위를 하면 그 행위자를 벌하는 외에 그 법 인 또는 개인에게도 해당 조항의 벌금형을 과한다. 다만, 법인 또는 개인이 그 위반행위를 방지하기 위하여 해당 업무에 관하여 상당한 주의와 감독을 게을리하지 아니한 경우에는 그러하지 아니하다.

⑤ 정당한 사유 없이 제11조 제1항에 따른 서류나 그밖에 소득·재산 등에 관한 자료를 제출하지 아니하거나 거짓의 서류 또는 자료를 제출한 자 또는 조사 ·질문을 거부·방해 또는 기피하거나 거짓 답변을 한 자에게는 20만 원 이 하의 과태료를 부과한다.

⑥ 정당한 사유 없이 제18조에 따른 신고를 하지 아니한 사람에게는 10만 원 이 하의 과태료를 부과한다.

⑦ 과태료는 대통령령으로 정하는 바에 따라 보건복지부장관 및 특별자치시장· 특별자치도지사·시장·군수·구청장이 부과·징수한다.

키워드

• 기초연금법령에서 보건복지부장관은 선정기준액을 정하는 경우 65세 이상인 사람 중 에서 기초연금수급자가 70/100 수준이 되도록 한다.

• 기초연금수급자가 결혼 또는 이혼을 하거나 그 배우자가 사망한 경우 대통령령으로 정하는 바에 따라 30일 이내에 그 사실을 특별자치시장·특별자치도지사·시장·군수 구청장에게 신고하여야 한다.

제3절 노인복지법

1. 목적과 대상

1) 목적

노인의 질환을 사전예방 또는 조기발견하고 질환상태에 따른 적절한 치료·요양으로 심신의 건강을 유지하고, 노후의 생활안정을 위하여 필요한 조치를 강구함으로써 노인의 보건복지증진에 기여함을 목적으로 한다(제1조).

2) 대상

- 노인에 대해서는 정확히 명시되어 있지는 않다.
- 대부분 65세 이상의 노인을 개별 항에서 법의 대상자로 명시하고 있다.

3) 노인복지법의 연혁

표 8.3 노인복지법의 연혁

제·개정	주요내용
1981. 6. 5 (1981. 6. 5)	'노인복지법' 제정
1993. 12. 27 (1994. 6. 28)	'노인복지법' 일부 개정 - 민간기업체나 개인도 유료노인복지시설을 설치, 운영할 수 있음. - 재가복지사업 실시
1997. 8. 22 (1998. 5. 23)	'노인복지법' 전부 개정 - 65세 이상의 일정한 자에게 경로연금 지급 - 노인지역봉사기관, 노인취업알선기관의 지원근거 규정 - 국가또는 지방자치단체가 치매노인에 대한 연구·예방사업 및 노인재활요양사업실시 - 인전문요양시설·유료노인전문요양시설 및 노인전문병원 설치할 수 있음.

제 · 개정	주요내용
2004. 1. 29 (2004. 7. 30)	'노인복지법' 일부 개정 - 노인학대 예방 및 노인학대 긴급전화 설치 - 노인보호전문기관 설치 - 의료인, 노인복지시설의 장 또는 종사자 등 노인학대 신고의무 규정 명시
2007. 4. 25 (2008. 1. 1)	'노인복지법' 일부 개정, 타법 개정 - 기초노령연금법 시행으로 노인복지법에 규정되어 있던 경로연금제도와 관련된 조항을 삭제
2007. 8. 3 (2008. 8. 4)	'노인복지법' 일부 개정 - 노인장기요양보험에 대비여 노인복지시설의 무료·실비 및 유료 구분 삭제 - 요양보호사 자격제 도입 - 홀로 사는 노인 지원 규정 마련 - 실종노인을 보호할 경우 신고 규정 마련 - 60세 미만의 자에게 노인복지주택 분양·임대 금지, 위반 시 벌칙 부과
2010. 1. 25 (2010. 4. 26)	'노인복지법' 일부 개정 - 요양보호사 자격시험제도 도입하고, 자격시험 도입에 따른 결격사유와 자격취소사유에 관한 규정 마련 - 요양보호사 교육기관 운영제도를 현행 "신고제"에서 "지정제"로 변경
2011. 4. 7 (2011. 10. 8)	'노인복지법' 일부 개정 - 노인일자리사업을 수행하는 노인일자리전담기관을 노인인력개발기관, 노인일자리지원기관 및 노인취업알선기관으로 구별하고 해당 기관의 업무를 규정
2011. 6. 7 (2011. 12. 8)	'노인복지법' 일부 개정 - 노인전문병원을 '의료법' 상의 요양병원으로 일원화 - 노인복지시설로서의 기능과 역할이 미약한 노인휴양소를 폐지 - 실종노인에 대한 빠른 발견과 안전한 복귀 등을 위한 근거 규정을 보강 - 노인학대사례에 대한 관련 법규를 강화

제 · 개정	주요내용
2013. 4. 23 (2013. 4. 23)	'노인복지법' 개정에 따른 '노인복지법 시행규칙' 시행 － 관계중앙행정기관의 장이 의료인 노인복지시설의 장과 그 종사자 등 노인학대신고의무자에게 자격취득교육이나 보수교육을 하는 경우 노인학대예방 및 신고의무와 관련되는 '노인복지법' 개정됨에 따라 신고요령 등 포함하는 법률에서 위임된 사항 규정
2013. 6. 4 (2013. 12. 5)	－ 노인에게 일자리를 제공하는 노인일자리지원기관은 사회복지사업을 수행하고 있으므로 노인복지시설의 한 종류로 규정하여 사회복지시설로 인정받을 수 있는 법적 근거 － 치매질환자를 '실종아동 등의 보호 및 지원에 관한 법률'에서 규율함에 따라 법률 간 상충문제 해소하기 위하여 이 법에서 치매로 인한 실종 부분을 삭제하려는 것임.
2015. 1. 28 (2015. 7. 29)	－ 노인복지주택의 입소자격이 있는 노인이 부양책임을 지고 있는 미성년 자녀 · 손자녀도 노인복지주택에 함께 입소, 입소자의 범위 확대 － 노인복지주택 중 분양형을 폐지하여 노인복지주택을 임대형으로만 설치 · 운영하도록 하고 기존에 설치된 분양형을 유지하도록 경과조치 － 노인학대현장 출동 시 노인보호전문기관과 수사기관 상호 간에 동행협조 요청 근거규정 신설, 현장출동자에게 현장출입 및 관계인에 대한 조사 · 질문권을 부여, 노인학대신고에 대한 효과적인 대응
2015. 12. 29 (2016. 12. 30)	노인학대에 대한 인식제고를 위해 매년 6월 15일을 노인학대예방의 날로 지정하고, 지상파방송 및 전광판방송을 통해 노인학대 관련 홍보영상을 제작 · 배포 · 송출할 수 있도록 함(제6조 제4항 및 제6조의2 신설). － 전문적인 노인학대사례의 판정을 위해 중앙노인보호전문기관에 중앙사례판정위원회를, 지역노인보호전문기관에 지역사례판정위원회 및 자체사례회의를 운영할 수 있는 근거 규정 － 노인학대신고의무자의 범위에 의료기관의 장, 홀로 사는 노인에 대한 방문요양서비스나 안전확인 등의 서비스 종사자, 다문화가족지원센터의 장과 그 종사자, 성폭력피해상담소 및 성폭력피해자보호시설의 장과 그 종사자, 응급구조사 및 의료기사 추가함(제39조의6).

2. 급여 및 재정

1) 급여 : 보건복지 조치

(1) 노인사회참여 지원(제23조)

노후에도 지역봉사활동 기회와 근로능력이 있는 노인에게 취업의 기회를 보장받을 수 있도록 국가가 지원해야 함을 강조하고 있으며, 여기에는 다음과 같은 지원이 이루어지고 있다.

① 노인지역봉사기관, 직종개발, 취업알선기관 등에 대한 지원

② 노인일자리전담기관(제23조의2)

③ 노인인력개발기관 : 노인일자리개발·보급사업, 조사사업, 교육·홍보 및 협력사업, 프로그램 인증·평가사업 등을 지원하는 기관

④ 노인일자리지원기관 : 지역사회 등에서 노인일자리의 개발·지원, 창업·육성 및 노인에 의한 재화의 생산·판매 등을 직접 담당하는 기관

⑤ 노인취업알선기관 : 노인에게 취업 상담 및 정보를 제공하거나 노인일자리를 알선하는 기관

(2) 생업지원(제25조)

국가 또는 지방자치단체 기타 공공단체가 설치·운영하는 공공시설 안에 식료품, 사무용품, 신문 등 일상생활용품의 판매를 위한 매점이나 자동판매기의 설치를 허가할 때에는 65세 이상의 신청자를 우선적으로 반영한다.

(3) 경로우대(제26조)

65세 이상 노인에 대해 공공시설 및 교통 이용료를 할인해 준다.

(4) 건강진단 등

65세 이상의 노인에 대하여 건강진단과 보건교육을 실시할 수 있다(제27조).
홀로 사는 노인에 대하여 방문요양서비스 등의 서비스와 안전확인 등의 보호조치를 취하여야 한다(제27조의2).

(5) 상담과 입소 등의 조치(제28조)

노인복지 실시기관은 노인에 대한 복지를 도모하기 위해 필요하다고 인정한 때에는 관계 공무원이나 노인복지상담원으로 하여금 상담·지도를 하게 한다. 노인주거시설, 재가노인복지시설, 노인의료복지시설에 입소시키거나 입소를 위탁한다.

(6) 노인재활요양사업(제30조)

국가 또는 지방자치단체는 신체적 · 정신적으로 재활요양을 필요로 하는 노인을 위한 재활요양사업을 실시할 수 있다.

(7) 노인실태조사(제5조)

보건복지부장관은 노인의 보건 및 복지에 관한 실태조사를 3년마다 실시한다.

(8) 노인학대

노인학대란 노인에 대하여 신체적, 정신적, 정서적, 성적 폭력 및 경제적 착취 또는 가혹행위를 하거나 유기 또는 방임을 하는 것을 말한다(제1조의2 제4호). 금지행위(제39조의9)는 다음과 같다.

① 신체에 폭행을 가하거나 상해를 입히는 행위

② 성적 수치심을 주는 성폭행 · 성희롱 등의 행위

③ 노인을 유기하거나 기본적 보호 및 치료를 소홀히 하는 방임행위

④ 노인에게 구걸을 하게 하거나, 노인을 이용하여 구걸하는 행위

⑤ 노인을 위하여 증여 또는 급여된 금품을 목적 외의 용도에 사용하는 행위

(9) 노인보호전문기관(제30조의5)

중앙노인보호전문기관은 노인학대의 예방 및 방지를 위한 홍보, 연구 및 프로그램 개발 등을 수행한다.

지역노인보호전문기관은 학대받은 노인의 발견 · 상담 · 홍보와 의료기관에의 치료의뢰 및 노인복지시설에의 입소의뢰, 노인학대 가해자, 감독기관, 시설 등에 대한 조사를 실시한다.

긴급전화(제39조의4)에 관하여 국가 및 지방자치단체는 노인학대를 예방하고

수시로 신고를 받을 수 있도록 긴급전화를 설치하여야 한다.

신고의무와 절차(제39조의6)에 관하여 다음과 같이 누구든지 노인학대를 알게 된 때에는 노인보호전문기관 또는 수사기관에 신고할 수 있다.

① 의료법에 의한 의료인

② 노인복지시설의 장 및 종사자, 장애인복지시설에서 장애노인에 대한 상담 등을 행하는 자

③ 가족폭력관련 상담소의 상담원 및 가정폭력피해자보호시설의 종사자

④ 119 구급대원

⑤ 건강가정지원센터의 장과 종사자 및 사회복지전담공무원

응급조치 의무(제39조의7)는 노인학대행위와 관련되어 있는 자는 노인학대 현장에 출동한 자에 대하여 현장조사를 거부하거나 업무를 방해해서는 아니된다(제3항 신설).

(10) 실종노인

실종노인에 관한 신고의무(제39조의10 제1항)에 대하여는 누구든지 정당한 사유 없이 사고 또는 치매 등의 사유로 보호자로부터 이탈된 노인을 경찰관서 또는 지방자치단체의 장에게 신고하지 아니하고 보호하여서는 아니된다.

다음과 같이 실종노인의 데이터베이스 구축(제39조의10 제2항)으로 보호시설에서 실종노인임을 알게 될 때는 지체 없이 신상카드를 작성하여 지방자치단체의 장과 실종노인의 데이터베이스 구축·운영하는 기관의 장에게 제출하여야 한다.

① 실종노인의 조속한 발견과 복귀를 위한 조치(제39조의10 제4항)

② 실종노인에 대한 신고체계의 구축 및 운영

③ 실종노인의 발견을 위한 수색 및 수사

④ 실종노인의 발견을 위한 그 가족의 유전자검사의 실시

⑤ 그밖에 실종노인의 발견과 복귀를 위하여 필요한 사항

2) **재정(비용)**

(1) 비용의 부담(제45조 제2항)

노인일자리전담기관의 설치 · 운영 또는 위탁에 소요되는 비용, 건강진단 등과 상담 · 입소 등의 조치에 소요되는 비용, 노인복지시설의 설치 · 운영에 소요되는 비용은 대통령령이 정하는 바에 의하여 국가 또는 지방자치단체가 부담한다.

(2) 비용의 수납 및 청구(제46조)

건강진단 및 보건교육, 상담 · 입소 등의 조치의 규정에 의한 복지조치에 필요한 비용을 부담한 복지실시기관은 당해 노인 또는 부양의무자로부터 대통령령이 정하는 바에 의하여 부담 비용의 전부 또는 일부를 수납하거나 청구할 수 있다.

(3) 비용의 보조(제47조)

국가 또는 지방자치단체가 설치 · 운영에 필요한 비용을 보조할 수 있다. 노인주거복지시설, 노인요양시설, 노인요양공동생활가정, 노인여가복지시설, 재가노인복지시설, 노인보호전문기관(시행령 제24조)시설 운영에 소요되는 비용 보조는 시설평가의 결과 등 당해 노인복지시설의 운영실적을 고려하여 차등하여 보조할 수 있다.

3. **전달체계**

1) **노인복지시설**

노인복지시설은 다음과 같다.

(1) 노인주거복지시설(제32조 제1항)

가정을 대신해서 노인들이 생활할 수 있도록 주거를 포함한 일체의 생활이 가능하도록 서비스를 제공하는 시설이다.

① 양로시설

　　노인을 입소시켜 급식과 그밖에 일상생활에 필요한 편의를 제공함을 목적으로 하는 시설

② 노인공동생활가정

　　노인들에게 가정과 같은 주거여건과 급식, 그밖에 일상생활에 필요한 편의를 제공함을 목적으로 하는 시설

③ 노인복지주택

　　노인에게 주거시설을 분양 또는 임대하여 주거의 편의·생활지도·상담 및 안전관리 등 일상생활에 필요한 편의를 제공함을 목적으로 하는 시설이다.

(2) 노인의료복지시설(제34조 제1항)

주거생활은 물론 보건 의료적 서비스를 제공하는 시설로서, 입소조치에 따른 비용부담의 정도 및 질환의 정도에 따라 나누어진다.

① 노인요양시설

　　치매·중풍 등 노인성질환 등으로 심신에 상당한 장애가 발생하여 도움을 필요로 하는 노인을 입소시켜 급식·요양과 그밖에 일상생활에 필요한 편의를 제공함을 목적으로 하는 시설

② 노인요양공동생활가정

　　치매·중풍 등 노인성질환 등으로 심신에 상당한 장애가 발생하여 도움을 필요로 하는 노인에게 가정과 같은 주거여건과 급식·요양, 그밖에 일상생활에 필요한 편의를 제공함을 목적으로 하는 시설이다.

(3) 노인여가복지시설(제36조 제1항)

노인들이 건강하고 건전한 여가활동을 할 수 있도록 제반 서비스를 제공하는 시설로서 구체적인 목적의 차이에 따라 나누어진다.

① 노인복지관

　　노인의 교양·취미생활 및 사회참여활동 등에 대한 각종 정보와 서비스를 제공하고, 건강증진 및 질병예방과 소득보장·재가복지, 그밖에 노인의 복지 증진에 필요한 서비스를 제공함을 목적으로 하는 시설

② 경로당

지역노인들이 자율적으로 친목도모 · 취미활동 · 공동작업장 운영 및 각종 정보교환과 기타 여가활동을 할 수 있도록 하는 장소를 제공함을 목적으로 하는 시설

③ 노인교실

노인들에 대하여 사회활동 참여 욕구를 충족시키기 위하여 건전한 취미생활 · 노인건강유지 · 소득보장, 기타 일상생활과 관련한 학습프로그램을 제공함을 목적으로 하는 시설이다.

(4) 재가노인복지시설(제38조)

다음의 어느 하나 이상의 서비스를 제공하는 것을 목적으로 하는 시설이다.

① 방문요양서비스

가정에서 일상생활을 영위하고 있는 노인(재가노인)으로서 신체적 · 정신적 장애로 어려움을 겪고 있는 노인에게 필요한 각종 편의를 제공하여 지역사회 안에서 건전하고 안정된 노후를 영위하도록 하는 서비스

② 주 · 야간보호서비스

부득이한 사유로 가족의 보호를 받을 수 없는 심신이 허약한 노인과 장애노인을 주간 또는 야간 동안 보호시설에 입소시켜 필요한 각종 편의를 제공하여 이들의 생활안정과 심신기능의 유지 · 향상을 도모하고, 그 가족의 신체적 · 정신적 부담을 덜어 주기 위한 서비스

③ 단기보호서비스

부득이한 사유로 가족의 보호를 받을 수 없어 일시적으로 보호가 필요한 심신이 허약한 노인과 장애노인을 보호시설에 단기간 입소시켜 보호함으로써 노인 및 노인가정의 복지 증진을 도모하기 위한 서비스

④ 방문 목욕서비스

목욕 장비를 갖추고 재가노인을 방문하여 목욕을 제공하는 서비스

⑤ 그밖의 서비스

그밖에 재가노인에게 제공하는 서비스로서 보건복지부령으로 정하는 서비스이다.

노인복지시설의 의무와 감독 등은 다음과 같다.

① 변경, 폐지 및 휴지 신고의무(제40조)

노인주거복지지설 및 노인의료복지시설, 노인여가복지시설 및 재가노인복지시설의 변경 및 폐지, 휴지하고자 할 때는 시장·군수·구청장에게 신고해야 한다.

② 수탁의무(제41조)

복지실시기관으로부터 입소·장례를 위탁 받은 때에 정당한 이유 없이 이를 거부하여서는 아니된다.

③ 감독(제42조)

복지실시기관은 노인복지시설 또는 요양보호사교육기관을 설치·운영하는 자로 하여금 당해 시설 또는 사업에 관하여 필요한 보고를 하게 하거나 관계 공무원으로 하여금 당해 시설 또는 사업의 운영상황을 조사하게 하거나 장부 기타 관계서류를 검사하게 할 수 있다.

④ 사업의 정지 등(제43조)

시·도지사 또는 시장·군수·구청장은 노인주거복지시설, 노인의료복지시설의 사업의 정지 또는 폐지를 명할 수 있다(제1항). 시장·군수·구청장은 노인여가복지시설 또는 재가노인복지시설의 사업의 정지 또는 폐지를 명할 수 있다.

그외 노인보호전문기관과 노인일자리 지원기관이 있다.

2) 요양보호사와 노인복지상담원 등

(1) 노인복지상담원(제7조)

노인의 복지를 담당하기 위해 특별자치도와 시·군·구에 노인복지상담원을 둔다.

(2) 노인복지명예지도원(제51조)

복지시설기관은 양로시설, 노인공동생활가정, 노인복지주택, 노인요양시설 및 노인요양공동생활가정의 입소노인의 보호를 위해 노인복지명예지도원을 둘 수 있다.

(3) 요양보호사(제39조2)

노인복지시설의 설치 · 운영자는 보건복지부령이 정하는 바에 따라 노인 등의 신체활동 또는 가사활동 지원 등의 업무를 전문적으로 수행하는 요양보호사를 두어야 한다. 요양보호사를 교육하는 기관에서 교육과정을 마치고 시 · 도지사가 실시하는 요양보호사 자격시험에 합격하여야 한다.

4. 권리구제 및 벌칙

1) 권리구제

① 심사청구(제50조)

노인 또는 부양의무자는 '노인복지법'에 의한 복지조치에 대하여 이의가 있을 때에는 당해 복지실시기관에 심사를 청구할 수 있다.

② 행정심판의 제기(제50조 제3항)

복지실시기관의 심사 · 결정에 이의가 있는 자는 그 통보를 받은 날로부터 90일 이내에 행정심판을 제기할 수 있다.

2) 벌칙

① 7년 이하의 징역 또는 2천만 원 이하의 벌금(제55조의2)

　－노인의 신체에 상해를 입히는 행위를 한 자

② 5년 이하의 징역 또는 3천만 원 이하의 벌금(제55조의3)

　－업무수행중인 노인보호전문기관의 직원에 대하여 폭행 또는 협박하거나 그 업무를 방해한 자

　－정당한 사유 없이 신고하지 아니하고 실종노인을 보고한 자

③ 3년 이하의 징역 또는 1천만 원 이하의 벌금(제55조의4)
- 노인을 위해 증여 또는 급여된 금품을 그 목적 외에 사용하는 행위를 한 자(제39조의9 제5호)
- 위계 또는 위력을 행사해서 실종노인의 조사를 하기 위한 공무원의 출입 또는 조사를 거부하거나 방해한 자

④ 과태료(제61조의2)

자료제출을 하지 않거나 거짓으로 보고하거나 거짓자료를 제출한 자, 정당한 사유 없이 관계 공무원의 출입 또는 조사·질문을 거부·기피·방해하거나 거짓의 답변을 한 자는 500만 원 이하의 과태료를 부과한다.

CHAPTER

9 국민기초생활보장법·의료급여법·공동모금회법

제1절   국민기초생활보장법의 의의

1. 목적과 대상

1) 목적

국민기초생활보장법의 의의는 생활이 어려운 사람에게 필요한 급여를 실시하여 이들의 최저생활을 보장하고 자활을 돕는 것을 목적으로 한다.

국민기초생활보장법이 기존의 생활보호법과는 다른 특징은 수급권, 보장기관에 대한 명시로 인하여 국민의 권리를 명확히 명시한다는 점과 대상자의 제한을 철폐하여 연령과 신체상태 등 기준으로 한정하였던 것을 폐지하고 소득인정액을 기준으로 하였다는 점, 그리고 급여체계의 다양화로 개별 대상자에 맞는 급여가 이루어지도록 하였다는 점이다.

2) 대상

대상으로서 수급권자란 이 법에 의해 급여를 받을 수 있는 자격을 가진 사람(제2조 제1호)이며, 부양의무자란 수급권자를 부양한 책임이 있는 자로서 수급권자의 1촌의 직계혈족(부모, 아들, 딸) 등 및 그 배우자(며느리, 사위 등)를 말한다(제2조 제5호).

소득인정액(제2조 제8호)은 개별 가구의 소득평가액과 재산의 소득환산액을 합산한 금액을 말한다. 최저생계비(제2조 제6호)는 국민이 건강하고 문화적인 생활을 유지하기 위하여 소요되는 최소한의 비용으로, 제6조 규정에 의하여 보건복지부장관이 공표하는 금액을 말한다.

수급권자의 범위는 부양의무자가 없거나, 부양의무자가 있어도 부양능력이 없거나 부양을 받을 수 없는 자로서 소득인정액이 최저생계비 이하인 사람을 말한다(제5조 제1항).

위의 범위의 경우는 대통령령으로 정한다(제5조 제3항). 수급권자에 해당하지 아니하여도 생활이 어려운 자로서 일정기간 동안 이 법이 정하는 급여의 전부 또는 일부가 필요하다고 보건복지부장관이 정하는 사람은 수급권자로 본다(제5조 제2항).

외국인에 대한 특례(제5조의2)에 의하면 국내 체류 외국인 중 대한민국 국민과 혼인하여 본인 또는 배우자가 임신 중이거나 대한민국 국적의 미성년 자녀를 양육하고 있거나, 배우자의 대한민국 국적인 직계존속과 생계나 주거를 같이하고 있는 사람으로서 대통령령이 정하는 사람이 제5조에 해당되는 경우에는 수급권자가 된다.

최저생계비의 결정(제6조)은 보건복지부장관은 국민의 소득·지출수준과 수급권자의 가구유형 등 생활실태, 물가상승률 등을 고려하여 최저생계비를 결정하여야 한다(제1항). 그리고 매년 9월 1일까지 다음 연도의 최저생계비를 공포(제2항)한다. 계측조사는 3년마다 실시(제3항)하며, 비계측년도에는 물가상승률을 반영하여 최저생계비를 결정한다.

3) 국민기초생활보장법의 발전

제·개정(시행)	주요내용
1999. 9. 7 (2000. 10. 1)	법률 제6024호 '국민기초생활보장법' 입법·제정
2004. 3. 5 (2004. 3. 5.)	− 수급권자의 생활실태를 고려하여 최저생계비를 결정 − 최저생계비 공표시한을 종전 매년 12월 1일에서 9월 1일로 변경 − 최저생계비 계측조사주기를 종전 5년에서 3년으로 단축
2005. 12. 23 (2007. 1. 1.)	− 부양의무자의 범위를 1촌의 직계혈족 및 그 배우자로 축소 − 급여지급의 기본단위인 개별가구의 개념을 명확히 규정 (국내체류 외국인 중 한국인과 결혼하여 한국 국적의 미성년 자녀 양육자 포함)
2006. 12. 28 (2007. 1. 1)	− 차상위계층에 부분급여를 지급 − 중앙자활센터를 설치

제·개정(시행)	주요내용
2007. 10. 17 (2008. 7. 1)	- 금융정보 조회의 절차를 간소화 - 기초생활보장사업에 드는 비용에 대한 국가, 시·도 및 시·군·구 간분담 비율을 서로 다르게 함.
2011. 3. 30 (2011. 10. 1)	- 외국인에 대한 특례 범위 확대
2011. 6. 7 (2011. 9. 8)	- 수급자의 자활촉진을 위해 가구특성을 감안한 고용지원 서비스 연계, 아동·노인 등에 대한 서비스 지원, 자산 형성을 위한 재정적 지원 및 교육 실시 - 급여를 수급권자 명의의 지정된 계좌에 입금하도록 하고 그 계좌의 예금은 압류할 수 없도록 함으로써 수급자의 기초생활을 실질적으로 보장하고, 수급권 보호의 실효성을 확보
2012. 2. 1 (2012. 2. 1)	- 시·도 단위 광역자활센터 지정할 수 있는 법적 근거 마련 - 자활공동체 조항을 자활기업으로 개정 - 중앙자활센터 사업에 수급자와 차상위자에 대한 취업·창업을 위한 자활촉진 프로그램 개발 및 지원을 추가
2014. 12. 30 (2014. 12. 30)	- 맞춤형 급여체계 개편을 위하여 최저보장수준과 기준 중위소득을 정의함(제2조 제6호 및 제11호 신설). - 급여의 종류별로 보건복지부장관 또는 소관 중앙행정기관의 장이 급여의 기준을 정하도록 함(제4조 제2항 신설). - 급여의 기준 및 지급 등 개별 급여의 운영과 관련하여 다른 법률에 특별한 규정이 있는 경우를 제외하고는 이 법에서 정하는 바에 따름.
2016. 2. 3 (2016. 8. 4)	- 사회복지전담공무원은 급여를 신청한 수급권자 등이 급여에 관한 정보의 부족 등으로 불리한 입장에 놓이지 아니하도록 알기 쉽게 설명, 급여 신청의 철회나 포기를 유도하는 행위를 하지 못하도록 함(제21조 제4항 및 제5항 신설). - 사회복지전담공무원이 신청자를 조사할 때 권한을 표시하는 증표뿐만 아니라 조사기간, 조사범위 등이 기재된 서류를 제시하도록 하며, 행정조사의 내용·절차·방법 등에 관하여 이 법에서 정하는 사항을 제외하고는 '행정조사기본법'에서 정하는 바를 따르도록 함(제22조 제5항 및 제9항).

2. 급여 및 재정

1) 급여 실시

(1) 급여 실시 기준원칙

급여의 기본 원칙은 첫째, 공공책임의 원칙(제2조 제4호)으로 보장기관은 급여를 행하는 국가 또는 지방자치단체이다. 둘째, 최저생활보장의 원칙(제4조)으로 급여는 건강하고 문화적인 최저생활을 유지할 수 있는 것이어야 한다. 셋째, 보충성의 원칙(제3조 제1항)으로 급여는 수급자 자신의 소득, 재산, 근로능력 등을 활용하여 최대한 노력하는 것을 전제로 이를 보충, 발전시키는 것을 기본원칙으로 한다. 넷째, 타법우선의 원칙(제3조 제2항)으로 부양의무자의 부양과 다른 법령에 의한 보호는 이 법에 의한 급여에 우선하여 행하여지는 것으로 한다, 다섯째, 자립조장의 원칙으로 직접 목적으로 하는 것은 자활급여(제15조), 다른 급여 역시 궁극적으로 자립을 조장하는 방향으로 운용되어야 한다.

(2) 급여 실시의 기준

급여의 기본 수준(제4조 제1항 및 제2항)은 건강하고 문화적인 최저생활을 유지할 수 있는 것이어야 하며, 구체적인 기준은 보건복지부장관이 수급자의 연령·가구규모·거주지역, 그밖의 생활여건 등을 고려하여 급여의 종류별로 정한다.

급여의 개별화(제4조 제2항)로 연령과 가구규모 등 제반 여건을 감안하여 급여를 제공하고 거기에 맞게 급여 종류를 결정한다.

개별가구 단위 급여(제4조 제3항)로서 보장기관은 급여를 개별가구를 단위로 하여 실시하되, 특히 필요하다고 인정되는 경우에는 개인 단위로 실시할 수 있다. 따라서 신청주의 급여(제21조)에 의하여 수급권자와 그 친족, 기타 관계인은 관할 특별자치도지사·시장·군수·구청장에게 수급권자에 대한 급여를 신청할 수 있다.

급여실시에 의한 급여의 신청(제21조)은 제21조 제1항에 따른 신청주의 원칙으로 사회복지전담공무원은 이 법에 따른 급여를 필요로 하는 사람이 누락되지 아니하도록 하기 위하여 관할지역에 거주하는 수급권자에 대한 급여를 직권으로 신청할 수 있다.

신청에 의한 조사(제22조)의 경우 급여신청이 있는 경우 필요사항을 조사하게 하거나 의료기관에 검진을 받게 할 수 있다.

확인조사 및 차상위계층에 대한 조사(제24조)는 수급권자의 규모를 예측하기 위하여 차상위계층에 대한 조사를 실시할 수 있다. 차상위계층은 수급권자에 해당되지 않는 계층으로 소득인정액이 대통령령이 정하는 기준(소득인정액이 최저생계비의 100분의 120 이하인 자) 이하인 계층(제2조 제11호)을 말한다.

급여의 결정(제26조)은 시장 · 군수 · 구청장은 급여실시 여부와 급여내용을 결정한 때에는 그 결정의 요지, 급여의 종류 · 방법 및 급여의 개시 시기 등을 서면으로 수급권자 또는 신청인에게 통지하여야 한다.

급여의 실시(제27조)에서 급여실시 및 내용이 결정된 수급자에 대한 급여는 급여의 신청일로부터 시작한다. 특히 긴급급여는 시장 · 군수 · 구청장은 급여실시 여부의 결정 전이라도 수급권자에게 급여를 실시하여야 할 필요가 있다고 인정할 때에는 급여의 일부를 실시할 수 있다. 급여지급 방법(제27조의2)은 보장기관이 급여를 금전으로 지급할 때에는 수급자 명의의 지정된 계좌(급여수급계좌)로 입금하여야 한다.

급여의 변경(제29조)에서도 보장기관은 급여의 변경 시 서면으로 그 이유를 명시하여 수급자에게 통지하여야 하며, 급여의 중지(제30조)는 보장기관은 급여의 전부 또는 일부를 중지할 수 있다.

(3) 급여지급과 중지절차

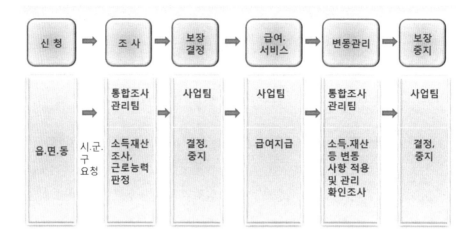

2) 급여의 종류와 방법

(1) 생계급여

수급자에게 의복·음식물 및 연료비와 그밖에 일상생활에 기본적으로 필요한 금품을 지급하여 그 생계를 유지하게 하는 것으로 한다(제8조).

지급방법(제9조)은 다음과 같다.

① 금전을 지급하는 것으로 한다(다만 물품 지급으로 대신할 수 있음).

② 수급품은 대통령령이 정하는 바에 따라 매월 정기적으로 지급

③ 수급품은 수급자에게 직접 지급

④ 생계급여는 보건복지부장관이 정하는 바에 따라 수급자의 소득인정액 등을 감안하여 차등지급할 수 있다.

⑤ 대통령령이 정하는 바에 따라 근로능력이 있는 수급자에게 자활에 필요한 사업에 참가할 것을 조건으로 생계급여를 지급할 수 있다(제5항 : 조건부 수급).

(2) 주거급여, 교육급여

주거급여(제11조)는 주거 안정에 필요한 임차료, 유지수선비 기타 대통령령이 정하는 수급품을 지급하는 것으로 한다. 국민기초생활보장법 시행으로 신설된

급여이다.

교육급여(제12조)는 수급자에게 입학금·수업료·학용품비 기타 수급품을 지원하는 것으로 하되, 학교의 종류·범위 등에 관하여 필요한 사항은 대통령령으로 정하며, 금전 또는 물품을 수급자 또는 수급자의 친권자나 후견인에게 지급함으로써 행한다.

(3) 해산급여(제13조) 및 장제급여

해산급여(제13조)는 수급자에게 조산, 분만 전과 분만 후에 필요한 조치와 보호를 행하는 것으로 의료기관에 위탁하여 행할 수도 있고, 수급자 또는 세대주에게 지급함으로 행할 수도 있다. 장제급여(제14조)는 수급자가 사망한 경우 사체의 검안·운반·화장 또는 매장 기타 장제조치를 행하는 것으로 한다.

(4) 자활급여(제15조)

수급자의 자활을 조성하기 위한 급여의 내용(제1항)은 다음과 같다.

① 자활에 필요한 금품의 지급 또는 대여
② 자활에 필요한 근로능력의 향상 및 기능습득의 지원
③ 취업알선 등 정보의 제공
④ 자활을 위한 근로기회의 제공
⑤ 자활에 필요한 시설 및 장비의 대여
⑥ 창업교육, 기능훈련 및 기술·경영지도 등 창업지원
⑦ 자활에 필요한 자산형성지원
⑧ 기타 대통령령이 정하는 자활조성을 위한 각종 지원

자활급여는 관련 공공기관·비영리법인·시설 그밖에 대통령령이 정하는 기관에 위탁하여 실시할 수 있다.

이 경우 그에 소요되는 비용은 보장기관이 담한다(제2항). 특별자치도지사, 시장, 군수, 구청장은 수급자 가구별로 자활지원계획을 수립하고 그에 따라 이 법에 의한 급여를 실시하여야 한다(제28조).

그외 의료급여가 있다.

(5) 맞춤형 기초생활보장제도

맞춤형 기초생활보장제도는 스스로 생활을 감당하기 어려운 분들에 대해서는 정부가 책임지고 기초생활을 보장할 뿐 아니라, 일할 능력이 있는 분들은 일을 통해서 일어설 수 있도록 소득이 올라가더라도 필요한 급여는 계속 지원하게 된다.

지원대상은 소득인정액 기준과 부양의무자 기준을 동시에 충족해야 한다.

① 생계급여 : 일상생활에 기본적으로 필요한 생계비를 지원해 준다.

② 의료급여 : 질병, 부상, 출산 등의 상황에서 필요한 의료서비스를 낮은 본인부담으로 이용할 수 있다.

③ 주거급여 : 임차가구는 전월세 비용을 지원하고, 자가가구는 낡은 집을 고쳐 준다.

④ 교육급여 : 아이들이 열심히 공부할 수 있도록 입학급, 수업료, 학용품비 등을 지원한다.

3) 재정(비용)

(1) 보장비용의 부담(제42조)

보장 업무에 소요되는 인건비와 사무비, 생활보장위원회의 운영에 소요되는 비용, 급여 실시 비용, 그밖에 이 법에 의한 보장 업무에 소용되는 비용을 말한다.

(2) 비용의 징수(제46조)

부양능력을 가진 부양의무자가 있음이 확인된 경우에는 보장비용을 지급한 보장기관은 그 비용의 전부 또는 일부를 부양의무자로부터 부양의무의 범위 안에서 징수할 수 있는 구상권이 있다.

(3) 반환명령(제47조)

보장기관은 급여의 변경 또는 급여의 정지·중지에 따라 수급자에게 이미 지급한 수급품 중 과잉지급분이 발생한 경우에는 즉시 수급자에 대하여 그 전부 또는 일부의 반환을 명하여야 한다.

3. 전달체계 및 위원회

보장기관 및 보장시설과 관련하여 보장기관은 급여를 행하는 국가 또는 지방자치단체(제2조 제4호)이다. 실제로는 이 법에 의한 급여는 원칙적으로 수급권자 또는 수급자의 거주지를 관할하는 특별시장, 광역시장, 도지사, 특별자치도지사와 시장, 군수, 구청장이 행한다.

보장시설에서 이 법상의 급여를 행하는 사회복지사업법에 의한 사회복지시설로 대통령령이 정하는 시설을 말한다(제32조).

1) 생활보장위원회(제20조 제1항)

법에 따른 생활보장사업의 기획·조사·실시 등에 관한 사항을 심의·의결하기 위하여 보건복지부와 특별시·광역시·도 및 시·군·구에 각각 생활보장위원회를 둔다.

중앙생활보장위원회(제20조 제2항)는 보건복지부에 두는 생활보장위원회의 심의·의결기관으로 생활보장사업의 기본방향 및 대책 수립, 소득인정액 산정방식의 결정, 급여기준의 결정, 최저생계비의 결정, 자활기금의 적립·관리 및 사용에 관한 지침의 수립, 기타 위원장이 부의하는 사항을 심의 의결한다.

시·도 및 시·군·구 생활보장위원회(제20조 제3항)의 경우는 그 기능을 담당하기에 적합한 다른 위원회가 있고, 그 위원회의 위원이 규정된 자격을 갖춘 경우에는 조례로 정하는 바에 따라 생활보장위원회의 기능을 대신할 수 있다.

2) 자활센터(제15조의2)

수급자 및 차상위자의 자활촉진에 필요한 사업을 수행하기 위하여 중앙자활지원센터를 둘 수 있다. 광역자활센터(제15조의3)로서 보장기관은 수급자 및 차상위자의 자활촉진에 필요한 사업을 수행하기 위하여 법인 등의 신청을 받아 시·도 단위의 광역자활센터로 지정할 수 있다. 지역자활센터(제16조)는 보장기관은 수급자 및 차상위자의 자활의 촉진에 필요한 다음의 사업을 수행하게 하기 위하여 사회복지법인 비영리법인과 단체를 법인의 신청을 받아 지역자활센터로 지정할 수 있다.

사업내용(제1항)은 다음과 같다.

① 자활의욕 고취를 위한 교육

② 자활을 위한 정보제공·상담·직업교육 및 취업알선

③ 생업을 위한 자금융자 알선

④ 자영창업 지원 및 기술·경영지도

⑤ 자활기업의 설립·운영 지원

⑥ 그밖에 자활을 위한 각종 사업 등이다.

3)   자활관련 기관

(1) 자활기관협의체(제17조 제1항)

특별자치도지사, 시장·군수·구청장은 자활지원사업의 효율적인 추진을 위하여 지역자활센터, 직업안정기관, 사회복지시설의 장 등과 상시적인 협의체계인 자활기관협의체를 구축하여야 한다.

(2) 자활기업(제18조)

수급자 및 차상위자는 상호 협력하여 자활기업을 설립·운영할 수 있다(제1항). 자활기업은 조합 또는 부가가치세법 상의 2인 이상의 사업자로 설립한다(제2항). 보장기관의 지원(제3항)은 다음과 같다.

① 자활을 위한 사업자금 융자

② 국·공유지 우선 임대

③ 국가나 지방자치단체가 실시하는 사업의 우선 위탁

④ 국가나 지방자치단체의 조달구매 시 자활기업생산품의 우선 구매

⑤ 기타 수급자의 자활촉진을 위한 각종 사업 등이다.

4)   자활관련 지원

수급자의 고용촉진(제18조의2)에 대하여 보장기관은 수급자의 고용을 촉진하기 위하여 상시근로자의 일정비율 이상을 수급자로 채용하는 기업에 대하여

대통령령이 정하는 바에 따라 지원을 할 수 있다(제1항). 시장·군수·구청장은 수급자의 가구별 특성을 감안하여 관련 기관의 고용지원서비스를 연계할수 있다(제2항). 시장·군수·구청장은 수급자의 취업활동으로 인하여 지원이 필요하게 된 해당 가구의 아동·노인 등에게 사회복지서비스를 지원할 수 있다(제3항).

자활기금의 적립(제18조의3)에 대하여 보장기관은 자활지원사업의 원활한 추진을 위하여 일정한 금액과 연한을 정하여 자활기금을 적립할 수 있다.

자산형성 지원(제18조의4)에 관하여 보장기관은 수급자가 자활에 필요한 자산을 형성할 수 있도록 재정적 지원을 할 수 있다(제1항). 지원으로 형성된 자산은 수급자 재산의 소득환산액 산정 시 이를 포함하지 아니한다(제3항).
보장기관은 수급자가 자활에 필요한 자산을 형성하는 데 필요한 교육을 실시할 수 있다(제2항).

4. 권리구제

1) 권리구제

시·도지사에 대한 이의신청에 관하여 수급자나 급여 또는 변경신청을 한 사람은 특별자치도지사·시장·군수·구청장의 처분에 이의가 있는 경우에 결정의 통지를 받은 날부터 60일 이내에 해당 보장기관을 거쳐 시·도지사에게 서면 또는 구두로 이의신청을 할 수 있다(제38조).
보건복지부장관에 대한 이의신청건은 시·도지사 등의 처분에 이의가 있는 자는 처분 등의 통지를 받은 날로부터 60일 이내에 보건복지부장관에게 서면 또는 구두로 이의신청을 할 수 있다(제40조).

2) **벌칙(제48조)**

(1) 5년 이하의 징역 또는 3천만 원 이하의 벌금

금융정보를 사용·제공 또는 누설한 자(제23조의2 제6항 위반)

(2) 3년 이하의 징역 또는 2천만 원 이하의 벌금

보장기관의 공무원이나 공무원이었던 자가 이 법에 의해 얻은 정보와 자료를 보장 목적 이외에 다른 용도로 사용하거나 다른 사람 또는 기관에 제공한 경우, 그리고 이 법에 의한 금융정보와 관련된 업무에 종사하거나 종사하였던 자가 업무를 수행하면서 취득한 신용정보 또는 보험정보를 이 법이 정한 목적 외에 사용·제공 또는 누설한 경우이다.

(3) 부정수급에 관한 벌칙

속임수나 그밖에 부정한 방법에 의하여 급여를 받거나 또는 타인으로 하여금 급여를 받게 한 자는 1년 이하의 징역, 500만 원 이하의 벌금, 구류 또는 과료에 처한다(제49조).

(4) 수급자의 급여위탁을 정당한 사유 없이 거부한 자 또는 종교상의 행위를 강제한 자

300만 원 이하의 벌금, 구류 또는 과료에 처한다(제50조).

제2절   의료급여법

1. 목적과 대상

1) 목적

사회보장에 관한 국민의 권리와 국가 및 지방자치단체의 책임을 정하고, 사회 보장정책의 수립·추진과 관련 제도에 관한 기본적인 사항을 규정하며 국민의 복지증진에 이바지한다(제1조).

2) 대상

(1) 수급권자

수급권자란 이 법에 의한 의료급여를 받을 수 있는 자격을 가진 자이다(제2조 1호).

수급권자(제3조 1항)는 다음과 같다.

① '국민기초생활보장법'에 의한 수급자

② '재해구호법'에 의한 이재민

③ '의사상자 등 예우 및 지원에 관한 법률'에 따르는 의사상자 및 의사자유족

④ '입양특례법'에 의하여 국내에 입양된 18세 미만의 아동 등

⑤ '독립유공자 예우에 관한 법률' 및 '국가유공자 등 예우 및 지원에 관한 법률' 의 적용을 받고 있는 자와 그 가족

⑥ '문화재보호법'에 의하여 지정된 중요무형문화재의 보유자 및 가족

⑦ '5·18 민주화운동 관련자 보상 등에 관한 법률'에 의하여 보상금을 받은 자 와 그 가족

⑧ '노숙인 등의 복지 및 자립지원에 관한 법률'에 따른 노숙인

⑨ 그밖에 생활유지 능력이 없거나 생활이 어려운 자로서 대통령령이 정하는 자

대통령령이 정하는 바에 따라 구분하여 의료급여의 내용 및 기준을 달리 할 수 있다(제3조 제2항). 또한 의료 개시일과 수급권자의 선정절차 등에 관한 사항을 정한다(제3조 제3항).

난민에 대한 특례(제3조의2)는 '난민법'에 따른 난민인정자로서 '국민기초생활보장법' 제5조의 수급권자의 범위에 해당하는 자는 수급권자로 본다.

(2) 수급권자의 구분 등

1종 수급권자가 있고 2종 수급권자는 '국민기초생활보장법'에 의한 수급자 중 1종 대상자를 제외한 자 등으로 적용 배제 수급권자이다(제4조).

다른 법령에 의해 의료급여를 받고 있는 경우에는 이 법에 의한 의료급여를 행하지 아니한다.

의료급여증의 부여(제8조)로 시장·군수·구청장은 수급권자에게 의료급여증을 발급하여야 한다. 다만, 부득이한 사유가 있는 경우에는 의료급여증에 갈음하는 의료급여증명서를 발급할 수 있다. 의료급여증의 유효기간은 매년 1월 1일부터 12월 31일까지로 한다. 그리고 의료급여증은 이를 다른 사람에게 넘겨주거나 빌려주어서는 아니 된다(시행규칙 제12조 제3항).

3) 의료급여법의 발전

빈곤계층에게 소득보장과 함께 의료보장을 제공하는 공공부조제도의 하나이다.

제·개정(시행)	주요내용
1977. 12. 31 (1977. 12. 31)	법률 제3076호 '의료보호법' 제정
1991. 3. 8 (1991. 3. 8)	'의료보호법' 전부 개정 - 전국민의료보험의 실시(1989. 7. 1) 등 의료보장 여건이 변화에 따른 의료보호의 내용을 확대 및 의료보호사업의 내실화를 도모 - 서울특별시·직할시·도 및 시·군·구에 의료보호심의위원회를 둠. - 보호기간을 연간 180일 이내로 제한 및 의료보호심의위원회의 심의를 거쳐 보호기간을 연장할 수 있도록 함.

제 · 개정(시행)	주요내용
1995. 8. 4 (1995. 8. 4)	− 의료보호기간을 대통령령으로 정하되 연간 210일 이상으로 연장함. − 특히 65세 이상의 노인, 등록된 장애인 및 국가유공자중 상이자 등에 대한 보호기간의 제한을 없앰.
2001. 5. 24 (2001. 10. 1)	− 의료급여법으로 명칭 변경 − 의료급여 수급기간의 제한 폐지 − 예방 · 재활 등에 대하여도 의료급여 실시
2004. 3. 5 (2005. 1. 1)	− '입양촉진 및 절차에 관한 특례법'에 의하여 국내에 입양된 18세 미만의 아동에 대하여 의료급여 실시
2006. 12. 28 (2007. 3. 29)	'의료급여법' 일부 개정 − 의료급여 수급권자가 당해 진료가 급여항목에 해당하는지 여부를 직접 확인할 수 있도록 함. − 의료급여기관이 수급권자에게 입원보증금 등을 청구하지 못하도록 함. − 수급권자가 제3자에 의하여 상해를 입은 경우에도 의료급여 지원
2011. 3. 30 (2011. 7. 1)	− 의료급여 수급권자에 대한 사례관리 실시 − 시 · 도, 시 · 군 · 구에 의료급여관리사를 두고 의료급여 사업단을 설치 · 운영하도록 함.
2013. 6. 12 (2013. 12. 13)	− 의료급여가 반드시 필요한 사람에게 지급될 수 있도록 이재민, 노숙인 등 수급권자 자격에 관한 기준 보완, 수급권자의 소득 · 재산 확인하는 등 수급권자의 인정 절차에 관한 규정 − 의료기관 또는 약국을 개설할 수 없는 자가 개설한 의료급여기관이 속임수, 그밖의 부당한 방법으로 의료급여비용 받는 경우 의료급여 기관과 의료급여기관 개설자 연대, 부당이득금을 납부하게 할 수 있도록 함.
2014. 1. 28 (2014. 7. 29)	의료급여비용의 심사 · 조정에 관한 급여비용심사기관의 이의신청에 대한 결정에 불복이 있을 경우 종전의 국민권익위원회 소속 중앙행정심판위원회가 아닌 '국민건강보험법'에 따른 건강보험분쟁조정위원회에 심판 청구, 심판청구의 공정 · 객관성 및 전문성을 확보

제·개정(시행)	주요내용
2015. 12. 29 (2016. 6. 30)	- 급여비용의 지급을 청구한 의료급여기관이 '의료법' 제33조 제2항 또는 '약사법' 제20조 제1항을 위반하였다는 사실을 수사기관의 수사결과로 확인한 경우, 해당 의료급여기관이 급여비용의 지급 청구하면 시장·군수·구청장이 지급을 보류할 수 있도록 법적 근거 마련 - 부적절한 급여비용 지급을 방지, 다만, 지급보류 전 해당 의료급여기관에 의견제출 기회를 제공하고 추후 무죄로 확정된 경우에는 지급 보류된 금액에 이자를 가산하여 지급하도록 함으로써, 선의의 의료기관·약국의 피해를 방지
2016. 2. 3 (2016. 8. 4)	과징금을 납부하여야 할 자가 납부기한까지 내지 아니하면 과징금 부과 처분을 취소하고 업무정지 처분을 할 수 있도록 함(제29조 제2항).

2. 급여 및 재정

1) 급여

(1) 급여내용

급여의 내용(제7조)은 다음과 같다.

① 진찰·검사

② 약제·치료재료의 지급

③ 처치·수술과 그밖의 치료

④ 예방·재활

⑤ 입원

⑥ 간호

⑦ 이송과 그밖의 의료목적의 달성을 위한 조치이다.

급여절차(시행규칙 제3조)는 다른 법령에 의해 의료급여를 받고 있는 경우에는 이 법에 의한 의료급여를 행하지 아니한다.

1단계는 의원, 보건기관(보건소, 보건지소, 보건진료소), 보건의료원, 의뢰시는 의료급여명세서 회송시는 의료급여회송서를 발송한다.

2단계는 병원, 종합병원이며, 의뢰시는 의료급여명세서, 회송시는 의료급여회송서를 발송한다. 3단계는 복지부장관이 지정한 제3차 진료기관이다.

(2) 급여 제한 · 변경 · 중지

급여의 제한(제15조)은 수급권자가 자신의 고의 또는 중대한 과실로 인한 범죄행위에 기인하거나 고의로 사고를 발생시켜 의료급여가 필요하게 된 경우이거나, 수급권자가 정당한 이유 없이 이 법의 규정이나 의료급여기관의 진료에 관한 지시에 따르지 아니한 경우이다.

급여의 변경(제16조)에 대하여 시장 · 군수 · 구청장은 수급권자의 소득 · 재산상황 · 근로능력 등에 변동이 있는 경우에는 직권 또는 수급권자나 그 친족 그밖의 관계인의 신청에 따라 급여의 내용 등을 변경할 수 있다.

급여의 중지(제17조)는 시장 · 군수 · 구청장은 수급권자에 대한 의료급여가 필요 없게 된 경우, 수급권자가 의료급여를 거부한 경우에는 의료급여를 중지하여야 한다.

2) 재정

급여비용의 부담(제10조)은 대통령령이 정하는 바에 따라 전부 또는 일부를 의료급여기금에서 부담하되, 의료급여기금에서 일부를 부담하는 경우 나머지 비용은 본인이 부담한다.

(1) 급여비용의 청구와 지급(제11조)

의료급여기관은 의료급여기금에서 부담하는 급여비용의 지급을 시장 · 군수 · 구청장에게 청구할 수 있다(제1항).

(2) 급여비용의 대불(제20조) 및 상환(제21조)

이 법에 의한 의료급여사업의 실시에 관한 사항을 심의하기 위하여 보건복지부와 시 · 도와 시 · 군 · 구에 각각 의료급여심의위원회를 둔다(제1항). 보건복지부의 의료급여심의위원회는 의료급여사업의 기본방향 및 대책 수립에 관한 사항, 의료급여기준 및 수가에 관한 사항 등 심의한다(제2항).

(3) 의료급여기금(제25조)

급여비용의 재원에 충당하기 위하여 시·도에 의료급여기금을 설치한다(제1항). 기금은 국고보조금, 지방자치단체의 출연금, 상환받은 대불금, 부당이득금, 과징금, 당해 기금의 결산상 잉여금 및 그밖의 수입금으로 조성한다(제2항). 국가와 지방자치단체는 기금운영에 필요한 충분한 예산을 확보하여야 한다(제3항).

3. 전달체계

1) 전달체계

(1) 보장기관(제5조)

의료기관에 관한 업무는 수급권자의 거주지를 관할하는 시·도지사, 시장·군수·구청장이 행한다(제1항).

시·도지사 및 시장·군수·구청장은 수급권자의 건강의 유지·증진을 위하여 필요한 사업을 실시하여야 한다(제3항).

(2) 사례관리(제5조의2)

보건복지부장관, 시·도지사 및 시장·군수·구청장은 수급권자의 건강관리 능력 향상 및 합리적 의료이용 유도 등을 위하여 사례관리를 실시할 수 있다(제1항). 사례관리를 실시하기 위하여 시·도 및 시·군·구에 의료급여 관리사를 둔다(제2항).

(3) 의료급여심의위원회(제6조)

이 법에 의한 의료급여사업의 실시에 관한 사항을 심의하기 위하여 보건복지부와 시·도와 시·군·구에 각각 의료급여심의위원회를 둔다(제1항). 보건복지부의 의료급여심의위원회는 의료급여사업의 기본방향 및 대책 수립에 관한 사항, 의료급여기준 및 수가에 관한 사항 등을 심의한다(제2항).

2) 의료급여기관

(1) 의료급여기관의 종류(제9조 제1항)

① '의료법'에 따라 개설된 의료기관

② '지역보건법'에 따라 설치된 보건소 · 보건의료원 및 보건지소

③ '농어촌 등 보건의료를 위한 특별조치법'에 따라 설치된 보건진료소

④ '약사법'에 따라 등록된 약국 및 한국희귀의약품센터

(2) 의료급여심의위원회(제6조)

기관별 진료범위는 보건복지부령으로 정한다(제9조 제2항). 이에는 제1차 의료급여기관, 제2차 의료급여기관(의료법에 따라 시 · 도지사가 개설허가를 한 의료기관), 제3차 의료급여기관(제2차 의료급여기관 중 보건복지부장관이 지정하는 의료기관이다). 의료급여기관은 정당한 이유 없이 이 법에 의한 의료급여를 거부하지 못한다(제9조 제3항). 입원보조금 등 비용 청구를 금지한다(제11조의4).

4. 권리구제

1) 권리구제(제30조)

수급권자의 자격, 의료급여 및 급여비용에 대한 시장 · 군수 · 구청장의 처분에 이의가 있는 자는 시장 · 군수 · 구청장에게 이의신청을 할 수 있다(제1항).

급여비용에 관한 급여비용심사기관의 심사 · 조정에 이의가 있는 의료급여기관은 급여비용심사기관에게 이의신청을 할 수 있다(제2항).

2) 벌칙(제35조)

(1) 1년 이하의 징역 또는 1천만 원 이하의 벌금(제1항)

　① 의료기관이 정당한 이유 없이 의료급여를 거부해서는 안 된다는 규정(제9조 제3항)에 위반한 자

　② 속임수 및 그밖의 부정한 방법으로 의료급여를 받은 자 또는 제3자로 하여금 의료급여를 받게 한 자

(2) 1천만 원 이하의 벌금

　정당한 이유 없이 제32조 제2항의 규정에 위반하여 서류의 제출·보고를 하지 아니하거나 허위로 보고를 하거나 검사를 거부·방해 또는 기피한 자

(3) 과태료(제37조)

　서류보존의무(제11조의2)를 위반한 자는 100만 원 이하의 과태료에 처한다.

키워드
- 의료급여법상의 수급권자는 다음과 같다.
- 국민기초생활보장법에 따른 의료급여수급자
- 입양특례법에 따라 국내에 입양된 18세 미만의 아동
- 노숙인 등의 복지 및 자립지원에 관한 법률에 따른 노숙인
- 난민법에 따른 난민인정자로서 국민기초생활보장법의 수급권자의 범위에 해당하는 사람

제3절   사회복지공동모금회법

1. 목적과 대상

1) 목적

이 법은 사회복지공동모금회의 공동모금을 통하여 국민이 사회복지를 이해하고 참여하도록 함과 아울러 국민의 자발적인 성금으로 조성된 재원을 효율적이고 공정하게 관리·운용함으로써 사회복지증진에 이바지함을 목적으로 한다. 사회복지공동모금이란 사회복지사업이나 그 밖의 사회복지활동 지원에 필요한 재원을 조성하기 위하여 이 법에 따라 기부금품을 모집하는 것을 말한다.

사회복지공동모금법은 1997년 3월 27일 제정(시행 1998. 7. 1)되었으며, 관 주도의 성금모금 및 관리·운영을 지양하고 민간단체가 이웃돕기성금을 직접 모금·배분 및 관리하도록 함으로써 이웃돕기운동의 자율성을 보장하며 민간의 참여를 활성화하려는 것이다.

2016년 2월 3일(시행 2016. 8. 4)에는 일부개정으로 현행법에 따라 보건복지부장관은 지도·감독을 위하여 필요하다고 인정하면 모금회에 대하여 관계 서류의 제출을 명하거나 소속 공무원으로 하여금 그 운영상황을 조사하게 하거나 장부나 그밖의 서류를 검사하게 할 수 있다. 그런데 이 경우 소속 공무원은 권한을 표시하는 증표만을 보여주도록 하고 있어 모금회 등 지도감독 대상자나 관계인이 조사 범위나 관계법령 등에 대한 충분한 숙지를 하기 어려운 상황이었다. 따라서 소속 공무원이 지도·감독 등을 할 때 권한을 표시하는 증표뿐만 아니라 조사기간, 조사범위 등이 기재된 서류를 제시하도록 함으로써 지도·감독 대상자의 권리를 보호하고 합리적인 조사가 이루어지도록 하려는 것이다.

2) 기본 원칙(제3조)

① 기부하는 자의 의사에 반하여 기부금품을 모집하여서는 아니된다.

② 공동모금재원은 지역·단체·대상자 및 사업별로 복지수요가 공정하게 충족되도록 배분하여야 하고, 용도에 맞도록 공정하게 관리·운용하여야 한다.

③ 공동모금재원의 배분은 객관적인 기준에 따라 효율적으로 이루어지도록 하고, 그 결과를 공개하여야 한다.

3) 모금회의 사업 수행(제5조)

① 사회복지공동모금사업

② 공동모금재원의 배분

③ 공동모금재원의 운용 및 관리

④ 사회복지공동모금에 관한 조사·연구·홍보 및 교육·훈련

⑤ 사회복지공동모금지회의 운영

⑥ 사회복지공동모금과 관련된 국제교류 및 협력증진사업

⑦ 다른 기부금품 모집자와의 협력사업

⑧ 그밖에 모금회의 목적 달성에 필요한 사업

2. 급여 및 재정

1) 기본재산의 취득 허가(제16조의2)

모금회는 '사회복지사업법'(제23조 제2항)에 따른 기본재산을 취득하려면 같은 법(제24조)에도 불구하고 보건복지부장관의 허가를 받아야 한다.

2) 재원(제17조)

모금회의 사업에 필요한 경비는 다음 재원으로 조성한다.

① 사회복지공동모금에 의한 기부금품

② 법인이나 단체가 출연하는 현금·물품 또는 그밖의 재산

③ 복권 및 복권기금법에 따라 배분받은 복권수익금

④ 그밖의 수입금

3) 기부금품의 모집(제18조)

① 모금회는 사회복지사업이나 그밖의 사회복지활동을 지원하기 위하여 연중 기부금품을 모집·접수할 수 있다.

② 모금회는 기부금품을 모집·접수한 경우 기부금품 접수 사실을 장부에 기록하고, 그 기부자에게 영수증을 내주어야 한다. 다만, 기부자가 성명을 밝히지 아니한 경우 등 기부자를 알 수 없는 경우에는 모금회에 영수증을 보관하여야 한다.

③ 모금회는 영수증에 기부금품의 금액과 그 금액에 대하여 세금혜택이 있다는 문구를 적고 일련번호를 표시하여야 한다.

④ 모금회는 효율적인 모금을 위하여 기간을 정하여 집중모금을 할 수 있다.

⑤ 모금회는 집중모금을 하려면 그 모집일부터 15일 전에 그 내용을 보건복지부장관에게 보고하여야 하며, 그 모집을 종료하였을 때에는 모집종료일부터 1개월 이내에 그 결과를 보건복지부장관에게 보고하여야 한다.

4) 복권의 발행(제18조의2)

① 모금회는 사회복지사업이나 그밖의 사회복지활동 등을 지원하기 위한 재원을 조성하기 위하여 복권을 발행할 수 있다.

② 제1항에 따른 복권을 발행하려면 그 종류·조건·금액 및 방법 등에 관하여 미리 보건복지부장관의 승인을 받아야 한다.

③ 복권의 당첨금을 받을 권리는 그 지급일부터 3개월간 행사하지 아니하면 소멸시효가 완성되며, 소멸시효가 완성된 당첨금은 공동모금재원에 귀속된다.

④ 복권의 발행에 관하여는 '사행행위 등 규제 및 처벌 특례법'을 적용하지 아니한다.

5)　모금창구의 지정(제19조)

모금회는 기부금품의 접수를 효율적이고 공정하게 하기 위하여 언론기관을 모금창구로 지정하고, 지정된 언론기관의 명의로 모금계좌를 개설할 수 있다.

6)　배분기준(제20조)

모금회는 매년 8월 31일까지 다음 각 호의 사항이 포함된 다음 회계연도의 공동모금재원 배분기준을 정하여 공고하여야 한다.
① 공동모금재원의 배분대상
② 배분한도액
③ 배분신청기간 및 배분신청서 제출 장소
④ 배분심사기준
⑤ 배분재원의 과부족시 조정방법
⑥ 배분신청 시 제출할 서류
⑦ 그밖에 공동모금재원의 배분에 필요한 사항

모금회는 재난구호 및 긴급구호 등 긴급히 지원하여야 할 필요가 있는 경우에는 위에 준하여 별도의 배분기준에 따라 지원할 수 있다.

7)　재원의 사용 등(제25조)

① 공동모금재원은 사회복지사업이나 그밖의 사회복지활동에 사용한다.
② 매 회계연도에 조성된 공동모금재원은 해당 회계연도에 지출하는 것을 원칙으로 한다. 다만, 재난구호 및 긴급구호 등 긴급히 지원할 필요가 있을 때를 대비하여 매 회계연도의 공동모금재원 일부를 적립하는 경우에는 그러하지 아니하다.
③ 해당하는 경우에는 매 회계연도에 조성된 공동모금재원의 일부를 이사회 의결을 거쳐 다음 회계연도에 이월(移越)하여 지출할 수 있다.
④ 기부금품 모집과 모금회의 관리·운영에 필요한 비용은 바로 앞 회계연도 모금총액의 100분의 10의 범위에서 이사회의 의결을 거쳐 사용할 수 있다.

⑤ 공동모금재원의 관리 · 운용 방법 및 예산 · 회계 등에 필요한 사항은 정관으로 정한다.

3. 전달체계 및 위원회

1) 사회복지공동모금회의 설립(제4조)

① 사회복지공동모금사업을 관장하도록 하기 위하여 사회복지공동모금회를 둔다.

② 모금회는 '사회복지사업법'(제2조 제3호)의 사회복지법인으로 한다.

③ 모금회는 정관을 작성하여 보건복지부장관의 인가를 받아 등기함으로써 설립된다.

2) 임원

모금회에는 다음 임원을 둔다.

회장 1명, 부회장 3명, 이사(회장 · 부회장 및 사무총장을 포함한다) 15명 이상 20명 이하로 구성하며, 감사는 2명이다. 임원의 임기는 3년으로 하며, 한 차례만 연임할 수 있다.

부득이한 사유로 후임임원이 선임(選任)되지 못하여 모금회의 업무수행에 지장이 있는 경우에는 후임임원이 선임될 때까지 임기가 만료된 임원이 그 업무를 수행한다.

3) 사무조직

모금회의 업무를 처리하기 위하여 사무총장 1명과 필요한 직원 및 기구를 둔다(제12조).

4) 분과실행위원회(제13조)

① 모금회의 기획·홍보·모금·배분 업무에 관한 사항을 심의하기 위하여 해당 분야의 전문가와 시민대표 등으로 구성되는 기획분과실행위원회, 홍보분과실행위원회, 모금분과실행위원회 및 배분분과실행위원회 등 분과실행위원회를 둔다.

② 분과실행위원회의 위원장은 1명 이상의 이사로부터 추천을 받은 이사 중에서 이사회의 의결을 거쳐 회장이 위촉하며, 그 위원은 해당 위원장의 제청(提請)과 이사회의 의결로 회장이 위촉한다.

③ 분과실행위원회는 위원장 1명을 포함하여 20명 이내의 위원으로 구성한다. 다만, 모금분과실행위원회 및 배분분과실행위원회는 각각 20명 이상의 위원으로 구성한다.

④ 분과실행위원회 위원의 임기는 2년으로 하며, 연임할 수 있다. 다만, 배분분과실행위원회 위원은 한 차례만 연임할 수 있다.

⑤ 분과실행위원회가 심의한 사항을 이사회가 변경하려면 그 분과실행위원회 위원장의 의견을 청취하여야 하며, 이사회 회의록에 이를 기록하여야 한다.

⑥ 분과실행위원회의 운영에 필요한 사항은 정관으로 정한다.

5) 지회(제14조)

① 모금회에 지역단위의 사회복지공동모금사업을 관장하기 위하여 특별시·광역시·특별자치시·도·특별자치도 단위로 사회복지공동모금지회를 둔다.

② 지회에는 지회장을 두고 모금회에 준하는 필요한 조직을 둘 수 있다.

③ 지회장은 이사회의 의결을 거쳐 회장이 임명한다.

④ 지회의 구성 및 운영 등에 필요한 사항은 모금회의 정관으로 정한다.

6) 지회의 관리(제15조)

① 모금회의 회장은 지회의 운영 개선을 위하여 지회를 지도·감독하며, 지회가 지역의 특성에 맞게 자율적으로 운영될 수 있도록 노력하여야 한다.

② 모금회의 회장은 지회의 운영이 현저히 부당하다고 인정할 때에는 그 시정을 명할 수 있다.

③ 지회에서 조성한 공동모금재원은 해당 시 · 도의 배분대상자에게 배분하는 것을 원칙으로 한다.

④ 모금회의 회장은 회계연도가 시작되기 2개월 전에 각 지회로부터 사업계획서를 제출받아 이를 종합 · 조정하여 보건복지부장관에게 보고하여야 한다.

모금회의 조직 · 운영 등에 관하여 이 법에서 규정하고 있는 사항 외에 필요한 사항은 정관으로 정한다(제16조).

4. 권리구제 및 벌칙

1) 벌칙(제35조)

(1) 다음 어느 하나에 해당하는 자는 3년 이하의 징역 또는 3천만 원 이하의 벌금

① 기본원칙(제3조 1항)을 위반하여 강제 모집한 자

② 기본재산의 취득 허가(제16조의2)를 위반하여 보건복지부장관의 허가를 받지 아니하고 기본재산을 취득한 자

(2) 다음 어느 하나에 해당하는 자는 2년 이하의 징역 또는 2천만 원 이하의 벌금

① 기부금품 모집과 모금회의 관리 · 운영에 필요한 비용은 바로 앞 회계연도 모금총액의 100분의 10의 범위에서 이사회의 의결을 거쳐 사용할 수 있다는 (제25조 제4항)에 따라 이사회가 의결한 비율을 초과하여 기부금품 모집과 모금회의 관리 · 운영에 필요한 비용을 사용한 자

② 모금회는 매 회계연도의 사업계획 및 예산안을 회계연도가 시작되기 1개월 전에 보건복지부장관에게 제출하여야 하는(제26조 제1항)을 위반하여 사업계획이나 예산안을 제출하지 아니한 자

③ 모금회는 매 회계연도 종료 후 3개월 이내에 세입 · 세출 결산서를 작성하여 보건복지부장관에게 제출하여야 한다는(제26조 제3항)을 위반하여 세입 · 세

출 결산서나 회계법인의 감사보고서를 제출하지 아니한 자

④ 유사명칭사용금지(제29조)를 위반하여 사회복지공동모금회 또는 이와 유사
한 명칭을 사용한 자

(3) 다음 어느 하나에 해당하는 자는 1년 이하의 징역 또는 1천만 원 이하의 벌금

① 배분결과를 공개하지 아니하거나 거짓으로 공개한 자(제3조 제3항)

② 장부에 기부금품 접수 사실을 기록하지 아니하거나 거짓으로 기록한 자(제
18조 제2항)

③ 기부자에게 영수증을 내주지 아니한 자(제18조 제2항)

④ 모금회가 배분하는 것임을 표시하지 아니하고 공동모금재원을 배분한 자(제
20조의3)

(4) 양벌규정(제36조)

법인의 대표자나 법인 또는 개인의 대리인, 사용인, 그밖의 종업원이 그 법인
또는 개인의 업무에 관하여 벌칙(제35조)의 위반행위를 하면 그 행위자를 벌
하는 외에 그 법인 또는 개인에게도 해당 조문의 벌금형을 과(科)한다. 다만,
법인 또는 개인이 그 위반행위를 방지하기 위하여 해당 업무에 관하여 상당한
주의와 감독을 게을리하지 아니한 경우에는 그러하지 아니하다.

(5) 과태료(제37조)

① 지도·감독 등 관계 서류의 제출명령을 따르지 아니하거나 관계 공무원의 조
사·검사를 거부, 기피 또는 방해한 자에게는 500만 원 이하의 과태료를 부
과한다(제31조 제1항).

② 위의 과태료는 보건복지부장관이 부과·징수한다.

키워드

제31조 제1항

① 보건복지부장관은 모금회의 업무에 관하여 지도·감독을 하며, 필요하다고 인정할
때에는 관계 서류의 제출을 명하거나 소속 공무원으로 하여금 그 운영상황을 조사하게
하거나 장부나 그밖의 서류를 검사하게 할 수 있다(제31조, 지도·감독 등).

CHAPTER

10 정신보건법 · 정신건강증진 등에 관한 법 · 건강가정기본법 · 다문화가족지원법

제1절   정신보건법

1. 목적과 대상

1) 목적

정신질환의 예방과 정신질환자의 의료 및 사회복귀에 관하여 필요한 사항을 규정함으로써 국민의 정신건강증진에 이바지함을 목적으로 한다(제1조).

2) 대상

정신질환자란 정신병(기질적 정신병을 포함) · 인격장애 · 알코올 및 약물중독 기타 비정신병적 정신장애를 가진 자를 말한다(제3조 제1항).

3) 정신보건법의 발전

제 · 개정(시행)	주요 내용
1995. 12. 30 (1996. 12. 31)	법률 제5133호 '정신보건법' 제정
1997. 12. 31 (1998. 4. 1)	− 정신보건시설을 정신의료기관 · 정신질환자사회복귀시설 및 정신요양시설로 하고 정신요양병원을 제외함. − 보호의무자에 의하여 입원한 환자에 대하여도 가퇴원이 가능하도록 함. − 정신의료기관의 장은 의료를 위하여 정신질환자의 통신 · 면회 등 행동의 자유를 제한할 수 없으며, 제한할 경우 최소한의 범위 안에서 제한하되, 그 이유를 진료기록부에 기재하도록 함. − 국가와 지방자치단체가 보건소의 지역사회정신보건사업에 소요되는 비용을 보조할 수 있는 근거 신설 − 퇴원이 가능한 환자를 퇴원시키지 아니한 정신의료기관의 장은 1년 이하의 징역 또는 500만 원 이하의 벌금에 처하도록 함.

제·개정(시행)	주요 내용
2004. 1. 29 (2004. 7. 30)	− 보건소 또는 국·공립정신의료기관에 정신보건센터를 설치 − 정신의료기관이 법정기준에 위반한 경우에는 행정처분을 할 수 있는 규정 마련
2008. 3. 21 (2009. 3. 22)	− 정신보건사업계획의 수립 시행 조항 신설 − 정신보건시설의 설치·운영자, 종사자는 인권교육 규정 신설 − 정신보건시설에 대한 평가 규정 신설 − 입원한 자에 대한 퇴원의사의 확인 조항 신설 − 입원 중인 정신질환자에 대한 강제노동 등의 금지 조항 신설 − 입원환자 등에 대한 작업요법 규정 신설
2013. 8. 13 (2013. 8. 13)	헌법재판소가 업무정지기간의 상한을 법률에 명시하지 아니한 채 하위법령에 포괄적으로 위임하고 있는 '의료기기법'(2008. 12. 26. 법률 제9185호로 개정) 제32조 제1항 부분에 대하여 헌법불합치결정을 내린 취지를 반영, 이 법의 정신요양시설에 대한 사업정지 기간 상한을 1개월로 명시함으로써 법률의 명확성과 예측 가능성을 확보하려는 것임.
2015. 1. 28 (2015. 7. 29)	− 여성의 정신질환에 대한 이해도를 제고하기 위하여 정신보건사업계획에 포함되는 생애주기별 정신건강증진사업을 성별·생애주기별 정신건강증진사업으로 구성 − 정신보건시설에서의 인권침해를 예방함으로써 정신질환자의 인권을 보호하고 정신보건시설의 올바른 운영을 도모하기 위하여 정신보건시설의 장의 의무를 구체화 − 인권교육기관 및 정신보건전문요원 자격의 관리를 엄격히 하기 위하여 인권교육기관의 지정취소와 정신보건전문요원의 자격취소 규정 마련 − 파산선고자의 경제적 회생을 지원하고 건전한 사회인으로 생활할 수 있도록 하기 위하여 정신보건전문요원의 결격사유에서 파산선고를 받은 자로서 복권되지 아니한 자를 제외, 종전의 금치산·한정치산 제도가 폐지되고 성년후견제가 도입, 잔존하는 금치산자 및 한정치산자규정 정비

제·개정(시행)	주요 내용
2016. 5. 29 (2017. 5. 30)	- 법률의 명칭을 '정신보건법'에서 '정신건강증진 및 정신질환자 복지 서비스 지원에 관한 법률'로 변경함. - 법 적용 대상인 정신질환자의 정의를 '독립적으로 일상생활을 영위 하는데 중대한 제약이 있는 사람'으로 한정함(제3조제1호). - 정신건강증진의 장을 신설하여 일반국민에 대한 정신건강 서비스 제공 근거를 마련함(제7조부터 제18조까지). - 복지서비스 개발, 고용 및 직업재활 지원, 평생교육 지원, 문화·예 술·여가·체육활동 지원, 지역사회 거주·치료·재활 등 통합지원, 가족에 대한 정보제공과 교육 등 정신질환자에 대한 복지서비스 제 공 근거를 마련함(제33조부터 제38조까지). - 환자 본인 및 보호의무자의 동의로 입원을 신청하고, 정신과 전문 의 진단 결과 환자 치료와 보호필요성이 인정되는 경우 72시간의 범위에서 퇴원을 거부할 수 있는 동의입원 제도 신설함(제42조).

2. 급여 및 재정

1) 급여

(1) 정신보건계획의 수립(제4조의3 제1항)

보건복지부장관은 5년마다 국가정신보건사업계획을 수립하고, 특별시장·광역
시장·도지사·특별자치도지사와 시장·군수·구청장은 국가정신보건사업계획
에 따라 각각 특별시·광역시·도·특별자치도와 시·군·구 단위의 정신보건사
업계획을 수립하여야 한다. 실태조사는 5년마다 한다.

(2) 지역사회정신보건사업(제13조)

국가 및 지방자치단체는 보건소를 통하여 정신보건시설간 연계체계 구축, 정
신질환의 예방, 정신질환자의 발견·상담·진료·사회복귀훈련 및 이에 관한
사례관리 등 지역사회정신보건사업을 기획·조정 및 수행할 수 있다.

(3) 보호 및 치료

① 자의입원(제23조)

정신질환자는 입원 또는 입소신청서를 제출하고 정신의료기관 또는 정신요양시설에 자의로 입원 등을 할 수 있다. 1년에 1회 이상 퇴원 의사가 있는지 여부를 파악해서 환자 본인의 확인을 받아야 한다.

② 보호자에 의한 입원(제24조)

정신의료기관 등의 장은 정신질환자의 보호의무자 2인의 동의가 있고 정신건강의학과전문의가 입원 등이 필요하다고 판단한 경우에 한하여 당해 정신질환자를 입원 등을 시킬 수 있으며, 입원 등을 할 때 당해 보호의무자로부터 보건복지부령으로 정하는 입원 등의 동의서 및 보호의무자임을 확인할 수 있는 서류를 받아야 한다.

③ 시장·군수·구청장에 의한 입원(제25조)

정신질환으로 자신 또는 타인을 해할 위험이 있다고 의심되는 자를 발견한 정신건강의학과전문의 또는 정신보건전문요원은 시장·군수·구청장에게 당해인의 진단 및 보호를 신청할 수 있다.

④ 응급입원(제26조)

정신질환자로 추정되는 자로서 자신 또는 타인을 해할 위험이 큰 자를 발견한 자는 그 상황이 매우 급박하여 자의입원 또는 시장·군수·구청장에 의한 입원을 시킬 수 없는 때에는 의사와 경찰관의 동의를 얻어 정신의료기관에 당해인에 대한 응급입원을 의뢰할 수 있다.

⑤ 정신질환자 신상정보 확인(제26조의2)

정신보건시설의 장은 정신보건시설에 입원 등을 하거나 시설을 이용하는 정신질환자의 성명, 주소, 보호의무자 등의 신상정보를 확인하여야 하고 확인되지 아니하는 경우에는 시장·군수·구청장 등 관계 기관의 장에게 신상정보의 조회를 요청하여야 한다.

⑥ 외래치료명령(제37조의2)

정신의료기관의 장은 보호의무자에 의한 입원 및 시장·군수·구청장에 의한 입원을 한 환자 중 정신병적 증상으로 인해 입원 등을 하기 전 자신 또는 타인을 해한 행동을 한 자로서 대통령령으로 정하는 자에 대하여 보호의무자의 동의를 받아 시장·군수·구청장에게 1년 이내에서 외래치료명령을 청구할 수 있다.

(4) 권익보호 및 지원
① 입원금지(제40조)
누구든지 응급입원의 경우를 제외하고는 정신건강의학과전문의의 진단에 의하지 아니하고 정신질환자를 정신의료기관 등에 입원시키거나 입원 등을 연장시킬 수 없다.
② 권익보호(제41조)
누구든지 정신질환자이었다는 이유로 교육 및 고용의 기회를 박탈하거나 기타 불공평한 대우를 하여서는 안 되며, 누구든지 정신질환자, 그 보호의무자 또는 보호를 하고 있는 자의 동의 없이 정신질환자에 대하여 녹음·녹화·촬영을 할 수 없다. 정신보건시설의 장은 입원 등을 한 정신질환자에 대하여 정신건강의학과 전문의의 지시에 의한 의료 또는 재활의 목적이 아닌 노동을 강요하여서는 아니된다.
③ 비밀누설의 금지(제42조)이다.
④ 수용 및 가혹행위의 금지(제43조)
누구든지 이 법 또는 다른 법령에 의하여 정신질환자를 의료 보호할 수 있는 시설 외의 장소에 정신질환자를 수용하여서는 아니된다. 정신보건시설의 장이나 그 종사자는 정신보건시설에 입원 또는 입소하거나 시설을 이용하는 정신질환자를 폭행하거나 가혹행위를 하여서는 아니된다.
⑤ 특수치료의 제한(제44조)
정신질환자에 대한 특수치료행위는 당해 정신의료기관이 구성하는 협의체에서 결정하되 본인 또는 보호의무자에게 특수치료에 대한 필요한 정보를 제공하고 그 동의를 얻어야 한다.
⑥ 행동제한의 금지(제45조)
정신의료기관 등의 장은 정신질환자에 대하여 의료를 위하여 필요한 경우에 한하여 통신의 자유, 면회의 자유 기타 대통령령이 정하는 행동의 자유를 제한할 수 있다.

정신의료기관 등의 장이 행동을 제한하는 경우에는 최소한의 범위 안에서 이를 행하여야 하며 그 이유를 진료기록부에 기재하여야 한다.

⑦ 환자의 격리제한(제46조)

환자를 격리시키거나 묶는 등의 신체적 제한을 가하는 것은 환자의 증상으로 보아서 본인 또는 주변사람이 위험에 이를 가능성이 현저히 높고 신체적 제한 외의 방법으로 그 위험을 회피하는 것이 뚜렷하게 곤란하다고 판단되는 경우에 그 위험을 최소한으로 줄이고, 환자 본인의 치료 또는 보호를 도모하는 목적으로 행하여져야 한다. 이 경우 격리는 당해 시설 안에서 행하여져야 한다.

⑧ 입원환자 등에 대한 작업요법(제46조의2)

정신의료기관 등의 장은 입원환자의 치료 또는 입소자의 사회복귀 등에 도움이 된다고 판단되는 경우에는 입원환자나 입소자의 건강상태와 위험성을 고려하여 입원환자나 입소자의 건강을 해치지 아니하는 범위 내에서 공예품 만들기 등의 단순 작업을 시킬 수 있다.

2) 재정

(1) 비용의 부담(제50조)

국가와 지방자치단체는 시장·군수·구청장에 의한 입원에 관한 규정(법 제25조)에 의한 진단 및 치료에 소요되는 비용의 전부 또는 일부를 부담할 수 있다.

(2) 비용의 징수(제51조)

사회복귀시설·정신요양시설의 설치·운영자는 그 시설을 이용하는 자로부터 보건복지부장관이 정하여 고시하는 비용징수한도액의 범위 안에서 그에 소요되는 비용을 징수할 수 있다.

(3) 비용의 보조(제52조)

국가는 예산의 범위 안에서 지방자치단체가 설치하여 운영하는 정신의료기관, 사회복귀시설에 대하여 설치·운영에 필요한 비용과 지역사회정신보건사업 및 지도·감독에 필요한 비용을 보조할 수 있다.

국가 및 지방자치단체는 지역사회정신보건사업을 위탁하는 기관 또는 단체에게 그 사업의 수행에 필요한 비용을 보조할 수 있으며, 대통령령이 정하는 바에 의하여 영리를 목적으로 하지 아니하는 정신의료기관·사회복귀시설 및 정신요양 시설의 설치·운영자에 대하여 예산의 범위 안에서 그 설치·운영에 필요한 비용을 보조할 수 있다.

3. 전달체계 및 위원회

1) 정신보건시설

(1) 정의

"정신보건시설"이라 함은 이 법에 의한 정신의료기관·정신질환자사회복귀시설 및 정신요양시설을 말한다. "정신의료기관"이라 함은 의료법에 의한 의료기관 중 주로 정신질환자의 진료를 행할 목적으로 정신의료기관 시설기준 등(법 제12조 제1항)에 적합하게 설치된 병원(정신병원과 의원 및 병원급 이상의 의료기관에 설치된 정신건강의학과를 말한다.

"정신질환자사회복귀시설"(사회복귀시설)이라 함은 이 법에 의하여 설치된 시설로서 정신질환자를 정신의료기관에 입원시키거나 정신요양시설에 입소시키지 아니하고 사회복귀촉진을 위한 훈련을 행하는 시설을 말한다. "정신요양시설"이라 함은 이 법에 의하여 설치된 시설로서 정신의료기관에서 의뢰된 정신질환자와 만성정신질환자를 입소시켜 요양과 사회복귀촉진을 위한 훈련을 행하는 시설을 말한다(제3조).

(2) 정신보건시설의 설치·운영자의 의무

정신보건시설의 설치·운영자는 정신질환자와 그 보호의무자에게 이 법에 의한 권리와 권리의 행사에 관한 사항을 알려야 하며, 입원 및 거주 중인 정신질환자가 인간으로서의 존엄과 가치를 보장받으며 자유롭게 생활할 수 있도록 노력하여야 한다(법 제6조).

정신보건시설의 설치·운영자, 종사자는 인권에 관한 교육을 받아야 하며, 보건복지부장관은 이에 따른 교육을 위하여 전문교육기관을 지정할 수 있다(법 제6조의2).

(3) 시설의 평가(제18조의3)

보건복지부장관은 정신보건시설에 대한 평가를 3년마다 실시하여야 한다. 다만, '의료법'에 따른 의료기관 인증의 신청 및 '사회복지사업법'에 따른 사회복지시설평가로서 정신보건시설평가에 갈음할 수 있다.

2) 정신보건시설의 종류

(1) 국·공립정신병원의 설치(제8조)

보건복지부장관 또는 시·도지사는 정신병원을 설치·운영하여야 한다.

(2) 정신요양시설의 설치(제10조)

사회복지법인 기타 비영리법인은 보건복지부장관의 허가를 받아 정신요양시설을 설치·운영할 수 있다.

(3) 정신보건센터(제13조의2)

국가 및 지방자치단체는 제13조 제1항에 따른 지역사회 정신보건사업의 실시를 위하여 시·군·구 단위로 정신질환자의 발견·상담·진료·사회복귀훈련 및 이에 관한 사례 관리 등을 실시하기 위한 정신보건센터를 설치하도록 노력하여야 한다.

(4) 사회복귀시설의 설치·운영(제15조)

국가 또는 지방자치단체는 사회복귀시설을 설치·운영할 수 있다. 그 외의 자가 사회복귀시설을 설치·운영하고자 하는 때에는 시설의 소재지를 관할하는 시장·군수·구청장에게 신고하여야 한다.

(5) 사회복귀시설의 종류(제16조)

① 정신질환자 생활시설

정신질환자가 필요한 기간 동안 생활하면서 재활에 필요한 상담·훈련 등의

서비스를 받아 사회복귀를 준비하거나 장애로 인하여 장기간 생활하는 시설

② 정신질환자 지역사회재활시설

정신질환자복지관, 의료재활시설, 체육시설, 수련시설, 공동생활가정 등 정신질환자에게 전문적인 상담·훈련 등을 제공하거나 여가활동 및 사회참여활동 등에 필요한 편의를 제공하는 시설

③ 정신질환자 직업재활시설

일반고용이 어려운 정신질환자가 특별히 준비된 작업환경에서 직업훈련을 받거나 직업생활을 영위할 수 있도록 하는 시설

④ 그밖에 대통령령으로 정하는 시설

3) 전문요원 및 위원회

(1) 정신보건전문요원(제7조)

보건복지부장관은 정신보건 분야에 관한 전문지식과 기술을 갖추고 보건복지부령으로 정하는 수련기관에서 수련을 받은 자에게 정신보건전문요원의 자격증을 교부할 수 있다. 정신보건전문요원은 정신보건임상심리사·정신보건간호사 및 정신보건사회복지사로 한다.

(2) 정신보건심의위원회

정신보건에 관하여 보건복지부장관, 시·도지사 및 시장·군수·구청장의 자문에 응하고 정신보건에 관한 중요한 사항의 심의와 심사를 하기 위하여 보건복지부장관 소속하에 중앙정신보건심의위원회를, 시·도지사 소속으로 광역정신보건심의위원회를, 시장·군수·구청장 소속으로 기초정신보건심의위원회를 각각 둔다(법 제27조 제1항).

(3) 정신보건심판위원회

퇴원 등의 심사, 재심사, 입원조치의 해제에 관한 규정(법 제31조, 제35조 및 제36조)의 심사를 하기 위하여 광역정신보건심의위원회 및 기초정신보건심의위원회 안에 정신보건심판위원회를 각각 둔다(법 제27조 제2항).

4. 권리구제 및 벌칙

1) 벌칙

5년 이하의 징역 또는 2천만 원 이하의 벌금(제55조)은 다음과 같다.
① 정신질환자를 유기한 자
② 정신질환자를 퇴원 등을 시키지 아니한 자

3년 이하의 징역 또는 1천만 원 이하의 벌금(제56조)은 다음과 같다.
① 사업정지·폐쇄명령(법 제12조 제3항 및 제18조 제1항)을 위반한 자
② 신고를 하지 아니하고 사회복귀시설을 설치·운영한 자(법 제15조 제2항 위반)
③ 정신질환자에게 노동을 강요한 자(법 제41조 제3항 위반)

2) 과태료

100만 원 이하의 과태료(제59조)는 다음과 같다.
① 정신요양시설 및 사회복귀시설의 폐지·휴지·재개신고에 의한 신고를 하지
    아니하거나 허위신고를 한 자
② 누구든지 정신질환자이었다는 이유로 교육 및 고용의 기회를 박탈하거나 기
    타 불공평한 대우를 하여서는 아니된다(제41조 제1항)를 위반한 자

키워드

- 미성년자인 정신질환자에 대하여는 특별히 치료, 보호 및 필요한 교육을 받을 권리가 보장되어야 한다.
- 정신의료기관의 장은 정신질환자에 대하여 의료를 위하여 필요한 경우에 한하여 통신의 자유, 면회의 자유, 기타 대통령령이 정하는 행동의 자유를 제한할 수 있다.
- 누구든지 응급 입원의 경우를 제외하고는 정신건강의학과 전문의의 진단에 의하지 아니하고 정신질환자를 정신의료기관 등에 입원시키거나 입원 등을 연장시킬 수 없다.

제2절   정신건강증진 등에 관한 법

정신보건법은 2016년 5월 29일 '정신건강증진 및 정신질환자 복지서비스 지원에 관한 법률'로 전면개정하였으나, 그 시행은 공포 후 1년이 경과한 날인 2017년 5월 30일에 시행되는 법률이다.

1. 목적과 대상

1)   목적

정신질환의 예방·치료, 정신질환자의 재활·복지·권리보장과 정신건강 친화적인 환경 조성에 필요한 사항을 규정함으로써 국민의 정신건강증진 및 정신질환자의 인간다운 삶을 영위하는 데 이바지함을 목적으로 한다.

2)   대상

'정신질환자'란 망상, 환각, 사고(思考)나 기분의 장애 등으로 인하여 독립적으로 일상생활을 영위하는 데 중대한 제약이 있는 사람을 말한다.

2. 급여 및 재정

1)   급여

(1) 국가계획의 수립

① 보건복지부장관은 관계 행정기관의 장과 협의하여 5년마다 정신건강증진 및 정신질환자 복지서비스 지원에 관한 국가의 기본계획을 수립하여야 한다.

② 특별시장·광역시장·특별자치시장·도지사·특별자치도지사(이하 "시·도지사"라 한다)는 국가계획에 따라 각각 특별시·광역시·특별자치시·도·특별

자치도 단위의 정신건강증진 및 정신질환자 복지서비스 지원에 관한 계획을 수립하여야 한다. 이 경우 해당 지역계획은 지역보건의료계획과 연계되도록 하여야 한다.

(2) 시행계획의 수립시행

① 보건복지부장관과 시·도지사는 각각 국가계획과 지역계획에 따라 매년 시행계획을 수립·시행하여야 하고, 시장·군수·구청장은 매년 관할 시·도의 지역계획에 따라 시행계획을 수립·시행하여야 한다. 다만, 시·도지사나 시장·군수·구청장이 지역계획의 시행계획 내용을 포함하여 "지역보건법"에 따라 연차별 시행계획을 수립·시행하는 경우에는 본문에 따른 시행계획을 별도로 수립·시행하지 아니할 수 있다.

② 보건복지부장관은 국가계획 및 지역계획의 시행 결과를, 시·도지사는 해당 지역계획의 시행 결과를 각각 대통령령으로 정하는 바에 따라 평가할 수 있다.

(3) 정신건강 증진사업

① 보건복지부장관, 시·도지사 및 시장·군수·구청장은 정신질환의 원활한 치료와 만성화 방지를 위하여 정신건강복지센터, 정신건강증진시설 및 의료기관을 연계한 정신건강상 문제의 조기발견 체계를 구축하여야 한다.

② 다음에 해당하는 기관·단체·학교의 장 및 사업장의 사용자는 구성원의 정신건강에 관한 교육·상담과 정신질환 치료와의 연계 등의 정신건강증진사업을 실시하도록 노력하여야 한다.

  - 국가 및 지방자치단체의 기관 중 업무의 성질상 정신건강을 해칠 가능성이 높아 정신건강증진사업을 실시할 필요가 있는 기관으로서 대통령령으로 정하는 기관
  - "초·중등교육법" 및 "고등교육법"에 따른 학교 중 대통령령으로 정하는 학교
  - "근로기준법"에 따른 근로자 300명 이상을 사용하는 사업장
  - 그밖에 업무의 성질이나 근무자 수 등을 고려하여 정신건강증진사업을 실

시할 필요가 있는 기관 · 단체로서 대통령령으로 정하는 기관 · 단체이다.

그리고 정신건강의 중요성을 환기하고 정신질환에 대한 편견을 해소하기 위하여 매년 10월 10일을 정신건강의 날로 하고, 정신건강의 날이 포함된 주(週)를 정신건강주간으로 한다.

(4) 복지서비스제공

복지서비스 개발, 고용 및 직업재활 지원, 평생교육 지원, 문화 · 예술 · 여가 · 체육활동 지원, 지역사회 거주 · 치료 · 재활 등 통합지원, 가족에 대한 정보제공과 교육 등 정신질환자에 대한 복지서비스 제공 근거를 마련하고 있다(제33조부터 제38조까지).

(5) 입원 등에 관한 경우

① 환자 본인 및 보호의무자의 동의로 입원을 신청하고, 정신과 전문의 진단 결과 환자 치료와 보호필요성이 인정되는 경우 72시간의 범위에서 퇴원을 거부할 수 있는 동의입원 제도를 신설하고 있다(제42조).

② 보호의무자에 의한 입원 시 입원 요건과 절차를 강화하여 진단입원 제도를 도입하고, 계속 입원 진단 전문의 수 및 소속을 서로 다른 정신의료기관에 소속된 정신과 전문의 2명 이상(그 중 국공립 정신의료기관 또는 보건복지부장관이 지정하는 정신의료기관에 소속된 정신과 전문의가 1명 이상 포함되도록 함)으로 하며, 계속입원 심사 주기를 단축하고 있다(제43조).

③ 시장 · 군수 · 구청장에 의한 행정입원 제도 개선을 위하여 보호의무자에 의한 입원의 유형 중 하나인 시장 · 군수 · 구청장이 보호의무자가 되는 경우를 삭제하고, 경찰관이 행정입원 신청을 요청할 수 있는 근거를 마련하며, 행정입원 기간을 보호의무자에 의한 입원 기간과 같이 조정한다(제44조 및 제62조).

④ 각 국립정신병원 및 대통령령으로 정하는 기관 안에 입원적합성심사위원회를 설치하여, 보호의무자 또는 시장 · 군수 · 구청장에 의한 입원의 경우 입원사실을 3일 이내에 위 위원회에 신고하도록 하고, 위원회는 입원의 적합성

여부를 1개월 이내에 판단하도록 하는 등 입원 단계 권리구제 절차를 강화하고 있다.

⑤ 입원적합성심사위원회 및 입원심사소위원회의 입원 등의 심사에서 심사 대상이 되는 사람이 입원 등을 하고 있는 정신의료기관등에 소속된 위원은 제척(除斥)된다.

정신건강심의위원회의 결정 유형을 퇴원, 임시퇴원, 처우 개선 조치 외에도 외래치료명령 조건부 퇴원, 3개월 이내 재심사, 다른 정신의료기관 등으로의 이송, 자의입원 또는 동의입원으로의 전환 등으로 다양화하고 있다(제45조부터 제49조까지).

⑥ 정신건강심의위원회로부터 보고를 받은 특별자치시장·특별자치도지사·시장·군수·구청장은 심사 청구를 접수한 날부터 15일 이내에 해당하는 명령 또는 결정을 하여야 한다. 이 경우 다른 정신의료기관등으로의 이송이나 자의입원 등 또는 동의입원 등으로의 전환으로의 명령 또는 결정은 심사 대상자인 입원 등을 하고 있는 사람의 청구 또는 동의가 있는 경우에 한정하여할 수 있다(제59조).

⑦ 입원 환자의 회전문 현상, 입원의 장기화, 반복되는 재입원의 문제를 통제하기 위하여 입원·퇴원 등과 관련된 관리시스템으로 보건복지부장관은 정신의료기관 등의 입원 등 및 퇴원 등을 관리하기 위하여 입·퇴원 등 관리시스템을 구축·운영하여야 한다(제67조).

2) 재정

(1) 비용 경감 및 부담

국가 또는 지방자치단체는 정신질환자와 그 보호의무자의 경제적 부담을 줄이고 정신질환자의 사회적응을 촉진하기 위하여 의료비의 경감·보조나 그밖에 필요한 지원을 할 수 있다(제79조).

국가 또는 지방자치단체는 제44조에 따른 진단과 치료에 드는 비용의 전부 또는 일부를 부담할 수 있다(제80조).

(2) 비용징수 및 보조금

정신요양시설과 정신재활시설의 설치·운영자는 그 시설을 이용하는 사람으로 부터 보건복지부장관이 정하여 고시하는 비용징수 한도액의 범위에서 시설 이용에 드는 비용을 받을 수 있다(제81조).

국가는 지방자치단체가 설치·운영하는 정신건강증진시설에 대하여 그 설치·운영에 필요한 비용을 보조할 수 있다.

국가는 지방자치단체가 수행하는 정신건강증진사업 등, 정신건강심의위원회와 정신건강심사위원회 운영 및 지도·감독을 하는 데에 드는 비용을 보조할 수 있다(제82조).

3. 전달체계 및 위원회

1) 정신보건시설의 종류

(1) 정신건강복지센터

'정신건강복지센터'란 정신건강증진시설, "사회복지사업법"에 따른 사회복지시설, 학교 및 사업장과 연계체계를 구축하여 지역사회에서의 정신건강증진사업의 규정에 따른 정신질환자 복지서비스 지원 사업을 하는 기관 또는 단체를 말한다.

보건복지부장관은 필요한 지역에서의 정신건강증진사업 등의 제공 및 연계 사업을 전문적으로 수행하게 하기 위하여 정신건강복지센터를 설치·운영할 수 있다.

시·도지사는 관할 구역에서의 소관 정신건강증진사업 등의 제공 및 연계 사업을 전문적으로 수행하게 하기 위하여 광역정신건강복지센터를 설치·운영할 수 있다(15조).

"정신건강증진시설"이란 정신의료기관, 정신요양시설 및 정신재활시설을 말한다.

(2) 정신의료기관

정신의료기관의 개설은 "의료법"에 따른다. 이 경우 "의료법"에도 불구하고 정신의료기관의 시설·장비의 기준과 의료인 등 종사자의 수·자격에 관하여 필요한 사항은 정신의료기관의 규모 등을 고려하여 보건복지부령으로 따로 정한다.

'정신의료기관'이란 주로 정신질환자를 치료할 목적으로 설치된 해당하는 기관으로 특히 국가와 지방자치단체는 국립 또는 공립의 정신의료기관으로서 정신병원을 설치·운영하여야 한다.

(3) 정신요양시설

정신질환자를 입소시켜 요양 서비스를 제공하는 시설을 말한다.

"사회복지사업법"에 따른 사회복지법인과 그밖의 비영리법인이 정신요양시설을 설치·운영하려는 경우에는 해당 정신요양시설 소재지 관할 특별자치시장·특별자치도지사·시장·군수·구청장의 허가를 받아야 한다.

정신요양시설의 설치기준·수용인원, 종사자의 수·자격 및 정신요양시설의 이용·운영에 필요한 사항은 보건복지부령으로 정한다.

(4) 정신재활시설

정신질환자 또는 정신건강상 문제가 있는 사람 중 대통령령으로 정하는 사람의 사회적응을 위한 각종 훈련과 생활지도를 하는 시설을 말한다.

국가나 지방자치단체 외의 자가 정신재활시설을 설치·운영하려면 해당 정신재활시설 소재지 관할 특별자치시장·특별자치도지사·시장·군수·구청장에게 신고하여야 한다. 신고한 사항 중 보건복지부령으로 정하는 중요한 사항을 변경할 때에도 신고하여야 한다.

정신재활시설의 시설기준, 수용인원, 종사자 수·자격, 설치·운영신고, 변경신고 및 정신재활시설의 이용·운영에 필요한 사항은 보건복지부령으로 정한다.

국가 또는 지방자치단체는 필요한 경우 정신재활시설을 사회복지법인 또는 비영리법인에 위탁하여 운영할 수 있다. 위탁운영의 기준·기간 및 방법 등에 관하여 필요한 사항은 보건복지부령으로 정한다.

정신재활시설의 종류는 다음과 같다.

① 생활시설 : 정신질환자 등이 생활할 수 있도록 주로 의식주 서비스를 제공하는 시설

② 재활훈련시설 : 정신질환자 등이 지역사회에서 직업활동과 사회생활을 할 수 있도록 주로 상담 · 교육 · 취업 · 여가 · 문화 · 사회참여 등 각종 재활활동을 지원하는 시설

③ 그밖에 대통령령으로 정하는 시설이다. 정신재활시설의 구체적인 종류와 사업 등에 관하여 필요한 사항은 보건복지부령으로 정한다.

2) 전문요원 및 위원회

(1) 전문요원

보건복지부장관은 정신건강 분야에 관한 전문지식과 기술을 갖추고 보건복지부령으로 정하는 수련기관에서 수련을 받은 사람에게 정신건강전문요원의 자격을 줄 수 있다.

정신건강전문요원은 그 전문분야에 따라 정신건강임상심리사, 정신건강간호사 및 정신건강사회복지사로 구분하며, 보건복지부장관은 정신건강전문요원의 자질을 향상시키기 위하여 보수교육을 실시할 수 있다. 보건복지부장관은 전문요원의 보수교육을 국립정신병원, "고등교육법" 제2조에 따른 학교 또는 대통령령으로 정하는 전문기관에 위탁할 수 있다.

(2) 입원적합성심사위원회

입원 등을 시키고 있는 정신의료기관등의 장은 입원 등을 시킨 즉시 입원 등을 한 사람에게 입원 등의 사유 및 제46조에 따른 입원적합성심사위원회에 의하여 입원 적합성심사를 받을 수 있다는 사실을 구두 및 서면으로 알리고, 입원 등을 한 사람의 대면조사 신청 의사를 구두 및 서면으로 확인하여야 한다.

정신의료기관 등의 장은 입원 등을 한 날부터 3일 이내에 입원적합성심사위원회에 입원 등을 한 사람의 주민등록번호를 포함한 인적사항, 입원 등 일자, 진단명, 입원 등 필요성, 대면조사 신청 여부 및 그밖에 대통령령으로 정하는 사

항을 신고하여야 한다.

입원적합성심사위원회는 위원장을 포함하여 10명 이상 30명 이내의 위원으로 구성하고, 위원장은 각 국립정신병원 등의 장으로 하며, 위원은 위원장의 추천으로 보건복지부장관이 임명 또는 위촉하되 다음 각 호에 해당하는 사람 중 각각 1명 이상을 포함하여야 한다.

(3) 정신건강심의위원회

시·도지사와 시장·군수·구청장은 정신건강에 관한 중요한 사항을 심의 또는 심사하기 위하여 시·도지사 소속으로 광역정신건강심의위원회를 두고, 시장· 군수·구청장 소속으로 기초정신건강심의위원회를 둔다. 다만, 정신의료기관 등이 없는 시·군·구에는 기초정신건강심의위원회를 두지 아니할 수 있다.

(4) 정신건강심사위원회

정신건강심의위원회의 업무 중 심사와 관련된 업무를 전문적으로 수행하기 위하여 광역정신건강심의위원회 안에 광역정신건강심사위원회를 두고, 기초정신건강심의위원회 안에 기초정신건강심사위원회를 둔다.

① 누구든지 제50조에 따른 응급입원의 경우를 제외하고는 정신건강의학과전문의의 대면 진단에 의하지 아니하고 정신질환자를 정신의료기관 등에 입원 등을 시키거나 입원 등의 기간을 연장할 수 없다.

② 진단의 유효기간은 진단서 발급일부터 30일까지로 한다.

4. 권리구제 및 벌칙

1) 권리구제

(1) 입원 등의 금지 등

누구든지 응급입원의 경우를 제외하고는 정신건강의학과전문의의 대면 진단에 의하지 아니하고 정신질환자를 정신의료기관 등에 입원 등을 시키거나 입원 등의 기간을 연장할 수 없다. 이에 따른 진단의 유효기간은 진단서 발급일부터 30일까지로 한다(제68조).

(2) 권익보호

① 누구든지 정신질환자이거나 정신질환자였다는 이유로 그 사람에 대하여 교육, 고용, 시설이용의 기회를 제한 또는 박탈하거나 그밖의 불공평한 대우를 하여서는 아니된다.

② 누구든지 정신질환자, 그 보호의무자 또는 보호를 하고 있는 사람의 동의를 받지 아니하고 정신질환자에 대하여 녹음·녹화 또는 촬영하여서는 아니된다 (제69조).

정신건강증진시설의 장과 종사자는 인권에 관한 교육을 받아야 한다.

③ 보건복지부장관은 인권교육을 하기 위하여 인권교육기관을 지정할 수 있다.

(3) 비밀누설의 금지

정신질환자 또는 정신건강증진시설과 관련된 직무를 수행하고 있거나 수행하였던 사람은 그 직무의 수행과 관련하여 알게 된 다른 사람의 비밀을 누설하거나 공표하여서는 아니된다(제71조).

2) **벌칙**

다음 어느 하나에 해당하는 자는 5년 이하의 징역 또는 5천만 원 이하의 벌금에 처한다.

① 보호의무자는 보호하고 있는 정신질환자를 유기하여서는 아니된다.

② 입원 등을 한 정신질환자가 퇴원 등을 신청한 경우에는 지체 없이 퇴원 등을 시켜야 한다.

③ 퇴원 등의 명령 또는 임시 퇴원 등의 명령에 따르지 아니한 자

④ 정신의료기관 등의 장은 입원 등을 한 날부터 3일 이내에 입원적합성심사위원회에 입원 등을 한 사람의 주민등록번호를 포함한 인적사항, 입원 등 일자, 진단명, 입원 등 필요성, 대면조사 신청 여부 및 그밖에 대통령령으로 정하는 사항을 신고하여야 한다.

⑤ 정신건강의학과전문의의 대면 진단에 의하지 아니하고 정신질환자를 입원 등을 시키거나 입원 등의 기간을 연장한 자

다음 어느 하나에 해당하는 자는 3년 이하의 징역 또는 3천만 원 이하의 벌금에 처한다.
① 사업의 정지명령 또는 시설의 폐쇄명령을 위반한 자
② 입원 등을 하거나 정신건강증진시설을 이용하는 정신질환자에게 노동을 강요한 자
③ 직무수행과 관련하여 알게 된 다른 사람의 비밀을 누설하거나 공표한 사람
④ 입원 등을 한 사람의 통신과 면회의 자유를 제한한 자

다음 어느 하나에 해당하는 자는 1년 이하의 징역 또는 1천만 원 이하의 벌금에 처한다.
① 기록을 작성·보존하지 아니하거나 그 내용확인을 거부한 자
② 퇴원 등을 할 의사가 있는지 여부를 확인하지 아니한 자
③ 입원 등 신청서나 보호의무자임을 확인할 수 있는 서류를 받지 아니한 자 그리고 정당한 사유 없이 시설 개방 요구에 따르지 아니한 자는 500만 원 이하의 벌금에 처한다.

제3절   건강가정기본법

1. 목적과 대상

1) 목적

건강한 가정생활의 영위와 가족의 유지 및 발전을 위한 국민의 권리 · 의무와 국가 및 지방자치단체 등의 책임을 명백히 하고, 가정문제의 적절한 해결방안을 강구하며 가족구성원의 복지증진에 이바지할 수 있는 지원정책을 강화함으로써 건강가정 구현에 기여하는 것을 목적으로 한다.

2) 대상 : 권리와 책임

국민의 권리와 의무(제4조)이다. 모든 국민은 가정의 구성원으로서 안정되고 인간다운 삶을 유지할 수 있는 가정생활을 영위할 권리를 가지며, 가정의 중요성을 인식하고 그 복지의 향상을 위하여 노력하여야 한다.

국가 및 지방자치단체의 책임(제5조)은 다음과 같다.

① 건강가정을 위하여 필요한 제도와 여건을 조성하고 이를 위한 시책을 강구하여 추진하여야 한다.

② 시책을 강구함에 있어 가족구성원의 특성과 가정유형을 고려하여야 한다.

③ 민주적인 가정형성, 가정친화적 환경조성, 양성평등적 가족가치 실현 및 가사노동의 정당한 가치평가를 위하여 노력하여야 한다.

3) 건강가정기본법의 발전

사회적 변화로 말미암은 가정문제를 해결하고 각종 사회문제의 일차적인 예방지인 가정을 건강하게 하는 일이 사회적 · 국가적 관심사로 등장하였다.

공포(시행)	주요 내용
2004. 2. 9 (2005. 1. 1)	'건강가정기본법' 제정
2011. 9. 15 (2012.3. 16)	– 중앙건강가정정책위원회와 시·도가정정책위원회 폐지 – 건강가정시행계획의 수립·시행 주체를 기초자치단체장까지로 확대 – 건강증진대책 마련대상에 '노인' 추가 – 자녀 양육지원 사업의 추진 근거 마련 – 건강가정지원센터와 동일하거나 유사한 사용의 명칭 금지, 과태료 부과
2014. 3. 24 (2015. 1. 1)	다문화 가족, 한부모 가족의 증가 등 한국사회의 가족 변화에 대응하는 다양한 가족 정책을 효율적이고 체계적으로 지원하기 위하여, 건강가정지원센터 및 다문화가족지원센터 등의 사업 관리 등을 위탁 방식으로 지정받아 운영하고 있는 재단법인 한국건강가정진흥원을 이 법에 따라 설립되는 특수법인으로 전환
2016. 3. 2 (2016. 3. 2)	– 취약위기가족지원서비스는 가족의 정서·경제적 자립 역량을 강화 가족기능 회복을 도모하는 역할을 하는 사업 – 2014년까지 한국건강가정진흥원은 기업 등으로부터 기부금품(지정후원금) 등을 받아 전국 151개 건강가정지원센터와 217개의 다문화가족지원센터를 통해 취약위기가족에게 서비스를 지원해왔으나, 2015년 특수법인 전환으로 '기부금품의 모집 및 사용에 관한 법률'의 적용을 받게 됨에 따라 기부금품 접수가 어려워 지속적인 사업 추진이 곤란해진 상황임. – 한국건강가정진흥원이 기부금품을 접수할 수 있도록 관련 규정 신설하여, 취약위기가족을 위한 지원서비스 지속적으로 수행하고 확대하려는 것임.
2016. 5. 29 (2016. 11. 30)	– 국가와 지방자치단체의 의무에 현행법의 모성보호와 출산환경 조성에 더하여 부성보호와 육아환경조성 지원의무를 규정(제8조 제2항). – 임신·출산·수유와 관련된 국가와 지방자치단체의 현행 유급휴가 시책에 더하여 육아 및 육아휴직 시책의 확산 위해 노력 규정(제21조 제3항). – 국가와 지방자치단체가 재난에 의해 가족의 부양·양육·보호·교육 등 가족기능이 현저하게 저하된 경우 원활한 가족기능을 수행하는 데에 필요한 지원을 할 수 있도록 하고 긴급지원의 절차 및 방법에 필요한 사항은 대통령령으로 정하도록 규정함(제21조의2).

4)   정의(제3조) 및 권리와 의무(제4조)

(1) 정의(제3조)

① 가족

혼인·혈연·입양으로 이루어진 사회의 기본단위를 말한다(제1호).

② 가정

가족구성원이 생계 또는 주거를 함께 하는 생활공동체로서 구성원의 일상적인 부양·양육·보호·교육 등이 이루어지는 생활단위를 말한다(제2호).

③ 건강가정

가족구성원의 욕구가 충족되고 인간다운 삶이 보장되는 가정을 말한다(제3호).

④ 건강가정사업

건강가정을 저해하는 문제("가정문제")의 발생을 예방하고 해결하기 위한 여러 가지 조치와 가족의 부양·양육·보호·교육 등의 가정기능을 강화하기 위한 사업을 말한다(제4호).

(2) 국민의 권리와 의무(제4조)

모든 국민은 가정의 구성원으로서 안정되고 인간다운 삶을 유지할 수 있는 가정생활을 영위할 권리를 가진다. 그리고 모든 국민은 가정의 중요성을 인식하고 그 복지의 향상을 위하여 노력하여야 한다.

국가 및 지방자치단체의 책임(제5조)으로 국가 및 지방자치단체는 건강가정을 위하여 필요한 제도와 여건을 조성하고 이를 위한 시책을 강구하여야 하며, 이러한 시책을 강구함에 있어 가족구성원의 특성과 가정유형을 고려하여야 한다. 국가 및 지방자치단체는 민주적인 가정형성, 가정친화적 환경조성, 양성평등적 가족가치 실현 및 가사노동의 정당한 가치평가를 위하여 노력하여야 한다.

(3) 기본원칙

① 가족가치(제7조)

가족구성원은 부양, 자녀양육, 가사노동 및 가정생활의 운영에 함께 참여해야 하고 서로 존중하며 신뢰하여야 한다.

② 혼인과 출산(제8조)

모든 국민은 혼인과 출산의 사회적 중요성을 인식하여야 하며, 국가 및 지방자치단체는 적절한 출산환경을 조성하기 위하여 적극적으로 지원하여야 한다.

③ 가족해체 예방(제9조)

가족구성원은 가족해체 예방을 위해 노력하여야 하며, 국가 및 지방자치단체는 필요한 제도와 시책을 강구하여야 한다.

④ 지역사회자원의 개발·활용

국가 및 지방자치단체는 건강한 가정구현에 기여할 수 있도록 지역사회자원을 최대한 개발하고 활용하여야 한다(제10조).

⑤ 정보제공

국가 및 지방자치단체는 가족구성원에게 건강한 가정생활을 영위하는데 도움이 되는 정보를 최대한 제공하고 가정생활에 관한 정보관리체계를 확립하여야 한다(제11조).

⑥ 가정의 달과 가정의 날

가정의 중요성을 고취하고 건강가정을 위한 개인·가정·사회의 적극적인 참여분위기를 조성하기 위하여 매년 5월을 가정의 달로 하고, 5월 15일을 가정의 날로 한다(제12조).

2. 급여 및 재정

1) 급여

건강가정정책으로서 건강가정기본계획의 수립이다.

(1) 건강가정기본계획의 수립(제15조)

여성가족부장관은 관계중앙행정기관의 장과 협의하고 중앙위원회의 심의를 거쳐 건강가정기본계획(기본계획)을 5년마다 수립하여야 한다.

가족기능의 강화 및 가정의 잠재력 개발을 통한 가정의 자립 증진 대책, 가족 공동체문화의 조성, 건강가정 구현, 민주적 가족관계와 양성평등적인 역할 분담 등의 내용이 포함되어야 한다.

(2) 연도별 시행계획의 수립과 시행(제16조)

여성가족부장관, 관계중앙행정기관의 장 및 지방자치단체의 장은 매년 기본계획에 따라 건강가정시행계획을 수립 · 시행 및 평가하여야 한다.

(3) 가족실태조사(제20조)

국가 및 지방자치단체는 개인과 가족의 생활실태 파악과 건강가정구현 및 가정문제 예방 등을 위한 서비스 욕구와 수요 파악을 위해 5년마다 가족실태를 조사하고 결과를 발표해야 한다.

(4) 가정에 대한 지원(제21조)

가족구성원의 정신적 · 신체적 건강지원, 소득보장 등 경제생활의 안정, 안정된 주거생활, 태아검진 및 출산 · 양육 지원, 직장과 가정의 양립, 음란물 · 유흥가 · 폭력 등 위해환경으로부터의 보호, 가정폭력으로부터의 보호, 가정친화적 사회 분위기 조성 등 모성보호 및 부성보호를 위한 유급휴가시책 확산에 노력하여야 한다. 사회적 보호를 필요로 하는 가정에 대한 적극적 지원이 요구된다.

(5) 가정봉사원 지원(제30조)

① 국가 및 지방자치단체는 건강한 가정을 유지하기 위하여 필요한 경우에는 가정을 방문하여 가사 · 육아 · 산후조리 · 간병 등을 돕는 가정봉사원(이하 "가정봉사원"이라 한다)을 지원할 수 있다.

② 가정봉사원은 여성가족부령이 정하는 바에 따라 교육을 받아야 한다.

③ 국가 및 지방자치단체는 가정봉사원에게 예산의 범위 안에서 일정금액을 지급할 수 있다.

(6) 이혼예방 및 이혼가정지원(제31조)

① 국가 및 지방자치단체는 이혼하고자 하는 부부가 이혼 전 상담을 받을 수 있

게 하는 등 이혼조정을 내실화할 수 있도록 필요한 조치를 강구하여야 한다.

② 국가 및 지방자치단체는 이혼의 의사가 정해진 가족에 대하여 이들 가족이 자녀양육·재산·정서 등의 제반문제를 준비할 수 있도록 도움을 주는 지원서비스를 제공하도록 하여야 한다.

③ 국가 및 지방자치단체는 이혼한 가족에 대하여 양육비에 대한 집행력의 실효성을 강화하고 그 적용대상을 확대하도록 하여야 한다.

(6) 건강가정교육(제32조)

결혼준비교육, 부모교육, 가족윤리교육, 가족가치실현 및 가정생활관련교육 등

(7) 기타 건강가정사업

자녀양육지원 강화, 가족단위 복지증진, 가족의 건강증진, 가족부양 지원 등

(8) 자원봉사활동의 지원

국가 및 지방자치단체는 건강가정과 관련되는 자원봉사활동사업을 육성하고 장려하여야 한다(제33조).

3. 전달체계 및 위원회

1) 건강가정사업의 전담수행

여성가족부 및 지방자치단체는 건강가정사업에 관한 업무를 전담하여 수행할 수 있도록 하여야 한다(제34조).

2) 건강가정지원센터의 설치

① 국가 및 지방자치단체는 가정문제의 예방·상담 및 치료, 건강가정의 유지를 위한 프로그램의 개발, 가족문화운동의 전개, 가정관련 정보 및 자료제공 등을 위하여 건강가정지원센터를 설치·운영하여야 한다(제35조).

② 센터에는 건강가정사업을 수행하기 위하여 관련분야에 대한 학식과 경험을 가진 전문가(건강가정사)를 두어야 한다.

③ 건강가정사는 대학 또는 이와 동등 이상의 학교에서 사회복지학·가정학·여성학 등 여성가족부령이 정하는 관련 교과목을 이수하고 졸업한 자이어야 한다.

법에 따른 건강가정사의 직무는 다음과 같다(제35조 제2항).

㉮ 가정문제의 예방·상담 및 개선

㉯ 건강가정의 유지를 위한 프로그램의 개발

㉰ 건강가정 실현을 위한 교육(민주적이고 양성(兩性) 평등적인 가족관계 교육을 포함한다)

㉱ 가정생활문화운동의 전개

㉲ 가정 관련 정보 및 자료 제공

㉳ 가정에 대한 방문 및 실태 파악

㉴ 아동보호전문기관 등 지역사회자원과의 연계

㉵ 그밖에 건강가정사업과 관련하여 여성가족부장관이 정하는 활동

④ 센터의 조직·운영 및 건강가정사의 자격·직무에 관하여 필요한 사항은 대통령령으로 정한다.

⑤ 센터의 운영은 여성가족부령이 정하는 바에 의하여 민간에 위탁할 수 있다. 유사명칭의 사용금지에 있어 이 법에 따른 센터가 아닌 자는 건강가정지원센터 또는 이와 유사한 명칭을 사용하지 못한다(제35조의2).

2)   재정

민간단체 등의 지원을 위하여 국가 및 지방자치단체는 건강가정사업을 수행하는 단체 또는 개인에 대하여 필요한 비용의 전부 또는 일부를 보조하거나 그 업무수행에 필요한 지원을 할 수 있다(제36조).

4. 권리구제 및 벌칙

센터에는 건강가정사업을 수행하기 위하여 관련분야에 대한 학식과 경험을 가진전문가("건강가정사")를 두어야 한다(제35조의2). 이를 위반한 자에게는 300만 원 이하의 과태료를 부과한다.

과태료는 대통령령으로 정하는 바에 따라 여성가족부장관 또는 지방자치단체의 장이 부과·징수한다.

제4절 — 다문화가족지원법

1. 목적과 대상

1) 목적(제1조)

다문화가족 구성원이 안정적인 가족생활을 영위할 수 있도록 함으로써 이들의 삶의 질 향상과 사회통합에 이바지함을 목적으로 한다.

2) 대상(제2조)

(1) 다문화 가족(제2조)

'재한외국인 처우 기본법'(제2조 제3호)의 결혼이민자, 즉 대한민국 국민과 혼인한 적이 있거나 혼인관계에 있는 재한외국인과 '국적법'(제2조부터 제4조까지) 규정에 따라 대한민국 국적을 취득한 자로 이루어진 가족을 말한다.
또한 '국적법'(제3조 및 제4조)에 따라 대한민국 국적을 취득한 자와 같은 법(제2조부터 제4조까지)의 규정에 따라 대한민국 국적을 취득한 자로 이루어진 가족이다.

(2) 사실혼 배우자 및 자녀(제14조)

대한민국 국민과 사실혼 관계에서 출생한 자녀를 양육하고 있는 다문화가족 구성원에 대하여 법 제5조부터 제12조까지의 규정을 준용한다.

3) 다문화가족의 발전

제·개정(시행)	주요 내용
2008. 3. 21 (2008. 9. 22)	법률 제8937호 '다문화가족지원법' 제정

제 · 개정(시행)	주요 내용
2011. 4. 4 (2011. 10. 5)	– 다문화가족의 범위에 출생에 따른 국적취득자뿐만 아니라 인지와 귀화에 따른 국적취득자도 포함하도록 다문화가족의 범위 확대 – 다문화가족 지원을 위한 기본계획 및 시행계획의 수립 – 다문화가족의 삶의 질 향상과 사회통합에 관한 중요 사항을 심의·조 정하기 위하여 국무총리 소속으로 다문화가족정책위원회를 설치함. – 결혼이민자 등에 대한 한국어교육 지원
2013. 3. 22 (2013. 9. 23)	결혼이민자 등인 부 또는 모의 모국어 교육을 지원할 수 있도록 법적 인 근거, 모국어 교육 지원 사업을 활성화
2013. 8. 13 (2014. 1. 1)	– 다국어로 상담과 통역이 가능한 다문화가족 종합정보 전화센터 설 치함. – 다문화가족지원센터와 유사한 명칭을 사용하지 못하도록 하며, 이 혼 등의 사유로 해체된 다문화가족 자녀의 인권을 보호하고, 다문화 가족 지원정책의 실효성을 제고, 지원을 받을 수 있도록 하려는 것
2015. 12. 22 (2016. 3. 23)	– 아동·청소년에 대한 정의 조항을 신설함(제2조 제3호 신설). – 국가와 지방자치단체가 다문화가족 구성원인 "아동·청소년"에 대하 여 실태조사와 보육·교육 지원을 할 수 있도록 법문의 표현 명확 정비 – 다문화가족에 대한 이해를 증진하는 사회통합 홍보영상을 제작, 지 상파방송의 공익광고에 송출하도록 요청할 수 있는 근거 마련
2016. 3. 2 (2016. 9. 3)	– 결혼이민자 등에게 제공하는 정보의 내용을 보다 구체화하여 아동 에 대한 학습 및 생활지도 관련 정보를 포함, 제공 명시적 규정 – 국가나 지방자치단체가 다문화가족지원센터의 운영에 드는 비용을 보조할 수 있도록 지정된 다문화가족지원센터에 대한 운영비 지원

2. 급여 및 재정

1) 급여

(1) 다문화가족정책 기본계획

여성가족부장관은 다문화가족 지원을 위하여 5년마다 다문화가족정책에 관한 기본계획을 수립하여야 한다(제1항).

기본계획에는 다음 각 호의 사항을 포함하여야 한다(제2항).

① 다문화가족 지원 정책의 기본 방향

② 다문화가족 지원을 위한 분야별 발전시책과 평가에 관한 사항

③ 다문화가족 지원을 위한 제도 개선에 관한 사항

④ 다문화가족 지원을 위한 재원 확보 및 배분에 관한 사항

⑤ 그밖에 다문화가족 지원을 위하여 필요한 사항

연도별 시행계획 수립(제3조의3)은 여성가족부장관, 관계 중앙행정기관의 장과 시 · 도지사는 매년 기본계획에 따라 다문화가족정책에 관한 시행계획을 수립 · 시행하여야 한다.

(2) 실태조사(제4조)

① 여성가족부장관은 다문화가족의 현황 및 실태를 파악하고 다문화가족 지원을 위한 정책수립에 활용하기 위하여 3년마다 다문화가족에 대한 실태조사를 실시하고 그 결과를 공표하여야 한다.

② 여성가족부장관은 실태조사를 위하여 관계 공공기관 또는 관련 법인 · 단체에 대하여 필요한 자료의 제출 등 협조를 요청할 수 있다. 이 경우 자료의 제출 등 협조를 요청받은 관계 공공기관 또는 관련 법인 · 단체 등은 특별한 사유가 없는 한 이에 협조하여야 한다.

③ 여성가족부장관은 제1항에 따른 실태조사를 실시함에 있어서 외국인정책 관련 사항에 대하여는 법무부장관과, 다문화가족 구성원인 아동의 교육에 관한 사항에 대하여는 교육부장관과 협의를 거쳐 실시한다.

(3) 다문화가족 지원

① 다문화가족에 대한 이해증진(제5조)

국가와 지방자치단체는 다문화가족에 대한 사회적 차별 및 편견을 예방하고 사회구성원이 문화적 다양성을 인정하고 존중할 수 있도록 다문화 이해교육을 실시하고 홍보 등 필요한 조치를 하여야 한다.

② 생활정보 제공 및 교육 지원(제6조)

③ 평등한 가족관계의 유지를 위한 조치(제7조)

④ 가정폭력 피해자에 대한 보호·지원(제8조)

　　가정폭력으로 혼인관계를 종료하는 경우 의견진술 및 사실 확인 등에 있어서 언어통역, 법률상담 및 행정지원 등 필요한 서비스를 제공할 수 있다.

⑤ 의료 및 건강관리를 위한 지원(제9조)

　　국가와 지방자치단체는 결혼이민자 등이 건강하게 생활할 수 있도록 영양·건강에 대한 교육, 산전·산후 도우미 파견, 건강검진 등의 의료서비스를 지원할 수 있다.

⑥ 아동보육 및 교육(제10조)

　　국가와 지방자치단체는 다문화가족 구성원인 아동의 초등학교 취학 전 보육 및 교육 지원을 위하여 노력하고, 그 아동의 언어발달을 위하여 한국어 및 결혼이민자 등인 부 또는 모의 모국어 교육을 위한 교재지원 및 학습지원 등 언어능력 제고를 위하여 필요한 지원을 할 수 있다(시행일 : 2013. 9. 23).

⑦ 다국어에 의한 서비스 제공(제11조)

2) 재정

민간단체 등의 지원으로 국가와 지방자치단체는 다문화가족 지원 사업을 수행하는 단체나 개인에 대하여 필요한 비용의 전부 또는 일부를 보조하거나 그 업무수행에 필요한 행정적 지원을 할 수 있다. 그리고 국가와 지방자치단체는 결혼이민자 등이 상부상조하기 위한 단체의 구성·운영 등을 지원할 수 있다(제16조).

3. 전달체계 및 위원회

1) 다문화가족정책위원회의 설치

다문화가족의 삶의 질 향상과 사회통합에 관한 중요 사항을 심의·조정하기 위하여 국무 총리 소속으로 다문화가족정책위원회를 둔다(제3조의4).

정책위원회는 다음 사항을 심의 · 조정한다.

① 다문화가족정책에 관한 기본계획의 수립 및 추진에 관한 사항

② 다문화가족정책의 시행계획의 수립, 추진실적 점검 및 평가에 관한 사항

③ 다문화가족과 관련된 각종 조사, 연구 및 정책의 분석 · 평가에 관한 사항

④ 각종 다문화가족 지원 관련 사업의 조정 및 협력에 관한 사항

⑤ 다문화가족정책과 관련된 국가 간 협력에 관한 사항

⑥ 그밖에 다문화가족의 사회통합에 관한 중요 사항으로 위원장이 필요하다고 인정하는 사항

정책위원회는 위원장 1명을 포함한 20명 이내의 위원으로 구성하고, 위원장은 국무총리가 되며, 위원은 다음의 사람이 된다.

① 대통령령으로 정하는 중앙행정기관의 장

② 다문화가족정책에 관하여 학식과 경험이 풍부한 사람 중에서 위원장이 위촉하는 사람

정책위원회에서 심의 · 조정할 사항을 미리 검토하고 대통령령에 따라 위임된 사항을 다루기 위하여 정책위원회에 실무위원회를 둔다. 그밖에 정책위원회 및 실무위원회의 구성 및 운영 등에 필요한 사항은 대통령령으로 정한다.

2)   다문화가족지원센터의 설치 · 운영 등(제12조)

① 국가와 지방자치단체는 다문화가족지원센터(이하 "지원센터"라 한다)를 설치 · 운영할 수 있다.

② 국가 또는 지방자치단체는 지원센터의 설치 · 운영을 대통령령으로 정하는 법인이나 단체에 위탁할 수 있다.

③ 국가 또는 지방자치단체 아닌 자가 지원센터를 설치 · 운영하고자 할 때에는 미리 시 · 도지사 또는 시장 · 군수 · 구청장(자치구의 구청장을 말한다. 이하 같다)의 지정을 받아야 한다.

지원센터는 다음 업무를 수행한다.

① 다문화가족을 위한 교육·상담 등 지원사업의 실시

② 결혼이민자 등에 대한 한국어교육

③ 다문화가족 지원서비스 정보제공 및 홍보

④ 다문화가족 지원 관련 기관·단체와의 서비스 연계

⑤ 일자리에 관한 정보제공 및 일자리의 알선

⑥ 다문화가족을 위한 통역·번역 지원사업

⑦ 그밖에 다문화가족 지원을 위하여 필요한 사업

지원센터에는 다문화가족에 대한 교육·상담 등의 업무를 수행하기 위하여 관련 분야에 대한 학식과 경험을 가진 전문인력을 두어야 한다.

국가와 지방자치단체는 지정한 지원센터에 대하여 예산의 범위에서 제4항 각 호의 업무를 수행하는 데에 필요한 비용의 전부 또는 일부를 보조할 수 있다.

지원센터의 설치·운영 기준, 위탁·지정 기간 및 절차 등에 필요한 사항은 대통령령으로 정하고, 전문인력의 기준 등에 필요한 사항은 여성가족부령으로 정한다.

여성가족부장관은 이 법에 따른 권한의 일부를 대통령령으로 정하는 바에 따라 시·도지사 또는 시장·군수·구청장에게 위임할 수 있다(제15조).

국가와 지방자치단체는 이 법에 따른 업무의 일부를 대통령령으로 정하는 바에 따라 비영리법인이나 단체에 위탁할 수 있다.

정보 제공의 요청에 있어 여성가족부장관 또는 지방자치단체의 장은 이 법의 시행을 위하여 필요한 경우에는 법무부장관에게 다음 각 호의 정보 중 결혼이민자등의 현황 파악을 위한 정보로서 대통령령으로 정하는 정보의 제공을 요청할 수 있다. 이 경우 지방자치단체의 장은 해당 관할구역의 결혼이민자 등에 관한 정보에 한정하여 요청할 수 있다(제15조의 2).

CHAPTER

11 영유아보육법 · 입양특례법 · 성폭력방지 및 피해자보호 등에 관한 법률

제1절
영유아보육법의 의의

1. 목적과 대상

1)   목적(제1조)

영유아의 심신을 보호하고 건전하게 교육하여 건강한 사회 구성원으로 육성함과 아울러 보호자의 경제적 · 사회적 활동이 원활하게 이루어지도록 함으로써 가정복지 증진에 이바지함을 목적으로 한다.

2)   대상(제2조)

영유아란 6세 미만의 취학 전 아동을 말한다(제2조 제1호).

필요한 경우 어린이집의 장은 만 12세까지 연장하여 보육할 수 있다(제27조).

보육이란 영유아를 건강하고 안전하게 보호 · 양육하고 영유아의 발달 특성에 맞는 교육을 제공하는 어린이집 및 가정양육 지원에 관한 사회복지서비스를 말한다(제2조 제2호).

3)   영유아보육법의 발전

제 · 개정(시행)	주요내용
1991. 1. 14 (1991. 1. 14)	법률 제4328호 '영유아보육법' 제정
1997. 12. 24 (1998. 3. 1)	'영유아보육법' 일부 개정 - 영유아 보육의 정의 신설 - 저소득층 중심의 보육유아에 대하여 무상보육을 실시할 수 있도록 근거 마련 - 보육시설 설치운영에 국가가 재정지원을 함.

제·개정(시행)	주요내용
2004. 1. 29 (2005. 1. 30)	'영유아보육법' 전부 개정 - 보육시설 종사자의 자격기준을 강화 - 영유아 보육시설 설치·운영을 종전 신고제에서 인가제로 전환
2005. 12. 29 (2006. 3. 30)	'영유아보육법' 일부 개정 - 보육시설운영위원회를 설치·운영할 수 있되, 취약보육을 우선적으로 실시하여야 하는 보육시설과 대통령령이 정하는 보육시설은 보육시설운영위원회를 의무적으로 설치하도록 함. - 장애인 부모의 자녀에 대하여 소득수준과 관계없이 장애의 정도에 따라 보육시설의 우선 이용권 부여
2008. 12. 19 (2009. 7. 1)	'영유아보육법' 일부 개정 - 보육시설 미이용 아동의 양육비 지원을 위한 양육수당 제도 마련 - 보육시설 안전공제사업 제도의 도입근거 마련 - 보육비용 지원 대상자 선정에 필요한 신청, 조사, 금융정보 조회 등과 관련된 근거 규정 마련
2011. 6. 7 (2011. 12. 8)	'영유아보육법' 일부 개정 - 보육시설 및 보육시설종사자 등의 명칭을 각각 어린이집 및 보육교직원으로 변경 - 보육실태조사의 실시 주기를 3년으로 함. - 다문화가족의 자녀 국공립어린이집 등을 우선 이용, 무상보육 특례를 부여 - 보호자가 거짓이나 부정한 방법으로 보육료 및 양육수당을 지원받은 경우에는 그 비용의 전부 또는 일부를 환수할 수 있도록 함.
2011. 8. 4 (2012. 2. 5)	- 어린이집의 종류에 법인·단체 등 어린이집을 신설 - 국공립어린이집을 최초로 위탁하는 경우에는 보건복지부령으로 정하는 국공립어린이집 위탁체 선정관리 기준에 따라 심의, 공개경쟁 방법에 따르도록 함. - 어린이집 평가인증의 결과를 공표할 수 있도록 하고, 거짓이나 부정한 방법으로 평가인증을 받은 경우에는 평가인증을 취소할 수 있도록 하여 투명, 공정성이 있도록 함. - 어린이집 안전공제회 보상의 범위를 생명·신체상의 피해에서 재산상의 피해까지 확대하고 어린이집은 공제회에 당연 가입하도록 함.

제·개정(시행)	주요내용
2014. 5. 20 (2016. 1. 1)	– 사업주가 직장어린이집 설치의무를 이행하는 대신 근로자에게 보육 수당을 지원하도록 하는 제도를 폐지함(제14조 제1항). – 직장어린이집 설치·운영을 대신하여 지역의 어린이집과 위탁계약 을 맺어 보육을 지원하는 경우, 위탁보육을 통해 지원받는 근로자 자녀의 비율이 일정수준 이상이 되도록 함(제14조 제2항).
2015. 12. 29 (2015. 12. 29)	– 어린이집 원장 및 보육교사의 보수교육에 감염병 및 약물의 오남용 예방 등 보건위생 관리 포함(제23조 제4항 제3호 및 제23조의2 제 3항 제3호). – 보건복지부장관, 시·도지사 또는 시장·군수·구청장은 천재지변이 나 감염병 발생 등 긴급한 사유로 정상적인 보육이 어렵다고 인정 하는 경우 어린이집의 원장에게 휴원을 명
2016. 2. 3 (2016. 8. 4)	– 현행 부모협동어린이집은 보호자들이 조합을 결성하고 있으나, 부 모와 보육교직원 간의 유대감을 높이고 보육교직원의 보육책임성을 보다 강화하기 위해서 보호자와 보육교직원이 함께 조합을 결성하 는 경우도 인정 – 어린이집의 원장은 간호사(간호조무사를 포함한다)로 하여금 영유 아가 의사의 처방, 지시에 따라 투약행위를 할 때 이를 보조하게 할 수 있도록 함.

2. 급여 및 재정

1) 급여

보육책임과 업무위탁에 관한 내용은 다음과 같다.

(1) 책임

국가와 지방자치단체는 보호자와 더불어 영유아를 건전하게 보육할 책임을 진
다(제4조).

시장, 군수, 구청장은 적절한 어린이집을 확보하여야 한다. 보건복지부장관은
보육실태조사를 3년마다 하여야 한다(제9조).

(2) 보육계획의 수립(제11조)

보건복지부장관, 시·도지사 및 시장·군수·구청장은 보육사업을 원활하게 추진하기 위하여 보건복지부장관의 경우에는 중앙보육정책위원회, 그밖의 경우에는 각 지방보육정책위원회의 심의를 거쳐 어린이집 수급계획 등을 포함한 보육계획을 수립·시행하여야 한다.

(3) 지도 및 감독(제41조)

보건복지부장관, 시·도지사 및 시장·군수·구청장은 보육사업의 원활한 수행을 위하여 어린이집 설치·운영자 및 보육교직원에 대하여 필요한 지도와 명령을 할 수 있다.

(4) 업무의 위탁(제51조의2)

보건복지부장관, 시·도지사 또는 시장·군수·구청장은 대통령령으로 정하는 바에 따라 다음 각 호에 해당하는 업무를 공공기관 또는 민간기관·단체 등에 위탁할 수 있다(법 제51조의2 제1항).

위탁 업무는 다음과 같다.
① 육아종합지원센터의 운영업무(제7조 제1항)
② 어린이집의 원장 또는 보육교사의 자격 검정 및 보육자격증 교부 등에 관한 업무(제22조 제1항)
③ 보수교육의 실시 업무(제23조 제1항)
④ 어린이집 평가인증에 관한 업무(제30조 제1항)
⑤ 이용권에 관한 업무(제34조의3 제1항)

(5) 보육의 제공

① 취약보육의 우선 실시(제26조)

국가나 지방자치단체, 사회복지법인, 그밖의 비영리법인이 설치한 어린이집과 대통령령으로 정하는 어린이집의 원장은 영아·장애아·'다문화가족지원법'(제2조 제1호) 다문화가족의 아동 등에 대한 보육(취약보육)을 우선적으로 실시하여야 한다.

② 보육의 우선제공(제28조)

국가나 지방자치단체, 사회복지법인, 그밖의 비영리법인이 설치한 어린이집과 대통령령으로 정하는 어린이집의 장은 다음에 해당하는 자가 우선적으로 어린이집을 이용할 수 있도록 하여야 한다.

㉮ 국민기초생활보장법에 따른 수급자

㉯ 한부모가족지원법에 따른 보호대상자의 자녀

㉰ 국민기초생활보장법에 따른 차상위계층의 자녀

㉱ 장애인복지법에 의한 장애인 중 보건복지부령이 정한 장애등급 이상에 해당하는 자의 자녀 등

㉲ 다문화가족지원법에 따른 다문화가족의 자녀

㉳ 그밖에 소득수준 등을 고려하여 보건복지부령으로 정하는 자의 자녀

③ 양육수당(제34조의2)

국가와 지방자치단체는 어린이집이나 '유아교육법'에 제2조에 따른 유치원을 이용하지 아니하는 영유아에 대하여 영유아의 연령과 보호자의 경제적 수준을 고려하여 양육에 필요한 비용을 지원할 수 있으며, 이에 따른 비용 지원의 대상·기준 등에 대하여 필요한 사항은 대통령령으로 정한다.

④ 보육서비스 이용권(제34조의3)

국가와 지방자치단체는 비용 지원(법 제34조, 제34조의2 및 제35조)을 위하여 보육서비스 이용권을 영유아의 보호자에게 지급할 수 있다.

⑤ 비용지원의 신청(제34조의4)

영유아의 보호자는 비용의 지원(법 제34조, 제34조의2 및 제35조)을 신청할 수 있다. 이에 따른 신청을 할 때 다음의 각 호의 자료 또는 정보 제공에 대한 보호자 및 그 가구원의 동의 서면을 제출하여야 한다.

(6) 건강, 영양 및 안전

① 건강관리 및 응급조치(제31조)

② 어린이집 안전공제사업(제31조의2)

③ 예방접종의 확인(제31조의3)

어린이집의 원장은 영유아에 대하여 최초로 보육을 실시한 날부터 30일 이

내에 특별자치도지사·시장·군수·구청장 또는 영유아의 보호자로부터 '감염병의 예방 및 관리에 관한 법률' 제27조에 따라 특별자치도지사·시장·군수·구청장 또는 예방접종을 한 자가 발급한 예방접종증명서 또는 그밖에 이에 준하는 증명자료를 제출받아 영유아의 예방접종에 관한 사실을 확인할 수 있다.

④ 치료 및 예방조치(제32조)

2) 재정

(1) 비용 부담(제34조)

국가나 지방자치단체는 국민기초생활보장법에 따른 수급자와 보건복지부령으로 정하는 일정소득 이하 가구의 자녀 등의 보육에 필요한 비용의 전부 또는 일부를 부담하여야 한다.

이에 따른 보육에 필요한 비용은 가구의 소득수준과 거주 지역 등을 고려하여 차등 지원할 수 있다.

(2) 무상보육의 특례(제35조)

초등학교 취학 직전 1년의 유아(幼兒)와 장애아 및 '다문화가족지원법'(제2조 제1호)에 따른 다문화가족의 자녀에 대한 보육은 무상으로 하되, 대통령령으로 정하는 바에 따라 순차적으로 실시한다.

(3) 보육료 등의 수납(제38조)

어린이집을 설치·운영하는 자는 그 어린이집의 소재지를 관할하는 시·도지사가 정하는 범위에서 그 어린이집을 이용하는 자로부터 보육료와 그밖의 필요경비 등을 받을 수 있다.

3. 전달체계 및 위원회

1) 어린이집

(1) 어린이집의 정의(제2조 제3호)

보호자의 위탁을 받아 영유아를 보육하는 기관을 말한다.

어린이집의 종류는 다음과 같다.

① 국공립어린이집

② 사회복지법인어린이집

③ 법인·단체등어린이집

④ 직장어린이집

⑤ 가정어린이집

⑥ 부모협동어린이집

⑦ 민간어린이집

(2) 어린이집의 설치

국가나 지방자치단체는 국공립어린이집을 설치·운영하여야 한다. 이 경우 국공립어린이집은 보육계획(법 제11조)에 따라 도시 저소득주민 밀집 주거지역 및 농어촌지역 등 취약지역에 우선적으로 설치하여야 한다(법 제12조). 국공립어린이집 이외에는 시장·군수·구청장의 인가를 받아야 한다(제13조).

직장어린이집의 설치에 있어서는 대통령령이 정하는 일정 규모 이상의 사업의 사업주는 직장어린이집을 설치하여야 한다(제14조). 보건복지부장관 및 조사기관은 직장어린이집 설치 등 의무 이행에 관한 실태조사를 매년 실시하여야 하며, 그 결과 보건복지부장관은 미이행 사업장의 명단을 공표할 수 있다(제14조의2).

(3) 어린이집 운영위원회(제25조)

어린이집의 원장은 어린이집 운영의 자율성과 투명성을 높이고 지역사회와의 연계를 강화하여 지역 실정과 특성에 맞는 보육을 실시하기 위하여 어린이집에 어린이집운영위원회를 설치 · 운영할 수 있다.

(4) 어린이집 평가 인증(제30조)

보건복지부장관은 보육서비스의 질적 수준을 향상시키기 위하여 어린이집에 대한 평가인증을 실시할 수 있다. 이 때 보건복지부장관은 평가인증을 받으려는 어린이집 설치 · 운영자에게 보건복지부령으로 정하는 바에 따라 평가인증에 필요한 비용을 받을 수 있으며, 평가인증의 결과에 따라 보육사업 실시에 필요한 지원을 할 수 있다.

(5) 보육교직원

"보육교직원"이란 어린이집 영유아의 보육, 건강관리 및 보호자와의 상담, 그 밖에 어린이집의 관리 · 운영 등의 업무를 담당하는 자로서 어린이집의 원장 및 보육교사와 그밖의 직원을 말한다(제2조 제5호).

자격(제21조)와 보수교육(제22조)에 관한 규정에 의하면 어린이집의 원장은 대통령령으로 정하는 자격을 가진 자로서 보건복지부장관이 검정 · 수여하는 자격증을 받은 자이어야 한다. 보수교육은 사전직무교육과 직무교육이 있다.

보육교사는 1 · 2 · 3 등급으로 하고 등급별 자격기준은 대통령령으로 정한다. 보건복지부장관이 검정 · 수여하는 자격증을 받은 자이어야 하며, 보수교육은 직무교육과 승급교육이 있다.

2) 위원회와 보육정보센터

(1) 보육정책조정위원회(제5조)

보육정책에 관한 관계 부처 간의 의견을 조정하기 위해 국무총리 소속으로 보육정책위원회를 둔다.

(2) 보육정책위원회(제6조)

보육에 관한 각종 정책 · 사업 · 보육지도 및 어린이집 평가인증사항 등을 심의하기 위하여 보건복지부에 중앙보육정책위원회를, 특별시 · 광역시 · 도 · 특별자치도 및 시 · 군 · 구(자치구를 말한다)에 지방보육정책위원회를 둔다.

(3) 보육정보센터(제7조)

보육에 관한 정보수집, 제공 및 상담을 위하여 보건복지부 장관은 중앙보육정보센터를 시·도·특별자치도지사 및 시·군·구는 지방보육정보센터를 설치·운영하여야 한다.

(4) 보육개발원(제8조)

보건복지부장관은 보육에 관한 연구와 정보 제공, 프로그램 및 교재 개발, 평가척도 개발 및 종사자 연수 등의 업무를 위하여 보육개발원을 설치하거나 그 업무를 관련 연구기관 등에 위탁할 수 있다.

4. 권리구제 및 벌칙

1) 벌칙(제54조)

(1) 5년 이하의 징역 또는 3천만 원 이하의 벌금(제1항)

업무를 수행하면서 취득한 금융정보 등을 이 법으로 정한 목적 외의 다른 용도로 사용하거나 다른 사람 또는 기관에 제공하거나 누설한 자

(2) 3년 이하의 징역 또는 1천만 원 이하의 벌금(제2항)

거짓이나 그밖의 방법으로 보조금을 교부받거나 보조금을 유용한 자

(3) 1년 이하의 징역 또는 500만 원 이하의 벌금(제3항)

① 설치인가를 받지 않고 어린이집 명칭을 사용하거나 어린이집 형태로 운영한 자

② 보육서비스 이용권을 부정사용한 자

③ 자기 성명이 어린이집 명칭을 사용해서 원장 또는 보육교사 업무를 수행하게 하거나 자격증을 대여한 자 및 그 상대방

2) 과태료(제56조)

① 신고하지 않고 어린이집을 폐지하거나 일정기간 운영을 중단하거나 운영을
재개한 자에게 500만 원 이하의 과태료 부과(제1항)

② 취약보육을 우선적으로 실시하지 아니한 자, 보육의 우선제공에 해당하는 자
를 우선 보육하지 아니한 자, 건강진단 또는 응급조치 등을 이행하지 아니한
자는 300만 원 이하의 과태료 부과(제2항)

제2절 입양특례법

1. 목적과 대상

1) 목적(제1조)

이 법은 요보호아동의 입양에 관한 요건 및 절차 등에 대한 특례와 지원에 필요한 사항을 정함으로써 양자가 되는 아동의 권익과 복지를 증진하는 것을 목적으로 한다.

2) 대상

대상자로서의 정의(제2조)는 다음과 같다.

① "아동"이란 18세 미만인 사람을 말한다.

② "요보호아동"이란 '아동복지법' 제3조 제4호에 따른 보호대상아동을 말한다.

③ "입양아동"이란 이 법에 따라 입양된 아동을 말한다.

④ "부양의무자"란 '국민기초생활 보장법' 제2조 제5호에 따른 부양의무자를 말한다.

3) 국가의 책무(제3조)

① 모든 아동은 그가 태어난 가정에서 건강하게 자라야 한다.

② 국가와 지방자치단체는 아동이 그가 태어난 가정에서 건강하게 자랄 수 있도록 지원하고 태어난 가정에서 자라기 곤란한 아동에게는 건강하게 자랄 수 있는 다른 가정을 제공하기 위하여 필요한 조치와 지원을 하여야 한다.

③ 모든 국민은 입양아동이 건강하게 자랄 수 있도록 협력하여야 한다.

④ 국가와 지방자치단체는 건전한 입양문화를 조성하고 요보호아동의 국내입양을 활성화하며, 아동이 입양 후의 가정생활에 원만하게 적응할 수 있도록 하는 등 입양아동의 권익과 복지 증진을 위하여 입양에 관련된 사업을 실시하

여야 한다.

국가와 지방자치단체의 사업시행은 다음과 같다.
① 입양정책의 수립 및 시행
② 입양에 관한 실태조사 및 연구
③ 입양 및 사후관리 절차의 구축 및 운영
④ 입양아동 및 입양가정에 대한 지원
⑤ 입양 후 원만한 적응을 위한 상담 및 사회복지서비스 제공
⑥ 입양에 대한 교육 및 홍보
⑦ 그밖에 보건복지부령으로 정하는 필요한 사항

입양의 원칙으로 이 법에 따른 입양은 아동의 이익이 최우선이 되도록 하여야
한다(제4조). 또한 입양의 날로 건전한 입양문화의 정착과 국내입양의 활성화
를 위하여 5월 11일을 입양의 날로 하고, 입양의 날부터 1주일을 입양주간으
로 한다. 국가와 지방자치단체는 입양의 날 취지에 적합한 행사 등 사업을 실
시하도록 노력하여야 한다(제5조).
또한 정보시스템 구축·운영으로 국가는 입양아동 등에 대한 사후서비스 제공
과 국내입양 활성화에 필요한 정보를 입양기관 등에 제공하기 위하여 정보시
스템을 구축·운영하여야 한다(제6조). 이에 따른 정보시스템은 법인이나 단
체에 그 업무의 전부 또는 일부를 위탁하여 운영할 수 있다.

4) 국내입양 우선 추진

① 국가 및 지방자치단체는 입양의뢰 된 아동의 양친될 사람을 국내에서 찾기
   위한 시책을 최우선적으로 시행하여야 한다.
② 입양기관의 장은 보건복지부령으로 정하는 바에 따라 입양의뢰된 아동의 양
   친을 국내에서 찾기 위한 조치를 취하고, 그 결과를 보건복지부장관에게 보
   고하여야 한다.
③ 입양기관의 장은 제2항에 따른 국내입양을 위한 조치에도 불구하고 양친을
   찾지 못한 경우 정보시스템(제6조)을 활용한 관련 기관과의 정보공유를 통

하여 국내입양을 추진하여야 한다.

④ 입양기관의 장은 제2항 및 제3항에도 불구하고 국내에서 양친이 되려는 사람을 찾지 못하였을 경우에 한하여 국외입양을 추진할 수 있다(제7조).

또한 국가는 아동에 대한 보호의무와 책임을 이행하기 위하여 국외입양을 줄여나가기 위하여 노력하여야 한다(제8조).

5) 입양특례법의 발전

제 · 개정(시행)	주요내용
1976. 12. 31 (1977. 1. 31)	'입양특례법' – 보호시설에 수용되어 있는 불우아동의 입양절차를 간소화하고 양자로 된 자는 양친의 성과 본을 따르게 하는 등 민법에 대한 특례를 정하는 동시에 현행 고아입양특례법에 의한 국외입양의 추진에 있어서의 미비점을 보완 – 불우아동의 국내외 입양을 촉진하고, 양자로 되는 자의 안전과 복리증진
1995. 1. 5 (1996. 1. 6)	'입양촉진 및 절차에 관한 특례법' – 국내입양을 활성화하기 위하여 종전의 절차중심의 입양제도를 요보호아동의 권익보호를 위한 실질적인 복지서비스로 발전 – 입양아동 등에 대한 복지시책을 강구, 기타 현행법의 일부 미비점 보완 – 아동복지법 제2조 제3호에 의한 요보호아동이 가정에서 보호 · 양육되도록 국가와 지방자치단체는 필요한 조치 및 지원
2005. 10. 1 (2005. 3. 31)	'입양촉진 및 절차에 관한 특례법' – 국가와 지방자치단체는 아동이 태어난 가정에서 건전하게 양육될 수 있도록 지원하도록 하고, 그럼에도 불구하고 태어난 가정에서 양육이 곤란한 아동에게는 입양 활성화 및 입양 후 가정생활의 원만한 적응을 위하여 정책을 수립 · 시행, 국가와 지방자치단체에 부여 – 국내입양을 활성화하기 위하여 5월 11일을 입양의 날로 하며, 국가 및 지방자치단체는 양친이 될 자에게 입양알선에 소요된 비용 보조

제 · 개정(시행)	주요내용
2011. 8. 4 (2012. 8. 5)	– 국가 및 지방자치단체는 입양의뢰 된 아동의 양친될 자를 국내에서 찾기 위한 시책을 최우선적으로 시행 – 입양기관의 장은 보건복지부령으로 정하는 바에 따라 입양의뢰 된 아동의 양친을 국내에서 찾기 위한 조치를 하고 이를 관계기관의 장에게 보고 – 국내에서 양친이 될 자를 찾지 못하였을 경우에 한하여 국외입양을 추진할 수 있도록 함(안 제7조). – 양친이 되기 위한 자격요건을 아동학대, 가정폭력, 마약 등의 범죄나 알코올 등 약물중독의 경력이 없는 자로 강화하고, 입양의 성립 전에 입양기관 등으로부터 보건복지부령으로 정하는 소정의 교육을 이수(제10조). – 이 법에 따라 입양을 하려는 자는 소정의 요건을 갖추어 가정법원에 입양허가를 청구하도록 함(안 제11조). – 친생부모의 입양동의는 아동의 출생일부터 1주일이 지난 후 이루어지도록 하고, 입양동의와 관련하여 어떠한 금전, 재산상의 이익, 그 밖에 대가적 급부가 없어야 하는 등 동의의 효력을 갖도록 하기 위한 입양요건을 갖추도록 함.
2015. 5. 18 (2015. 5. 18)	'입양특례법' – 현행 법은 국내입양의 경우 입양기관의 장이 입양아동과 양부모의 상호적응상태에 대한 관찰, 입양가정에 대한 아동양육 정보 제공 등의 사후관리서비스를 제공하도록 규정하고 있으나, 국외입양의 경우에는 이를 적용하지 않고 있는 상태임. – 그러나 국외입양 아동의 권익을 보호하기 위하여 사후관리를 해야 할 필요성이 있는바, 국외입양 사후관리는 입양기관이 국외 입양기관과 협력을 통해 진행하여 국내입양과 상이하게 이루어지므로, 대통령령에서 그 방법 등을 구체적으로 정하도록 함으로써 국외입양 아동이 건강하고 안전하게 양육될 수 있도록 하려는 것임.

2. 급여 및 재정

1) 급여

(1) 입양의 요건 및 효력

양자가 될 자격, 즉 양자가 될 사람은 요보호아동으로서 다음 어느 하나에 해당하는 사람이어야 한다(제9조).

① 보호자로부터 이탈된 사람으로서 특별시장 · 광역시장 · 도지사 및 특별자치도지사 또는 시장 · 군수 · 구청장(자치구의 구청장)이 부양의무자를 확인할 수 없어 '국민기초생활 보장법'에 따른 보장시설에 보호의뢰한 사람

② 부모(부모가 사망이나 그밖의 사유로 동의할 수 없는 경우에는 다른 직계존속을 말한다) 또는 후견인이 입양에 동의하여 보장시설 또는 제20조에 따른 입양기관에 보호의뢰한 사람(제20조)

③ 법원에 의하여 친권상실의 선고를 받은 사람의 자녀로서 시 · 도지사 또는 시장 · 군수 · 구청장이 보장시설에 보호의뢰한 사람

④ 그밖에 부양의무자를 알 수 없는 경우로서 시 · 도지사 또는 시장 · 군수 · 구청장이 보장시설에 보호의뢰한 사람

(2) 양친이 될 자격

양친이 될 사람은 다음 요건을 모두 갖추어야 한다(제10조).

① 양자를 부양하기에 충분한 재산이 있을 것

② 양자에 대하여 종교의 자유를 인정하고 사회의 구성원으로서 그에 상응하는 양육과 교육을 할 수 있을 것

③ 양친이 될 사람이 아동학대 · 가정폭력 · 성폭력 · 마약 등의 범죄나 알코올 등 약물중독의 경력이 없을 것

④ 양친이 될 사람이 대한민국 국민이 아닌 경우 해당 국가의 법에 따라 양친이 될 수 있는 자격이 있을 것

⑤ 그밖에 양자가 될 사람의 복지를 위하여 보건복지부령으로 정하는 필요한 요건을 갖출 것

양친이 될 사람은 양자가 될 아동이 복리에 반하는 직업이나, 그밖에 인권침해의 우려가 있는 직업에 종사하지 아니하도록 하여야 한다.

양친이 되려는 사람은 입양의 성립 전에 입양기관 등으로부터 보건복지부령으로 정하는 소정의 교육을 마쳐야 한다(제10조).

(3) 가정법원의 허가

위에서 정한 아동을 입양하려는 경우(제9조) 다음 서류를 갖추어 가정법원의 허가를 받아야 한다.

① 양자가 될 아동의 출생신고 증빙 서류

② 자격을 구비하였다는 서류(제9조 및 제10조)

③ 입양동의 서류(제12조 및 제13조)

④ 그밖에 아동의 복리를 위하여 보건복지부령으로 정하는 서류

가정법원은 양자가 될 사람의 복리를 위하여 양친이 될 사람의 입양의 동기와 양육능력, 그밖의 사정을 고려하여 제1항의 허가를 하지 아니할 수 있다.

위에서 정한 가정법원의 입양 허가에 필요한 서류는 대통령령으로 정하는 기관이 서류의 작성에 필요한 사항을 조사·확인한 후 이를 발급하되, 서류의 작성 등에 필요한 사항은 보건복지부령으로 정하며, 허가신청 절차, 심리 및 허가 등에 필요한 사항은 대법원규칙으로 정한다.

(4) 입양의 동의

다음 어느 하나에 해당하는 아동을 양자로 하려면 친생부모의 동의를 받아야 한다. 다만, 다음 각 호의 어느 하나에 해당하는 경우에는 그러하지 아니한다(제9조).

① 친생부모가 친권상실의 선고를 받은 경우

② 친생부모의 소재불명 등의 사유로 동의를 받을 수 없는 경우

친생부모가 위의 사유로 인하여 입양의 동의를 할 수 없는 경우에는 후견인의 동의를 받아야 한다. 13세 이상인 아동을 입양하고자 할 때에는 동의권자의 동의 외에 입양될 아동의 동의를 받아야 한다.

입양의 동의 또는 입양동의의 철회는 서면으로 하며, 동의에 필요한 사항은 보건복지부령으로 정한다. 입양의 동의는 아동의 출생일부터 1주일이 지난 후에 이루어져야 한다.

입양동의의 대가로 금전 또는 재산상의 이익, 그밖의 반대급부를 주고받거나 주고받을 것을 약속하여서는 아니된다. 입양기관은 입양동의 전에 친생부모에게 아동을 직접 양육할 경우 지원받을 수 있는 사항 및 입양의 법률적 효력 등에 관한 충분한 상담을 제공하여야 하며, 상담내용 등에 대하여는 보건복지부령으로 정한다.

입양기관은한 입양동의 전에 입양될 아동에게 입양동의의 효과 등에 관한 충분한 상담을 제공하여야 하며, 상담내용 등에 대하여는 보건복지부령으로 정한다.

이 법에 따라 입양된 아동은 '민법'상 친양자와 동일한 지위를 가진다.

(5) 입양의 효력발생

이 법에 따른 입양은 가정법원의 인용심판 확정으로 효력이 발생하고, 양친 또는 양자는 가정법원의 허가서를 첨부하여 '가족관계의 등록 등에 관한 법률'에서 정하는 바에 따라 신고하여야 한다(15조).

(6) 입양의 취소

입양아동의 친생의 부 또는 모는 자신에게 책임이 없는 사유로 인하여 입양의 동의를 할 수 없었던 경우에는 입양의 사실을 안 날부터 6개월 안에 가정법원에 입양의 취소를 청구할 수 있다(제16조).

가정법원은 입양의 취소 청구에 대한 판결이 확정되거나 심판의 효력이 발생한 때에는 지체 없이 그 뜻을 가정법원 소재지 지방자치단체에 통보한다(16조).

(7) 파양

양친, 양자, 검사는 다음 어느 하나의 사유가 있는 경우에는 가정법원에 파양을 청구할 수 있다.

① 양친이 양자를 학대 또는 유기하거나 그밖에 양자의 복리를 현저히 해하는
　경우
② 양자의 양친에 대한 패륜행위로 인하여 양자관계를 유지시킬 수 없게 된 경
　우

가정법원은 파양이 청구된 아동이 13세 이상인 경우 입양아동의 의견을 청취
하고 그 의견을 존중하여야 한다.
가정법원은 파양의 청구에 대한 판결이 확정되거나 심판의 효력이 발생한 때
에는 지체 없이 그 뜻을 가정법원 소재지 지방자치단체에 통보한다(제17조).

(8) 국내에서의 국외입양

국내에서 다음 어느 하나에 해당하는 사람을 양자로 하려는 외국인은 후견인
과 함께 양자로 할 사람의 등록기준지 또는 주소지를 관할하는 가정법원에 보
건복지부령으로 정하는 바에 따라 다음 각 호의 서류를 첨부하여 입양허가를
신청하여야 한다(제18조).
① 양자가 될 아동의 출생신고 증빙 서류
② 양자가 될 사람이 자격을 구비하였다는 서류
③ 양친이 될 사람의 가정상황에 관한 서류
④ 입양동의 서류

(9) 국에서의 국외입양

① 외국인으로부터 입양알선을 의뢰받은 입양기관의 장은 입양알선을 하려면
　보건복지부장관이 발행한 해외이주허가서를 첨부하여 가정법원에 입양허가
　를 신청하여야 한다(제19조).
② 국외에 거주하는 외국인이 국내에 거주하는 아동을 입양하기 위하여는 입양
　기관을 통하여 입양절차를 진행하여야 한다.
③ 양자가 될 사람이 해외이주허가를 받고 출국하여 그 국가의 국적을 취득하였
　을 때에는 입양기관의 장은 보건복지부령으로 정하는 바에 따라 지체 없이
　그 사실을 법무부장관에게 보고하고, 법무부장관은 직권으로 그의 대한민국

국적을 말소할 것을 등록기준지 관할 가족관계등록관서에 통지하여야 한다.

위의 신청을 받은 보건복지부장관은 다음 어느 하나에 해당하는 경우에는 해외이주허가서를 발행하지 아니할 수 있다.

① 양자가 될 사람이 미아이거나 그밖에 보건복지부령으로 정하는 사람인 경우
② 입양기관의 장이 입양을 원하는 외국인의 국가나 그 국가의 공인받은 입양기관과 입양업무에 관한 협약을 체결하지 아니한 경우
③ 입양을 원하는 외국인의 국가가 대한민국과 전쟁상태 또는 적대적인 상태에 있는 국가인 경우

 3. 전달체계 및 위원회

1) 입양기관 및 중앙입양원

(1) 입양기관

① 입양기관을 운영하려는 자는 '사회복지사업법'에 따른 사회복지법인으로서 보건복지부장관의 허가를 받아야 한다. 다만, 국내입양만을 알선하려는 자는 시·도지사의 허가를 받아야 한다.

② 허가받은 사항 중 대통령령으로 정하는 중요한 사항을 변경하려고 하는 경우에는 신고하여야 한다.

③ 외국인은 입양기관의 장이 될 수 없다.

④ 입양기관의 장과 그 종사자는 입양아동의 인권을 보호하고 건전한 입양문화를 정착시키기 위하여 정기적으로 보건복지부령으로 정하는 보수교육을 받아야 한다.

⑤ 입양기관의 장이 입양을 원하는 국가나 그 국가의 공인을 받은 입양기관과 입양업무에 관한 협약을 체결하였을 때에는 보건복지부장관에게 보고하여야 한다. 이 경우 입양업무에 관한 협약에 포함되어야 할 사항은 대통령령으로 정한다.

⑥ 입양기관의 시설 및 종사자의 기준과 허가 및 변경신고 등에 필요한 사항은 보건복지부령으로 정한다(제20조).

(2) 입양기관의 의무(제21조)

① 입양기관의 장은 입양의뢰된 사람의 권익을 보호하고, 부모를 알 수 없는 경우에는 부모 등 직계존속을 찾기 위하여 노력을 다하여야 한다.

② 입양기관의 장은 입양을 알선할 때 그 양친이 될 사람에 대하여 제10조에서 정한 사실을 조사하여야 한다.

③ 입양기관의 장은 양친이 될 사람에게 입양 전에 아동양육에 관한 교육을 하여야 하며, 입양이 성립된 후에는 보건복지부령으로 정하는 바에 따라 입양아동과 그에 관한 기록 등을 양친 또는 양친이 될 사람에게 건네주고, 그 결과를 특별자치도지사·시장·군수·구청장에게 보고하여야 한다.

④ 입양기관의 장은 입양업무의 효율 및 입양기관 간의 협력체계 구축을 위하여 입양아동과 가족에 관한 정보를 보건복지부령으로 정하는 바에 따라 제26조에 따른 중앙입양원에 제공하여야 한다.

⑤ 입양기관의 장은 입양업무에 관한 사항을 보건복지부령으로 정하는 바에 따라 기록하여야 한다. 이 경우 입양기록은 전자문서로서 기록할 수 있다.

⑥ 제5항에서 정한 입양업무에 관한 기록은 입양아동에 대한 사후관리를 위하여 영구보존하여야 한다.

⑦ 제4항에 따른 정보의 범위 및 내용과 제5항에 따른 입양기록 및 전자기록의 보존 등에 필요한 사항은 보건복지부령으로 정한다(제21조).

2) 입양기관의 장의 후견직무

① 입양기관의 장은 입양을 알선하기 위하여 보장시설의 장, 부모 등으로부터 양자될 아동을 인도받았을 때에는 그 인도받은 날부터 입양이 완료될 때까지 그 아동의 후견인이 된다. 다만, 양자가 될 아동에 대하여 법원이 이미 후견인을 둔 경우에는 그러하지 아니하다.

② 위의 경우에 양자로 될 아동을 인도한 친권자의 친권행사는 정지된다. 다만, 친권자가(제12조 제5항) 입양의 동의를 철회한 때에는 다시 친권을 행사할 수 있다(제22조).

(1) 가족관계 등록 창설

입양기관의 장은 양자가 될 아동을 가족관계등록이 되어 있지 아니한 상태에서 인계받았을 때에는 그 아동에 대한 가족관계 등록 창설 절차를 거친다(제23조).

(2) 입양알선이 곤란한 사람 등의 보호

① 입양기관의 장은 다음 어느 하나에 해당하는 사람이 있는 경우에는 시·도지사 또는 시장·군수·구청장에게 이를 보고하여야 한다(제24조).

㉮ 위 보호의뢰된 사람으로서 입양알선이 곤란한 사람

㉯ 이 법에 따른 입양이 취소되거나 파양을 선고받은 사람으로서 보호자가 입양기관에 보호를 요청한 사람

② 시·도지사 또는 시장·군수·구청장은 제1항에 따른 보고를 받은 사람에 대하여 '아동복지법'(제15조)에 따른 보호조치를 지체 없이 하여야 한다.

(3) 사후서비스 제공

입양기관의 장은 입양이 성립된 후 1년 동안 양친과 양자의 상호적응을 위하여 다음 각 호의 사후관리를 하여야 한다. 다만, 국외입양의 경우에는 다음 사항을 적용하지 아니한다(제25조).

① 양친과 양자의 상호적응상태에 관한 관찰 및 이에 필요한 서비스

② 입양가정에서의 아동양육에 필요한 정보의 제공

③ 입양가정이 수시로 상담할 수 있는 창구의 개설 및 상담요원의 배치

입양기관의 장은 해당 국가의 협력기관을 통하여 입양아동이 입양된 국가의 국적을 취득하였는지를 확인하고 그 결과를 제26조에 따른 중앙입양원의 원장을 통하여 보건복지부장관에게 보고하여야 한다.

입양기관의 장은 국외로 입양된 아동을 위하여 모국방문사업 등 대통령령으로 정하는 사업을 실시하여야 한다.

3) 중앙입양원의 설립

① 보건복지부장관은 국내입양 활성화 및 입양에 대한 사후관리 등을 위하여 중앙입양원을 설립·운영하여야 한다.

② 중앙입양원은 재단법인으로 한다.

③ 중앙입양원을 설립할 때에는 정관을 작성하여 보건복지부장관의 인가를 받아야 한다. 정관을 변경하고자 하는 경우에도 또한 같다.

④ 중앙입양원은 다음 업무를 수행한다(제26조).

  ㉮ 입양아동·가족정보 및 친가족 찾기에 필요한 통합데이터베이스 운영

  ㉯ 입양아동의 데이터베이스 구축 및 연계

  ㉰ 국내외 입양정책 및 서비스에 관한 조사·연구

  ㉱ 입양 관련 국제협력 업무

  ㉲ 그밖에 보건복지부장관으로부터 위탁받은 사업

⑤ 중앙입양원에 관하여 이 법에 규정된 것을 제외하고는 '민법' 중 재단법인에 관한 규정을 준용한다.

4) 중앙입양원의 임직원 등

① 중앙입양원에 이사장 1명을 포함한 9명 이내의 이사와 감사 1명을 둔다(제27조).

② 중앙입양원 이사장은 보건복지부장관이 임명한다.

③ 중앙입양원 원장은 중앙입양원을 대표하고, 업무를 총괄한다.

④ 중앙입양원 이사장은 원장을 겸임한다.

⑤ 이사, 감사 및 직원에 대한 임명절차 및 임기 등에 관한 필요한 사항은 보건복지부령으로 정한다.

4. 권리구제 및 벌칙

1) 보칙

(1) 청문(제40조)

보건복지부장관 또는 시·도지사는 제39조제1항에 따라 허가를 취소하려면 청문을 하여야 한다.

(2) 권한의 위임(제41조)

이 법에 따른 보건복지부장관 또는 시·도지사의 권한은 그 일부를 대통령령으로 정하는 바에 따라 시·도지사 또는 시장·군수·구청장에게 위임할 수 있다. 입양에 관하여 이 법에 특별히 규정한 사항을 제외하고는 '민법'에서 정하는 바에 따른다.

중앙입양원의 임직원은 '형법'(제129조부터 제132조) 규정에 따른 벌칙을 적용할 때에는 공무원으로 본다.

2) 벌칙

다음 어느 하나에 해당하는 자는 3년 이하의 징역 또는 2천만 원 이하의 벌금에 처한다(44조).

① 법원의 허가(제11조, 제18조 또는 제19조 위반)를 받지 아니하고 입양을 행한 자

② 허가를 받지 아니하고 입양알선 업무를 행한 자(제20조 제1항)

③ 정당한 사유 없이 업무상 알게 된 비밀을 누설한 자(제37조)

④ 신고 없이 허가사항 중 중요 사항을 변경한 자는 1년 이하의 징역 또는 300만 원 이하의 벌금에 처한다(제20조 제2항).

⑤ 양벌규정(제45조)

법인의 대표자, 법인 또는 개인의 대리인, 사용인, 그밖의 종사자가 그 법인 또는 개인의 업무에 관하여(제44조) 위반행위를 하면 행위자를 벌하는 외에

그 법인 또는 개인에게도 해당 조문의 벌금형을 과(科)한다. 다만, 법인 또는 개인이 그 위반행위를 방지하기 위하여 해당 업무에 관하여 상당한 주의와 감독을 게을리하지 아니한 경우에는 그러하지 아니한다.

제3절   성폭력방지 및 피해자보호 등에 관한 법률

1. 목적과 대상

1) 목적(제1조)

이 법은 성폭력을 예방하고 성폭력피해자를 보호·지원함을 목적으로 한다.

2) 대상 : 정의

① "성폭력"이란 '성폭력범죄의 처벌 등에 관한 특례법' 제2조 제1항에 규정된 죄에 해당하는 행위를 말한다.

② "성폭력행위자"란 '성폭력범죄의 처벌 등에 관한 특례법' 제2조 제1항에 해당하는 죄를 범한 사람을 말한다.

③ "성폭력피해자"란 성폭력으로 인하여 직접적으로 피해를 입은 사람을 말한다.

3) 국가 등의 책무

국가와 지방자치단체는 성폭력을 방지하고 성폭력피해자(이하 "피해자"라 한다)를 보호·지원하기 위하여 다음 조치를 하여야 한다(제3조).

① 성폭력 신고체계의 구축·운영

② 성폭력 예방을 위한 조사·연구, 교육 및 홍보

③ 피해자를 보호·지원하기 위한 시설의 설치·운영

④ 피해자에 대한 주거지원, 직업훈련 및 법률구조 등 사회복귀 지원

⑤ 피해자에 대한 보호·지원을 원활히 하기 위한 관련 기관 간 협력체계의 구축·운영

⑥ 성폭력 예방을 위한 유해환경 개선

⑦ 피해자 보호·지원을 위한 관계 법령의 정비와 각종 정책의 수립·시행 및 평가

국가와 지방자치단체는 위에 따른 책무를 다하기 위하여 이에 따른 예산상의 조치를 하여야 한다.

4) 성폭력 실태조사(제4조)

여성가족부장관은 성폭력의 실태를 파악하고 성폭력 방지에 관한 정책을 수립하기 위하여 3년마다 성폭력 실태조사를 하고 그 결과를 발표하여야 한다. 성폭력 실태조사의 내용과 방법 등에 필요한 사항은 여성가족부령으로 정한다.

5) 성폭력 예방교육(제5조)

국가기관 및 지방자치단체의 장, '유아교육법'(제7조)에 따른 유치원의 장, '영유아보육법'(제10조)에 따른 어린이집의 원장, '초·중등교육법' 제2조에 따른 각급 학교의 장, 그밖에 대통령령으로 정하는 공공단체의 장은 대통령령으로 정하는 바에 따라 성교육 및 성폭력 예방에 필요한 교육을 실시하고, 그 결과를 여성가족부장관에게 제출하여야 한다.

위의 교육 대상에 포함되지 아니하는 국민은 성폭력 예방교육 지원기관에서 성교육 및 성폭력 예방교육을 받을 수 있다.

여성가족부장관은 교육을 효과적으로 실시하기 위하여 전문강사를 양성하고, 교육부장관, 보건복지부장관과 협의하여 생애주기별 교육프로그램을 개발·보급하여야 한다. 교육의 내용과 방법, 결과 제출 절차 등에 필요한 사항은 대통령령으로 정한다.

6) 성폭력 예방교육 지원기관의 설치·운영 등(제5조의2)

여성가족부장관은 성교육 및 성폭력 예방교육의 실시, 생애주기별 교육프로그램 개발·보급, 전문강사 양성 등의 업무를 수행하고 지원하기 위한 기관을 설치·운영할 수 있다. 여성가족부장관은 지원기관의 운영을 대통령령으로 정하는 기관이나 단체에 위탁할 수 있다. 지원기관의 업무 및 운영 등에 필요한 사항은 여성가족부령으로 정한다.

7)   성폭력방지 및 피해자보호 등에 관한 법률

제·개정(시행)	주요내용
2010. 4. 15 (2011. 1. 1)	− 현행 '성폭력범죄의 처벌 및 피해자보호 등에 관한 법률'의 내용 중 성폭력피해자 보호·지원에 관한 사항을 분리하여 규정 − 성폭력피해자의 보호·지원을 위한 국가 및 지방자치단체의 책무
2011. 3. 30 (2011. 10. 1)	− 유치원의 장, 보육시설의 장에게 성폭력 예방교육을 실시하도록 함. − 피해자를 보호하는 자에 대한 직업 및 직업훈련을 알선(제7조 제3항) − 상담소의 의료 지원 업무 대상에 피해자 가족 포함함(제11조 제3호).
2012. 2. 1 (2012. 8. 2)	− 성폭력피해자에 대한 해고 등 고용상 불이익 금지 조항의 실효성을 제고 규정 위반 시 3년 이하의 징역 또는 2천만원 이하의 벌금 − 국가가 성폭력피해자에 대하여 법률상담, 소송대리 등의 법률지원
2014. 1. 21 (2014. 7. 22)	− 성교육 및 성폭력 예방교육과 성매매, 성희롱, 가정폭력 예방교육 통합 실시 − 여성가족부장관으로 하여금 매년 예방교육 실시하고 결과에 대하여 점검
2015. 2. 3 (2015. 8. 4)	− 국민의 인권증진에 기여 민간 사용자가 그 직원에 대하여 성교육 및 성폭력 예방교육, 성폭력피해자보호시설의 종류에 외국인보호시설을 추가 − 신고한 휴지기간 초과하여 운영 재개하지 아니한 상담소나 보호시설에 시정명령
2015. 12. 1 (2016. 6. 2)	− 여성가족부장관이 장애인 등 다양한 대상의 특수성 고려, 별도의 맞춤형 교육. 장애인 등 대상별 특성 고려한 교육프로그램 개발. 성폭력 예방교육 지원기관 업무 포함하려는 것임. 국가 또는 지방자치단체가 성폭력피해자보호시설의 설치·운영을 기관 또는 단체에 위탁
2016. 3. 2 (2016. 9. 3)	− 현행 법은 성폭력피해상담소 등 해당 시설의 이용자를 다른 시설로 옮기도록 하는 등의 시설 이용자의 권익 보호 조치나 해당 시설 운영자가 시설 이용자의 권익 보호 조치를 하였는지 여부를 감독기관이 확인하도록 하는 내용은 시행규칙에 규정되어 있는 바, 해당 시설 이용자의 권익 보호를 위해서는 이를 법률로 명확히 규정할 필요가 있음.

제·개정(시행)	주요내용
2016. 5. 29 (2016. 11. 30)	- 국가기관 및 지방자치단체, 어린이집, 유치원, 각급 학교, 공공단체의 장은 성폭력 예방을 위하여 성교육 및 성폭력 예방교육, 재발방지대책 수립 - 여성가족부 장관이 성폭력 예방조치에 대한 점검을 대통령령으로 정하는 바에 따라 매년 실시(제5조 제6항)

2. 급여 및 재정

1) 피해자 등에 대한 취학 및 취업 지원(제7조)

① 국가와 지방자치단체는 피해자나 피해자의 가족구성원이 '초·중등교육법' (제2조)에 따른 각급 학교의 학생인 경우 주소지 외의 지역에서 취학(입학, 재입학, 전학 및 편입학을 포함)할 필요가 있을 때에는 그 취학이 원활히 이루어지도록 지원하여야 한다. 이 경우 취학을 지원하는 관계자는 피해자 등의 사생활이 침해되지 아니하도록 유의하여야 한다.

② 출석일수 산입 등 위에 따른 취학 지원에 필요한 사항은 대통령령으로 정한다.

③ 국가와 지방자치단체는 피해자를 보호하는 자에 대한 직업훈련 및 취업을 알선할 수 있다.

④ 취업 지원 대상의 범위 등 취업 지원에 필요한 사항은 여성가족부령으로 정한다.

2) 피해자에 대한 법률상담 등(제7조의2)

① 국가는 피해자에 대하여 법률상담과 소송대리 등의 지원을 할 수 있다.

② 여성가족부장관은 '법률구조법'(제8조)에 따른 대한법률구조공단 또는 대통령령으로 정하는 그밖의 기관에 제1항에 따른 법률상담 등을 요청할 수 있다.

③ 위의 법률상담등에 드는 비용은 대통령령으로 정하는 바에 따라 국가가 부담할 수 있다.

④ 법률상담 등의 요건과 내용 및 절차 등은 대통령령으로 정한다.

3) 피해자에 대한 불이익처분의 금지(제8조)

누구든지 피해자를 고용하고 있는 자는 성폭력과 관련하여 피해자를 해고하거나 그밖의 불이익을 주어서는 아니된다.

4) 신고의무(제9조)

19세 미만의 미성년자(19세에 도달하는 해의 1월 1일을 맞이한 미성년자는 제외)를 보호하거나 교육 또는 치료하는 시설의 장 및 관련 종사자는 자기의 보호 · 지원을 받는 자가 '성폭력범죄의 처벌 등에 관한 특례법'(제3조부터 제9조), '형법'(제301조 및 제301조의2)의 피해자인 사실을 알게 된 때에는 즉시 수사기관에 신고하여야 한다.

5) 보호시설에 대한 보호비용 지원(제14조)

국가 또는 지방자치단체는 보호시설에 입소한 피해자 등의 보호를 위하여 필요한 경우 다음의 보호비용을 보호시설의 장 또는 피해자에게 지원할 수 있다. 다만, 보호시설에 입소한 피해자 등이 '국민기초생활 보장법' 등 다른 법령에 따라 보호를 받고 있는 경우에는 그 범위에서 이 법에 따른 지원을 하지 아니한다.

① 생계비

② 아동교육지원비

③ 아동양육비

④ 그밖에 대통령령으로 정하는 비용

위에 따른 보호비용의 지원 방법 및 절차 등에 필요한 사항은 여성가족부령으로 정한다.

6)   **의료비지원(제28조)**

국가 또는 지방자치단체는 성폭력 전담의료기관의 지정 등(제27조 제2항)에 따른 치료 등에 대하여 의료 지원에 필요한 경비의 전부 또는 일부를 지원할 수 있다.
의료비용의 지원범위 및 절차 등에 필요한 사항은 여성가족부령으로 정한다.

3.   전달체계 및 위원회

1)   **상담소의 설치·운영(제10조)**

국가 또는 지방자치단체는 성폭력피해상담소를 설치·운영할 수 있다.
국가 또는 지방자치단체 외의 자가 상담소를 설치·운영하려면 특별자치시장·특별자치도지사 또는 시장·군수·구청장(자치구의 구청장을 말한다. 이하 같다)에게 신고하여야 한다. 상담소의 설치·운영 기준, 상담소에 두는 상담원 등 종사자의 수 및 신고 등에 필요한 사항은 여성가족부령으로 정한다.

상담소는 다음 업무를 한다(제11조).
① 성폭력피해의 신고접수와 이에 관한 상담
② 성폭력피해로 인하여 정상적인 가정생활 또는 사회생활이 곤란하거나 그밖의 사정으로 긴급히 보호할 필요가 있는 사람과 성폭력피해자보호시설(제12조) 등의 연계
③ 피해자 등의 질병치료와 건강관리를 위하여 의료기관에 인도하는 등 의료 지원
④ 피해자에 대한 수사기관의 조사와 법원의 증인신문 등에의 동행
⑤ 성폭력행위자에 대한 고소와 피해배상청구 등 사법처리 절차에 관하여 '법률구조법'(제8조)에 따른 대한법률구조공단 등 관계 기관에 필요한 협조 및 지원 요청
⑥ 성폭력 예방을 위한 홍보 및 교육
⑦ 그밖에 성폭력 및 성폭력피해에 관한 조사·연구

2) **보호시설의 설치 · 운영 및 종류(제12조)**

국가 또는 지방자치단체는 성폭력피해자보호시설을 설치·운영할 수 있다. '사회복지사업법'에 따른 사회복지법인이나 그밖의 비영리법인은 특별자치시장·특별자치도지사 또는 시장·군수·구청장의 인가를 받아 보호시설을 설치·운영할 수 있다.

(1) 보호시설의 종류

① 일반보호시설

피해자에게 제13조 제1항 각 호의 사항을 제공하는 시설

② 장애인보호시설

'장애인차별금지 및 권리구제 등에 관한 법률' 제2조 제2항에 따른 장애인인 피해자에게 보호시설의 업무(제13조 제1항) 사항을 제공하는 시설

③ 특별지원 보호시설

'성폭력범죄의 처벌 등에 관한 특례법'(제5조)에 따른 피해자로서 19세 미만의 피해자에게(제13조 제1항)의 사항을 제공하는 시설

④ 자립지원 공동생활시설

보호시설(제1호부터 제3호)를 퇴소한 사람에게 보호시설 및 그밖에 필요한 사항을 제공하는 시설

⑤ 장애인 자립지원 공동생활시설

보호시설을 퇴소한 사람에게 자립·자활 교육의 실시와 취업정보의 제공

보호시설의 설치·운영 기준, 보호시설에 두는 상담원 등 종사자의 수 및 인가 절차 등에 필요한 사항은 여성가족부령으로 정한다.

(2) 보호시설의 업무 등(제13조)

보호시설은 다음 각 호의 업무를 한다.

① 피해자 등의 보호 및 숙식 제공

② 피해자 등의 심리적 안정과 사회 적응을 위한 상담 및 치료

③ 자립·자활 교육의 실시와 취업정보의 제공

④ 의료지원, 증인신문, 대한법률구조공단 등 관계 기관에 필요한 협조 및 지원 요청(제11조 제3호·제4호 및 제5호)의 업무

⑤ 다른 법률에 따라 보호시설에 위탁된 업무

⑥ 그밖에 피해자 등을 보호하기 위하여 필요한 업무

보호시설의 입소(제15조)는 피해자 등이 다음 어느 하나에 해당하는 경우에는 보호시설에 입소할 수 있다.

① 본인이 입소를 희망하거나 입소에 동의하는 경우

② 미성년자 또는 지적장애인 등 의사능력이 불완전한 사람으로서 성폭력행위 자가 아닌 보호자가 입소에 동의하는 경우

인가받은 보호시설의 장은 보호시설에 입소한 사람의 인적사항 및 입소사유 등을 특별자치 도지사 또는 시장·군수·구청장에게 지체 없이 보고하여야 한다.

③ 보호시설의 장은 친족에 의한 피해자나 지적장애인 등 의사능력이 불완전한 피해자로서 상담원의 상담 결과 입소가 필요하나 보호자의 입소 동의를 받는 것이 적절하지 못하다고 인정하는 경우에는 제1항에도 불구하고 보호시설에 입소하게 할 수 있다. 이 경우에 따라 인가받은 보호시설(제12조 제2항)의 장은 지체 없이 관할 특별자치 도지사 또는 시장·군수·구청장의 승인을 받아야 한다.

④ 제3항에 따른 입소 및 승인에 있어서 보호시설의 장과 특별자치시장·특별자 치도지사 또는 시장·군수·구청장은 피해자의 권익 보호를 최우선적으로 고려하여야 한다.

(3) 보호시설의 입소기간(제16조)

보호시설의 종류별 입소기간은 다음과 같다.

① 일반보호시설

6개월 이내. 다만, 여성가족부령으로 정하는 바에 따라 1년 6개월의 범위에서 한 차례 연장할 수 있다.

② 장애인보호시설

    2년 이내. 다만, 여성가족부령으로 정하는 바에 따라 피해회복에 소요되는 기간까지 연장할 수 있다.

③ 특별지원 보호시설

    19세가 될 때까지. 다만, 여성가족부령으로 정하는 바에 따라 2년의 범위에서 한 차례 연장할 수 있다.

④ 자립지원 공동생활시설

    2년 이내. 다만, 여성가족부령으로 정하는 바에 따라 2년의 범위에서 한 차례 연장할 수 있다.

⑤ 장애인 자립지원 공동생활시설

    2년 이내. 다만, 여성가족부령으로 정하는 바에 따라 2년의 범위에서 한 차례 연장할 수 있다.

일반보호시설에 입소한 피해자가 대통령령으로 정하는 특별한 사유에 해당하는 경우에는 입소기간을 초과하여 연장할 수 있다. 입소기간의 연장에 관한 사항은 여성가족부령으로 정한다.

3) 피해자를 위한 통합지원센터의 설치 · 운영(제18조)

국가와 지방자치단체는 성폭력 피해상담, 치료, 그밖에 피해구제를 위한 지원 업무를 종합적으로 수행하기 위하여 성폭력피해자통합지원센터를 설치 · 운영할 수 있다.

국가와 지방자치단체는 대통령령으로 정하는 기관 또는 단체로 하여금 통합지원센터를 설치 · 운영하게 할 수 있다.

통합지원센터에 두는 상담원 등 종사자의 수 등에 필요한 사항은 여성가족부령으로 정한다.

4) 상담원 등의 자격기준(제19조)

다음 어느 하나에 해당하는 사람은 상담소, 보호시설 및 통합지원센터의 장 또는 상담원이 될 수 없다.

① 미성년자, 금치산자 또는 한정치산자

② 파산선고를 받고 복권되지 아니한 사람

③ 금고 이상의 형을 선고받고 그 집행이 종료(집행이 종료된 것으로 보는 경우 를 포함한다)되지 아니하였거나 그 집행을 받지 아니하기로 확정되지 아니 한 사람

④ '성폭력범죄의 처벌 등에 관한 특례법' 제2조의 죄 또는 '아동·청소년의 성 보호에 관한 법률' 제2조 제2호의 죄를 범하여 형 또는 치료감호를 선고받고 그 형 또는 치료감호의 전부 또는 일부의 집행이 종료되거나 집행이 유예· 면제된 날부터 10년이 지나지 아니한 사람

상담소, 보호시설 및 통합지원센터에서 종사하려는 사람은 전문 지식이나 경 력 등 대통령령으로 정하는 자격기준을 갖추어야 한다.

5) 상담원 교육훈련시설(제19조의2)

국가와 지방자치단체(특별시·광역시·특별자치시·도·특별자치도에 한정)는 상담원(상담원이 되려는 사람을 포함)의 자질을 향상시키기 위하여 상담원에 대한 전문적인 교육·훈련을 담당하는 시설을 설치·운영할 수 있다.

여성가족부장관 또는 특별시장·광역시장·특별자치시장·도지사·특별자치도 지사는 상담원에 대한 전문적인 교육·훈련을 대통령령으로 정하는 기관 또는 단체에 위탁하거나 이를 교육훈련시설로 지정할 수 있다.

다음의 자로서 교육훈련시설을 설치하려는 자는 시장·군수·구청장에게 신고 하여야 한다.

① '고등교육법'에 따른 학교를 설립·운영하는 학교법인

② 법률구조법인

③ 사회복지법인

④ 그밖의 비영리법인이나 단체

교육훈련시설의 설치 및 지정 기준, 교육훈련시설에 두는 강사의 자격과 수, 상담원 교육훈련과정의 운영기준 및 신고절차 등에 필요한 사항은 여성가족부 령으로 정한다.

4. 권리구제 및 벌칙

1) 벌칙(제36조)

① 피해자에 대한 불이익처분의 금지(제8조)를 위반하여 피해자를 해고하거나 그밖의 불이익을 준 자는 3년 이하의 징역 또는 2천만 원 이하의 벌금에 처 한다.

② 다음 어느 하나에 해당하는 자는 2년 이하의 징역 또는 500만 원 이하의 벌 금에 처한다.

㉮ 상담소설치신고(제10조 제2항), 보호시설 인가(제12조 제2항) 또는 교육 훈련시설신고(제19조의2 제3항)를 위반하여 신고를 하지 아니하거나 인 가를 받지 아니하고 상담소, 보호시설 또는 교육훈련시설을 설치·운영한 자

㉯ 인가취소(제23조)에 따른 업무의 폐지 또는 정지 명령이나 인가취소를 받고도 상담소, 보호시설 또는 교육훈련시설을 계속 운영한 자

㉰ 영리목적 운영의 금지(제29조)에 따른 영리목적 운영 금지의무를 위반한 자

㉱ 비밀 엄수의 의무(제30조)를 위반한 자

③ 양벌규정(제37조)

법인의 대표자나 법인 또는 개인의 대리인, 사용인, 그밖의 종사자가 그 법인 또는 개인의 업무에 관하여 벌칙(제36조)의 위반행위를 하면 그 행위자를 벌하는 외에 그 법인 또는 개인에게도 해당 조문의 벌금형을 과(科)한다. 다만, 법인 또는 개인이 그 위반행위를 방지하기 위하여 해당 업무에 관하여 상당한 주의와 감독을 게을리하지 아니한 경우에는 그러하지 아니하다.

2) 과태료(제38조)

다음 어느 하나에 해당하는 자에게는 300만 원 이하의 과태료를 부과한다.

① 정당한 사유 없이 보고(제32조 제1항)를 하지 아니하거나 거짓으로 보고한 자 또는 조사·검사를 거부하거나 기피한 자

② 유사명칭 사용 금지의무(제33조)를 위반한 자

위의 과태료는 대통령령으로 정하는 바에 따라 여성가족부장관, 특별자치시장·특별자치도지사 또는 시장·군수·구청장이 부과·징수한다.

CHAPTER

12 장애인복지법 · 장애인차별금지법

제1절   장애인복지법

1. 목적과 대상

1) 목적

장애인의 인간다운 삶과 권리보장을 위한 국가와 지방자치단체 등의 책임을
명백히 하고, 장애발생 예방과 장애인의 의료·교육·직업재활·생활환경개선
등에 관한 사업을 정하여 장애인복지대책을 종합적으로 추진하며, 장애인의
자립생활·보호 및 수당지급 등에 관하여 필요한 사항을 정하여 장애인의 생
활안정에 기여하는 등 장애인의 복지와 사회활동 참여증진을 통하여 사회통합
에 이바지함을 목적으로 한다(제1조).

2) 대상

장애인의 정의(제2조)에 의하면 "장애인"이란 신체적·정신적 장애로 오랫동안
일상생활이나 사회생활에서 상당한 제약을 받는 자를 말한다(제1항).
다음의 어느 하나에 해당하는 장애가 있는 자로서 대통령령으로 정하는 장애
의 종류 및 기준에 해당하는 자를 말한다.
① 신체적 장애 : 주요 외부 신체 기능의 장애, 내부기관의 장애 등을 말한다.
② 정신적 장애 : 발달장애 또는 정신 질환으로 발생하는 장애를 말한다.

책임주체는 국가 및 지방자치단체의 책임이다. 기본책임(제9조)은 장애발생
예방, 장애 조기 발견에 대한 국민의 관심을 높이고, 장애인의 자립을 지원하
고, 보호가 필요한 장애인을 보호하여 장애인의 복지를 향상시킬 책임을 진다.
여성장애인의 권익을 보호하기 위하여 정책을 강구하여야 한다. 장애인복지정
책을 장애인과 그 보호자에게 적극적으로 홍보하여야 하며, 국민이 장애인을
올바르게 이해하도록 하는 데 필요한 정책을 강구하여야 한다.

국민의 책임(제10조)이다. 모든 국민은 장애 발생의 예방, 장애의 조기 발견을 위하여 노력하여야 하며 장애인의 인격을 존중하고 사회통합의 이념에 기초하여 장애인의 복지향상에 협력하여야 한다. 모든 국민은 장애 발생의 예방, 장애의 조기 발견을 위하여 노력하여야 하며 장애인의 인격을 존중하고 사회통합의 이념에 기초하여 장애인의 복지향상에 협력하여야 한다.

3) 장애인복지법의 발전

입법 배경은 1981년 '세계장애인의 해'를 맞아 UN이 모든 국가에 대해 심신장애인을 위한 복지사업과 기념행사를 추진하도록 권고함에 있다.

표 12.1 장애인복지법의 발전

제 · 개정(시행)	주요 내용
1981. 6. 5 (1981. 6. 5)	법률 제3452호 '심신장애자복지법' 제정
1989. 12. 30 (1989. 12. 30)	"심신장애자"라는 용어를 "장애인"으로 변경(법의 제명 '장애인복지법'으로 함.) – 장애인복지에 관한 사항을 심의·건의하기 위하여 보건사회부에 장애인복지위원회 설치 – 장애인등록제 신설
1999. 2. 8 (2000. 1. 1)	'장애인복지법' 전부 개정 – 장애인복지종합정책 수립 및 관계부처 간 의견 조정, 감독, 평가를 위한 장애인복지조정위원회를 국무총리소속하에 둠. – 전기통신, 방송시설의 개선과 방송, 국가적인 주요행사, 민간주최의 주요행사에 수화통역, 폐쇄자막 방송 등을 실시, 음성도서 보급 추진 – 장애인보조견표지 발급, 장애인보조견을 동반한 장애인의 대중교통수단 이용거부, 숙박업소, 식품접객업소 이용거부 금지
2003. 9. 29 (2005. 1. 1)	'장애인복지법' 일부 개정 – '국민기초생활보장법'에 의한 생계급여의 수급자에 해당하는 장애인 모두를 장애수당의 의무지급대상자로 하여 지급대상을 확대

제 · 개정(시행)	주요 내용
2007. 4. 11 (2007.10. 12)	'장애인복지법' 전부 개정 – 장애인 관련 정책결정과정에 장애인이 우선적으로 참여할 권리 규정 – 중앙행정기관의 장은 소속공무원 중에서 장애인정책책임관을 지정할 수 있음. – 임산부인 여성장애인과 신생아의 건강관리를 위하여 산전 · 산후 조리를 돕는 도우미 지원 및 활동보조인의 파견 등 활동보조서비스 지원 – 장애인의 정보 접근성 제고 – 장애인에 대한 사회적 인식개선
2010. 5. 27 (2010. 11. 28)	'장애인복지법' 일부 개정 – 심사기관을 '국민연금공단'으로 명시함.
2011. 3. 30 (2012. 3. 31)	– 장애인복지실시기관은 장애인이 장애인복지시설을 선택할 때 장애인의 선택권을 최대한 보장하도록 함. – 장애인복지시설 중 장애인 생활시설을 거주 서비스를 제공하는 거주시설로 개념 및 기능을 재정립하고, 지역사회재활시설 중 의료재활시설을 별도로 규정하며, 유료복지시설은 삭제함. – 장애인 거주시설의 정원은 30명을 초과할 수 없도록 하되, 특수한 서비스를 위하여 일정 규모 이상이 필요한 시설 등은 대통령령으로 정하도록 함.
2011. 8. 4 (2012. 8. 5)	– 보건복지부장관은 언어재활사의 자격요건을 갖춘 자로서 국가시험에 합격한 자에게 언어재활사 자격증을 내주도록 함. – 한국언어재활사협회를 설립할 수 있도록 함.
2012. 1. 26 (2012. 7. 27)	– 보건복지부장관은 장애인의 권익과 복지 증진을 위하여 장애인정책종합계획의 수립, 시행하도록 함. – 국내거소를 신고한 재외동포, 결혼이민자 등 일정한 요건을 갖춘 재외동포 및 외국인에 대하여 장애인등록을 허용 – 자녀교육비 및 장애수당 등의 신청 시 금융재산 조사에 관한 사항 – 장애인복지시설의 운영자 등이 장애인복지시설 내 성범죄 발생사실을 알게 된 때에는 수사기관에 신고하도록 의무화하고, 장애인복지시설의 운영자는 성범죄 예방 및 신고 의무와 관련한 교육 실시하도록 함.

제 · 개정(시행)	주요 내용
2012. 10. 22 (2013. 4. 23)	– 장애인복지시설의 운영자 및 종사자로 하여금 직무상 알게 된 장애인학대 사실을 수사기관에 신고하도록 의무화, 신고의무 위반 시 과태료를 부과 – 피학대 장애인에 대한 응급조치 의무, 장애인학대사건 심리에 있어 보조인 선임절차 등을 정함으로써 피학대 장애인 구제의 효율성과 피학대장애인 보호 도모
2013. 7. 30 (2013.10. 31)	– 현행법상 장애인 생산품 인증제를 실시하고 있으나, 거짓 인증표시에 대한 벌칙규정을 신설 – 장애인복지단체의 재정적 부담경감, 장애인복지단체에 국유 · 공유 재산무상, 대부 또는 사용 · 수익
2015. 12. 29 (2016. 6. 30)	– 국가기관, 지방자치단체, '영유아보육법'에 따른 어린이집, 유아교육법 · 초 · 중등교육법 · '고등교육법'에 따른 각급 학교 등 장애인에 대한 인식개선 위한 교육실시 대상기관 규정(제25조) – 장애 정도에 관한 정밀심사를 의뢰받은 공공기관이 '장애인복지법'의 장애 정도에 관한 심사를 위해 장애인 본인의 동의를 얻어 진료기록 등의 열람 및 사본 교부 요청, 해당 의료기관 이에 응함.
2015. 6. 22 (2017. 1. 1)	– 장애인정책종합계획과 해당 연도의 사업계획, 전년도 사업계획의 추진실적 및 추진성과의 평가결과에 대하여 국회 소관 상임위원회에 보고하도록 함(제10조의3 신설). – 국가와 지방자치단체는 등록 장애인에게 필요한 서비스가 적시 제공될 수 있도록 복지서비스 장애인 지원 사업 실시
2016. 11. 30 (2016. 11. 30)	– 현행법은 이 법에 따라 장애인에게 지급되는 금품은 압류하지 못하도록 하고 있으나, 장애수당과 장애아동수당 및 자녀교육비 등이 금융기관의 예금계좌에 입금되어 다른 금원과 섞이게 되면 압류금지의 효력이 미치지 않게 되어 수급자의 예금채권이 압류되는 경우가 발생할 수 있음. – 수급자가 신청하는 경우에는 이 법에 따라 장애인에게 지급되는 금전이 입금되는 수급자 명의의 지정된 계좌로 금전을 입금하도록 하고, 해당 수급계좌의 예금에 관한 채권은 압류할 수 없도록 규정함.

2. 급여 및 재정

1) 급여

(1) 기본정책

국가 및 지방자치단체는 아래의 내용들에 대하여 시책 등을 강구해야 한다.

장애발생 예방(제17조), 의료와 재활치료(제18조), 사회적응 훈련(제19조), 교육(제20조), 직업(제21조), 정보에의 접근(제22조), 편의시설 설치(제23조), 안전대책 강구(제24조), 사회적 인식개선(제25조), 선거권 행사를 위한 편의제공(제26조), 주택보급(제27조), 문화환경의 정비 등(제28조), 복지 연구 등의 진흥(제29조), 경제적 부담의 경감(제30조)이다.

① 장애인정책종합계획의 수립, 시행(제10조의2)

보건복지부장관이 장애인의 권익과 복지 증진을 위하여 관계 중앙행정기관의 장과 협의하여 5년마다 장애인정책종합계획을 수립, 시행하여야 한다.

② 장애인정책종합계획에 포함되어야 하는 사항

장애인의 복지에 관한 사항, 장애인의 교육문화에 관한 사항, 장애인의 경제활동에 관한 사항, 장애인의 사회참여에 관한 사항, 그밖에 장애인의 권익과 복지 증진을 위하여 필요한 사항이다.

(2) 복지조치에 관한 내용

① 장애인 실태조사(제31조)

보건복지부장관은 장애인복지정책의 수립에 필요한 기초 자료로 활용하기 위하여 3년마다 장애인의 실태조사를 실시하여야 한다.

② 장애인 등록(제32조)

장애인, 법정대리인 또는 대통령령으로 정하는 보호자는 장애상태와 그밖에 보건복지부령이 정하는 사항을 특별자치도지사·시장·군수·구청장에게 등록하여야 한다(제1항).

등록을 신청한 장애인이 기준에 맞으면 장애인 등록증을 내주어야 한다(제2항).

장애인 등록 및 상태 변화에 따른 장애등급을 조정함에 있어 장애인의 장애 인정과 장애등급 사정이 적정한지를 확인하기 위하여 필요한 경우 '국민연금법' 제24조에 따른 국민연금공단에 장애 정도에 대한 정밀심사를 의뢰할 수 있다(제6항).

③ 재외동포 및 외국인의 장애인 등록(제32조의2)

국내거소신고를 한 사람, 외국인등록을 한 자로 대한민국에 영주할 수 있는 체류자격을 가진 사람, 결혼이민자이다.

④ 재활상담 등의 조치(제34조)

보건복지부장관, 특별시장·광역시장·도지사·특별자치도지사 또는 시장·군수·구청장(장애인복지실시기관)은 장애인에 대한 검진 및 재활상담을 하고, 필요하다고 인정되면 조치를 하여야 한다.

⑤ 자녀교육비 지급(제38조)

장애인복지실시기관은 경제적 부담 능력 등을 감안하여 장애인이 부양하는 자녀 또는 장애인인 자녀의 교육비를 지급할 수 있다.

(3) 장애인 관련 수당

① 장애수당(제49조)

국가와 지방자치단체는 장애인의 장애 정도와 장애인의 경제적 생활수준을 고려하여 장애로 인한 추가적 비용을 보전하기 위하여 장애수당을 지급할 수 있다. '국민기초생활보장법'에 따른 생계급여를 받는 장애인에게는 반드시 지급하여야 한다. '장애인연금법'에 따른 중증장애인에게는 장애수당을 지급하지 않는다.

② 장애아동수당(제50조 제1항)

국가와 지방자치단체는 장애아동에게 보호자의 경제적 생활수준 및 장애아동의 장애 정도를 고려하여 장애로 인한 추가적 비용을 보전하기 위하여 장애수당을 지급할 수 있다. 대상은 18세 미만, 국민기초생활보장법 수급자 또는 차상위 계층이다.

③ 보호수당(제50조 제2항)

국가와 지방자치단체는 장애인을 보호하는 보호자에게 그의 경제적 수준과 장애인의 장애정도를 고려하여 장애인의 보호자에게 장애로 인한 추가적 비용을 보전하게 하기 위하여 보호수당을 지급할 수 있다.

④ 금융재산 조사(제50조의2)

제38조에 따른 자녀교육비, 제49조 및 제50조에 따른 장애수당, 장애아동수당 및 보호수당을 지급받으려는 사람은 보건복지부령으로 정하는 바에 따라 특별자치도지사, 시장, 군수, 구청장에게 자녀교육비 및 장애수당 등의 지급을 신청할 수 있으며, 금융정보 등의 제공에 동의한다는 서면을 제출하여야 한다.

⑤ 중증장애인의 자립생활 지원

국가와 지방자치단체는 중증장애인의 자기결정에 의한 자립생활을 위하여 활동보조인의 파견 등 활동보조서비스 또는 장애인보조기구의 제공, 그밖의 각종 편의 및 정보 제공 등 필요한 시책을 강구하여야 한다(제53조). 중증장애인의 자립생활지원센터를 통하여 필요한 각종 지원서비스를 제공(제53조)하여 일상생활 또는 사회생활을 원활히 할 수 있도록 활동지원급여 지원한다. 그리고 여성 장애인의 임신 및 출산 지원을 위한 활동보조인의 파견(제55조)에 관한 지원도 한다.

⑥ 장애인 동료간 상담(제56조)

장애인이 장애를 극복하는 데 도움이 되도록 장애 동료간 상호 대화나 상담의 기회를 제공하도록 노력하여야 한다

기타 복지조치에 관한 내용은 다음과 같다.

① 장애인의 재활 및 자립서비스 제공(제35조)

② 산후조리도우미 지원(제37조)

③ 장애인 보조견의 훈련, 보급 지원(제40조)

④ 자금대여(제41조)

⑤ 고용촉진(제46조)

⑥ 국유, 공유 재산의 우선 매각이나 유상, 무상 대여(제48조)

⑦ 장애인복지실시기관은 의료비 지원(제36조), 자립훈련비 지급(제43조)를 할 수 있다.

⑧ 생업지원 : 매점이나 자동판매기 설치 시 장애인의 신청을 우선적으로 반영

(제42조)

⑨ 장애인 생산품 우선 구매(제44조)

2) 재정

① 예산의 범위 안에서 대통령령이 정하는 바에 따라 장애인복지실시기관이 부담하게 할 수 있다(제79조 제1항).

예를 들어 의료비, 자녀교육비, 자립훈련비, 장애수당, 장애아동수당 및 보호수당, 활동급여 지원, 장애인보조기구의 교부, 장애보조기구업체에 대한 지원, 장애복지시설의 설치·운영에 드는 비용

② 국가와 지방자치단체는 장애인이 장애인복지시설을 이용하는데 드는 비용의 전부 또는 일부를 부담할 수 있으며, 시설 이용자의 자산과 소득을 고려하여 본인부담금을 부과할 수 있다(제79조 제2항).

③ 비용 수납

국공립병원, 보건소, 보건지소 기타 의료기관에 의뢰하여 비용 및 보건지도를 받게 하는 조치에 필요한 비용을 부담한 장애인복지실시기관은 장애인 또는 부양의무자로부터 부담한 비용의 전부 또는 일부를 수납할 수 있다(제80조).

④ 비용보조

국가와 지방자치단체는 장애인복지시설의 설치 또는 운영에 필요한 비용의 전부 또는 일부를 보조할 수 있다(제81조).

⑤ 조세의 감면(제83조)

3. 전달체계 및 위원회

1) 복지시설

(1) 장애인복지시설 이용에 관한 기본적 원칙(제57조)

첫째, 국가와 지방자치단체는 장애인이 장애인복지시설의 이용을 통하여 기능회복과 사회적 향상을 도모할 수 있도록 필요한 정책을 강구하여야 한다.

둘째, 국가와 지방자치단체는 장애인복지시설을 이용하는 장애인의 인권을 보호하기 위하여 필요한 정책을 마련하고 관련 프로그램을 실시할 수 있는 기반을 조성하여야 한다.

셋째, 장애인복지실시기관은 장애인복지시설에 대한 장애인의 선택권을 최대한 보장하여야 한다.

넷째, 장애인복지실시기관은 장애인의 선택권을 보장하기 위하여 장애인복지시설을 이용하려는 장애인에게 시설의 선택에 필요한 정보를 충분히 제공하여야 한다.

다섯째, 장애인복지시설의 선택에 필요한 정보 제공과 서비스 제공 시에는 장애인의 성별·연령 및 장애의 유형과 정도를 고려하여야 한다.

(2) 복지시설의 종류(제58조)

① 장애인 거주시설

거주공간을 활용하여 일반 가정에서 생활하기 어려운 장애인에게 일정기간 동안 거주, 요양, 지원 등의 서비스를 제공하는 동시에 지역사회생활을 지원하는 시설. 정원은 30명을 초과할 수 없다.

② 장애인 지역사회재활시설

장애인을 전문적으로 상담, 치료, 훈련하거나 장애인의 일상생활, 여가활동 및 사회참여활동을 지원하는 시설이다.

③ 장애인 직업재활시설

일반 작업환경에서는 일하기 어려운 장애인이 특별히 준비된 작업환경에서 직업훈련을 받거나 직업생활을 할 수 있도록 하는 시설이다.

④ 장애인 의료재활시설

장애인을 입원 또는 통원하게 하여 상담, 진단·판정, 치료 등 의료재활서비스를 제공하는 시설이다.

⑤ 그밖에 대통령령으로 정하는 시설이다.

(3) 복지시설의 설치와 인권보호

국가와 지방자치단체는 장애인복지시설을 설치할 수 있다. 이 외의 자가 설치

· 운영하고자 할 때는 시설소재지 관할 시장·군수·구청장에게 신고하여야 하며, 신고한 사항 중 보건복지부령으로 정하는 중요한 사항을 변경할 때에도 신고하여야 한다.

① 장애인 대상 성범죄의 신고(제59조의2)

장애인복지시설의 운영자 등이 장애인복지시설 내 성범죄 발생 사실을 알게 된 때에는 수사기관에 신고하도록 의무화한다. 장애인복지시설의 운영자는 성범죄 예방 및 신고의무와 관련한 교육을 실시하여야 한다.

② 성범죄의 취업제한 등(제59조의3)

성범죄경력자는 10년 동안 장애인복지시설을 운영하거나 장애인복지시설에 취업할 수 없다.

2) 시설 운영

(1) 운영과 폐지(제60조)

국가와 지방자치단체 외의 자가 시설의 설치를 신고 시에는 지체 없이 운영을 개시하여야 한다(제1항). 시설 운영의 중단 또는 재개하거나 시설 폐지할 때는 보건복지부령이 정하는 바에 따라 미리 시장·군수·구청장에게 신고하여야 한다(제2항).

(2) 시설 이용자의 권익 보호(제60조 제4항)

시설운영자가 시설운영을 중단했다가 시설운영을 재개하려고 할 때에는 보건복지부령이 정하는 바에 따라 시설 이용자의 권익을 보호하기 위하여 다음의 조치를 하여야 한다. 운영 중단 사유의 해소 향후 안정적 운영계획의 수립 그 밖에 시설 이용자의 권익 보호를 위하여 보건복지부장관이 필요하다고 인정하는 조치이다.

(3) 거주시설 이용

① 거주시설 이용절차(제60조의2)

장애인거주시설을 이용하려는 자와 그 친족, 그밖의 관계인은 보건복지부령으로 정하는 서류를 갖추어 시장, 군수, 구청장에게 장애인의 시설 이용을 신청하여야 한다. 이용 중단에 따른 어떠한 불이익한 처분이나 차별을 하지 못하도록 하고 있다.

② 거주시설의 서비스 최저기준(제60조의3)

보건복지부장관은 장애인 거주시설에서 제공하여야 하는 서비스 최저기준을 마련하여야 하며, 장애인복지실시기관은 그 기준이 충족될 수 있도록 필요한 조치를 취하여야 한다. 시설 운영자는 서비스의 최저기준 이상으로 서비스 수준을 유지하여야 한다.

거주시설의 운영자의 의무(제60조의4)로서 시설운영자는 시설 이용자의 인권을 보호하고 인권이 침해된 경우에는 즉각적인 회복조치를 취하여야 한다. 시설운영자는 시설 이용자의 사생활 및 자기결정권 보장을 위해 노력하여야 한다.

③ 감독 및 시설의 개선 명령 등 감독(제61조)

장애인복지실시기관은 장애인복지시설을 설치 · 운영하는 자의 소관업무 및 시설 이용자의 인권실태 등을 지도 · 감독하며 필요한 경우 그 시설에 관한 보고 또는 관련 서류 제출을 명하거나 소속 공무원에게 그 시설의 운영상황 · 장부, 그밖의 서류를 조사 · 검사하거나 질문하게 할 수 있다.

④ 시설의 개선, 정지, 폐쇄 명령 등(제62조)

장애인복지실시기관은 장애인복지시설의 개선, 사업의 정지, 시설의 장 교체를 명하거나 해당 시설의 폐쇄를 명할 수 있다. 장애인거주시설이 제60조의3에 따른 서비스 최저기준을 유지하지 못할 때에는 그 시설의 개선, 사업의 정지, 시설의 장의 교체를 명하거나 해당 시설의 폐쇄를 명할 수 있다.

3) 전달체계

(1) 장애인정책조정위원회(제11조)

장애인 종합정책을 수립하고 관계부처 간의 의견을 조정하며 그 정책의 이행을 감독하고 평가하기 위해 국무총리 소속하에 둔다(제1항). 역할은 정책의 기본 방향에 관한 사항, 장애인복지 향상을 위한 제도개선과 예산지원에 관한 사항, 중요한 특수교육정책의 조정에 관한 사항, 장애인의 고용촉진정책의 중요한 조정에 관한 사항, 장애인 이동보장정책 조정에 관한 사항, 장애인정책 추진과 관련한 재원조달에 관한 사항, 장애인복지에 관한 관련 부처의 협조에 관한 사항, 그밖에 장애인복지와 관련하여 대통령령으로 정하는 사항이다.

(2) 장애인복지상담원(제33조)

장애인복지 향상을 위한 상담 및 지원 업무를 맡기기 위하여 시, 군, 구에 장애인복지상담원을 둔다.

(3) 협력 민간기관(제63조)

국가와 지방자치단체는 장애인의 복지를 향상하고 자립을 돕기 위하여 장애인복지단체를 보호·육성하도록 노력하여야 한다. 예산의 범위 안에서 단체의 사업 또는 활동이나 그 시설에 필요한 경비의 전부 또는 일부를 보조할 수 있다. 장애인복지단체의 활동을 지원하고 장애인의 복지를 향상하기 위하여 장애인복지단체협의회를 설립할 수 있다.

(4) 장애인복지 전문인력

국가와 지방자치단체 기타 공공단체는 수화통역사, 점역사 등 장애인복지 전문인력 및 기타 장애인복지에 관한 업무에 종사하는 자의 양성 및 훈련에 노력해야 한다(제71조).

의지·보조기 기사 자격증(제72조), 언어재활사 자격증(제72조의2)제도가 있다.

4. 권리구제

1) 권리구제(제84조)

장애인, 장애인의 법정대리인 또는 대통령령이 정하는 보호자는 이 법에 따른 복지조치에 이의가 있으면 장애인복지실시기관에 심사를 청구할 수 있다. 심사·결정에 이의가 있는 자는 '행정심판법'에 따라 행정심판을 제기할 수 있다.

2)   벌칙

① 5년 이하의 징역 또는 3천만 원 이하의 벌금(제86조 제1항)

　　금융정보 등 누설 관련

② 3년 이하의 징역 또는 2천만 원 이하의 벌금(제86조 제2항)

　　신용정보 등 누설 관련

③ 1년 이하의 징역 또는 500만 원 이하의 벌금(제87조)

　　– 장애인을 이용하여 부당한 영리행위를 한 자

　　– 장애인등록증을 양도 또는 대여하거나 양도 또는 대여를 받은 자 및 유사한 명칭 또는 표시를 사용한 자

　　– 시설 이용자의 권익 보호조치를 위반한 시설 운영자

④ 300만 원 이하의 벌금(제88조)

　　장애인의 입학 지원 거부하거나 입학시험 합격자의 입학 거부하는 등 불리한 조치를 한 자

3)   과태료(제88조)

① 1천만 원 이하 과태료

　　시설 운영자가 성범죄자의 해임요구를 거부하거나 1개월 이내에 행하지 않은 경우

② 500만 원 이하 과태료

　　시설운영자가 성범죄 경력을 확인하지 않고 취업시킨 경우

③ 300만 원 이하의 과태료

　　장애인등록증 반환 명령을 거부한 자, 보조견표지를 붙인 장애인 보조견 등을 동반한 장애인 등의 출입을 정당한 사유 없이 거부한 자 등

제2절   장애인차별금지법(Ⅰ)

1. 목적과 대상

1) 목적

이 법은 원래 '장애인차별금지 및 권리구제 등에 관한 법률'로 모든 생활영역에서 장애를 이유로 한 차별을 금지하고 장애를 이유로 차별받은 사람의 권익을 효과적으로 구제함으로써 장애인의 완전한 사회참여와 평등권 실현을 통하여 인간으로서의 존엄과 가치를 구현함을 목적으로 한다(제1조).

이 법에서 금지하는 차별행위의 사유가 되는 장애라 함은 신체적·정신적 손상 또는 기능상실이 장기간에 걸쳐 개인의 일상 또는 사회생활에 상당한 제약을 초래하는 상태를 말한다. 장애인이라 함은 위의 장애가 있는 사람을 말한다(제2조).

이 법에서 사용하는 용어의 정의는 다음과 같다.

① "건강권"이라 함은 보건교육, 장애로 인한 후유장애와 질병 예방 및 치료, 영양개선 및 건강생활의 실천 등에 관한 제반 여건의 조성을 통하여 건강한 생활을 할 권리를 말하며, 의료 받을 권리를 포함한다.

② "의료인 등"이라 함은 '의료법'(제2조 제1항)에 따른 의료인과 국가 및 관련 협회 등에서 정한 자격·면허 등을 취득한 물리치료사, 작업치료사, 언어치료사, 심리치료사, 의지·보조기 기사 등 장애인의 건강에 개입되는 사람을 말한다.

③ "괴롭힘 등"이라 함은 집단따돌림, 방치, 유기, 괴롭힘, 희롱, 학대, 금전적 착취, 성적 자기결정권 침해 등의 방법으로 장애인에게 가해지는 신체적·정신적·정서적·언어적 행위를 말한다.

2) 대상

이 법에서 금지하는 차별이라 함은 다음 어느 하나에 해당하는 경우를 말한다
(제4조).

① 장애인을 장애를 사유로 정당한 사유 없이 제한·배제·분리·거부 등에 의하
   여 불리하게 대하는 경우

② 장애인에 대하여 형식상으로는 제한·배제·분리·거부 등에 의하여 불리하
   게 대하지 아니하지만, 정당한 사유 없이 장애를 고려하지 아니하는 기준을
   적용함으로써 장애인에게 불리한 결과를 초래하는 경우

③ 정당한 사유 없이 장애인에 대하여 정당한 편의 제공을 거부하는 경우

④ 정당한 사유 없이 장애인에 대한 제한·배제·분리·거부 등 불리한 대우를
   표시·조장하는 광고를 직접 행하거나 그러한 광고를 허용·조장하는 경우.
   이 경우 광고는 통상적으로 불리한 대우를 조장하는 광고효과가 있는 것으로
   인정되는 행위를 포함한다.

⑤ 장애인을 돕기 위한 목적에서 장애인을 대리·동행하는 자(장애아동의 보호
   자 또는 후견인 그밖에 장애인을 돕기 위한 자임이 통상적으로 인정되는 자
   를 포함한다. 이하 "장애인 관련자"라 한다)에 대하여 제1호부터 제4호까지
   의 행위를 하는 경우. 이 경우 장애인 관련자의 장애인에 대한 행위 또한 이
   법에서 금지하는 차별행위 여부의 판단대상이 된다.

⑥ 보조견 또는 장애인보조기구 등의 정당한 사용을 방해하거나 보조견 및 장애
   인보조기구 등을 대상으로 금지된 행위(제4호)를 하는 경우

⑦ "정당한 편의"라 함은 장애인이 장애가 없는 사람과 동등하게 같은 활동에 참
   여할 수 있도록 장애인의 성별, 장애의 유형 및 정도, 특성 등을 고려한 편의
   시설·설비·도구·서비스 등 인적·물적 제반 수단과 조치를 말한다.

위의 차별행위에도 불구하고 다음 어느 하나에 해당하는 정당한 사유가 있는
경우에는 이를 차별로 보지 아니한다.

① 금지된 차별행위를 하지 않음에 있어서 과도한 부담이나 현저히 곤란한 사정
   등이 있는 경우

② 금지된 차별행위가 특정 직무나 사업 수행의 성질상 불가피한 경우. 이 경우 특정 직무나 사업 수행의 성질은 교육 등의 서비스에도 적용되는 것으로 본다.

장애인의 실질적 평등권을 실현하고 장애인에 대한 차별을 시정하기 위하여 이 법 또는 다른 법령 등에서 취하는 적극적 조치는 이 법에 따른 차별로 보지 아니한다.

차별판단(제5조)은 차별의 원인이 2가지 이상이고, 그 주된 원인이 장애라고 인정되는 경우 그 행위는 이 법에 따른 차별로 본다.
이 법을 적용함에 있어서 차별 여부를 판단할 때에는 장애인 당사자의 성별, 장애의 유형 및 정도, 특성 등을 충분히 고려하여야 한다.
차별금지로 누구든지 장애 또는 과거의 장애경력 또는 장애가 있다고 추측됨을 이유로 차별을 하여서는 아니된다(제6조).

권리로서 장애인은 자기결정권 및 선택권의 권리를 가지고 있다.
① 장애인은 자신의 생활 전반에 관하여 자신의 의사에 따라 스스로 선택하고 결정할 권리를 가진다.
② 장애인은 장애인 아닌 사람과 동등한 선택권을 보장받기 위하여 필요한 서비스와 정보를 제공받을 권리를 가진다(제7조).

의무로서 국가 및 지방자치단체의 의무가 있다.
① 국가 및 지방자치단체는 장애인 및 장애인 관련자에 대한 모든 차별을 방지하고 차별받은 장애인 등의 권리를 구제할 책임이 있으며, 장애인 차별을 실질적으로 해소하기 위하여 이 법에서 규정한 차별 시정에 대하여 적극적인 조치를 하여야 한다.
② 국가 및 지방자치단체는 장애인 등에게 정당한 편의가 제공될 수 있도록 필요한 기술적·행정적·재정적 지원을 하여야 한다(제8조).

다른 법률과의 관계에서는 장애를 사유로 한 차별의 금지 및 권리구제에 관하여 이 법에서 규정한 것 외에는 '국가인권위원회법'으로 정하는 바에 따른다(제9조).

3) 장애인차별금지법의 연혁

제·개정(시행)	주요 내용
2007. 4. 10 (2008. 4. 11)	제정 이유 - 모든 생활영역에서 장애를 이유로 한 차별을 금지하고 장애를 이유로 차별받은 사람의 권익을 효과적으로 구제, 장애인의 완전한 사회참여와 평등권 실현을 통해 인간으로서의 존엄과 가치를 구현하려는 것임. - 장애를 신체적·정신적 손상 또는 기능상실이 장기간에 걸쳐 일상 또는 사회생활에 상당한 제약을 초래하는 상태로 규정, 현행 '장애인복지법'상의 장애인 개념과 조화 꾀함, 장애 사유로 한 차별 폭넓게 금지
2010. 5. 11 (2011. 5. 12)	- 인터넷 멀티미디어 방송사업자도 장애인에 대한 정당한 편의를 제공하도록 하고, 사법기관은 형사 사법 절차에 앞서 의사소통이나 의사표현에 어려움, 장애 여부 우선적으로 확인 - 현행 방송사업자가 제공하여야 하는 편의서비스의 종류가 과다, 법률의 실효성이 낮으므로 폐쇄자막, 수화통역, 화면해설 등으로 한정함(법 제21조 제3항).
2012. 10. 22 (2013. 4. 23)	- 장애인에게 형사사법 절차에서 조력을 받을 수 있음과 그 구체적인 조력의 내용을 알리도록 의무화, 장애인이 형사사법 절차에서 장애로 인한 불리한 처우 받지 않도록 하려는 것.
2014. 1. 28 (2015. 1. 29)	- 시각장애인이 인쇄물 음성변환출력기 또는 이를 대체할 수 있는 스마트폰 앱 등을 활용, 정보에 접근하기 점자·음성변환용 코드 보급을 위한 법적 근거 마련
2016. 2. 3 (2016. 8. 14)	제3조 제8호 나목 중 "수화"를 "한국수어"로, 제11조 제1항 제6호도 "수화"를 "한국수어"로, 제14조 제1항 제4호 중 "수화통역"을 "한국수어통역"으로 한다. 그외도 같은 용어로 수정한다.

2. 급여 및 재정

1) 급여

(1) 고용

사용자는 모집·채용, 임금 및 복리후생, 교육·배치·승진·전보, 정년·퇴직·해고에 있어 장애인을 차별하여서는 아니된다.

'노동조합 및 노동관계조정법'(제2조 제4호)에 따른 노동조합은 장애인 근로자의 조합 가입을 거부하거나 조합원의 권리 및 활동에 차별을 두어서는 아니된다(제10조).

정당한 편의제공 의무이다. 사용자는 장애인이 해당 직무를 수행함에 있어서 장애인 아닌 사람과 동등한 근로조건에서 일할 수 있도록 다음과 같이 정당한 편의를 제공하여야 한다(제11조).

① 시설·장비의 설치 또는 개조

② 재활, 기능평가, 치료 등을 위한 근무시간의 변경 또는 조정

③ 훈련 제공 또는 훈련에 있어 편의 제공

④ 지도 매뉴얼 또는 참고자료의 변경

⑤ 시험 또는 평가과정의 개선

⑥ 화면낭독·확대 프로그램, 무지점자단말기, 확대 독서기, 인쇄물음성변환출력기 등 장애인보조기구의 설치·운영과 낭독자, 수화 통역자 등의 보조인 배치

사용자가 제공하여야 할 정당한 편의의 구체적 내용 및 적용대상 사업장의 단계적 범위 등에 관하여는 대통령령으로 정한다.

(2) 교육

교육의 차별금지에 대한 내용은 다음과 같다.

① 교육책임자는 장애인의 입학 지원 및 입학을 거부할 수 없고, 전학을 강요할 수 없으며, '영유아보육법'에 따른 어린이집, '유아교육법' 및 '초·중등교육법'에 따른 각급 학교는 장애인이 당해 교육기관으로 전학하는 것을 거절하

여서는 아니된다.

② 교육기관의 장은 '장애인 등에 대한 특수교육법'(제17조)을 준수하여야 한다.

③ 교육책임자는 당해 교육기관에 재학중인 장애인 및 그 보호자가 편의 제공 (제14조 제1항 각 호)을 요청할 때 정당한 사유 없이 이를 거절하여서는 아니된다(제13조).

④ 교육책임자는 특정 수업이나 실험 · 실습, 현장견학, 수학여행 등 학습을 포함한 모든 교내외 활동에서 장애를 이유로 장애인의 참여를 제한, 배제, 거부하여서는 아니된다.

⑤ 교육책임자는 취업 및 진로교육, 정보제공에 있어서 장애인의 능력과 특성에 맞는 진로교육 및 정보를 제공하여야 한다.

⑥ 교육책임자 및 교직원은 교육기관에 재학 중인 장애인 및 장애인 관련자, 특수교육 교원, 특수교육보조원, 장애인 관련 업무 담당자를 모욕하거나 비하하여서는 아니된다.

⑦ 교육책임자는 장애인의 입학 지원 시 장애인 아닌 지원자와 달리 추가 서류, 별도의 양식에 의한 지원 서류 등을 요구하거나, 장애인만을 대상으로 한 별도의 면접이나 신체검사, 추가시험 등(이하 "추가서류 등"이라 한다)을 요구하여서는 아니된다. 다만, 추가서류 등의 요구가 장애인의 특성을 고려한 교육시행을 목적으로 함이 명백한 경우에는 그러하지 아니하다.

⑧ 국가 및 지방자치단체는 장애인에게 '장애인 등에 대한 특수교육법' 제3조 제1항에 따른 교육을 실시하는 경우, 정당한 사유 없이 해당 교육과정에 정한 학업시수를 위반하여서는 아니된다.<개정 2010. 5. 11>

그리고 정당한 편의제공 의무이다.

교육책임자는 당해 교육기관에 재학 중인 장애인의 교육활동에 불이익이 없도록 다음 수단을 적극적으로 강구하고 제공하여야 한다(제14조).

① 장애인의 통학 및 교육기관 내에서의 이동 및 접근에 불이익이 없도록 하기 위한 각종 이동용 보장구의 대여 및 수리

② 장애인 및 장애인 관련자가 필요로 하는 경우 교육보조인력의 배치

③ 장애로 인한 학습 참여의 불이익을 해소하기 위한 확대 독서기, 보청기기, 높낮이 조절용 책상, 각종 보완·대체 의사소통 도구 등의 대여 및 보조견의 배치나 휠체어의 접근을 위한 여유 공간 확보

④ 시·청각 장애인의 교육에 필요한 한국수어통역, 문자통역(속기), 점자자료, 점자 음성변환용 코드가 삽입된 자료, 자막, 큰 문자자료, 화면낭독·확대프로그램, 보청기기, 무지점자단말기, 인쇄물음성변환출력기를 포함한 각종 장애인보조기구 등 의사소통 수단

⑤ 교육과정을 적용함에 있어서 학습진단을 통한 적절한 교육 및 평가방법의 제공

⑥ 그밖에 장애인의 교육활동에 불이익이 없도록 하는 데 필요한 사항으로서 대통령령으로 정하는 사항

(3) 재화와 용역의 제공 및 이용

재화·용역 등의 제공에 있어서의 차별금지이다.

① 재화·용역 등의 제공자는 장애인에 대하여 장애를 이유로 장애인 아닌 사람에게 제공하는 것과 실질적으로 동등하지 않은 수준의 편익을 가져다주는 물건, 서비스, 이익, 편의 등을 제공하여서는 아니된다.

② 재화·용역 등의 제공자는 장애인이 해당 재화·용역 등을 이용함으로써 이익을 얻을 기회를 박탈하여서는 아니된다(제15조).

토지 및 건물의 매매·임대 등에 있어서의 차별금지이다.
토지 및 건물의 소유·관리자는 당해 토지 및 건물의 매매, 임대, 입주, 사용 등에 있어서 정당한 사유 없이 장애인을 제한·분리·배제·거부하여서는 아니된다(제16조).

금융상품 및 서비스 제공에 있어서의 차별금지이다.
금융상품 및 서비스의 제공자는 금전대출, 신용카드 발급, 보험가입 등 각종 금융상품과 서비스의 제공에 있어서 정당한 사유 없이 장애인을 제한·배제·분리·거부하여서는 아니된다(제17조).

(4) 시설물 접근 · 이용의 차별금지

시설물 접근 · 이용의 차별금지이다.

① 시설물의 소유 · 관리자는 장애인이 당해 시설물을 접근 · 이용하거나 비상시 대피함에 있어서 장애인을 제한 · 배제 · 분리 · 거부하여서는 아니된다.

② 시설물의 소유 · 관리자는 보조견 및 장애인보조기구 등을 시설물에 들여오거나 시설물에서 사용하는 것을 제한 · 배제 · 분리 · 거부하여서는 아니된다(제18조).

이동 및 교통수단 등에서의 차별금지이다.

① '교통약자의 이동편의증진법'(제2조 제5호 및 제6호)에 따른 교통사업자 및 교통행정기관은 이동 및 교통수단 등을 접근 · 이용함에 있어서 장애인을 제한 · 배제 · 분리 · 거부하여서는 아니된다.

② 교통사업자 및 교통행정기관은 이동 및 교통수단 등의 이용에 있어서 보조견 및 장애인보조기구 등의 동승 또는 반입 및 사용을 거부하여서는 아니된다.

③ 교통사업자 및 교통행정기관은 이동 및 교통수단 등의 이용에 있어서 장애인 및 장애인 관련자에게 장애 또는 장애인이 동행 · 동반한 보조견 또는 장애인보조기구 등을 이유로 장애인 아닌 사람보다 불리한 요금 제도를 적용하여서는 아니된다(제19조).

정보접근에서의 차별금지이다.

① 개인 · 법인 · 공공기관은 장애인이 전자정보와 비전자정보를 이용하고 그에 접근함에 있어서 장애를 이유로 금지한 차별행위를 하여서는 아니된다.

② 장애인 관련자로서 수화통역, 점역, 점자교정, 낭독, 대필, 안내 등을 위하여 장애인을 대리 · 동행하는 등 장애인의 의사소통을 지원하는 자에 대하여는 누구든지 정당한 사유 없이 이들의 활동을 강제 · 방해하거나 부당한 처우를 하여서는 아니된다(20조).

정보통신 · 의사소통 등에서의 정당한 편의제공의무이다.

공공기관 등은 자신이 주최 또는 주관하는 행사에서 장애인의 참여 및 의사소통을 위하여 필요한 한국수어통역사 · 문자통역사 · 음성통역자 · 보청기기 등 필요한 지원을 하여야 한다.

개인정보보호이다.

장애인의 개인정보는 반드시 본인의 동의하에 수집되어야 하고, 당해 개인정보에 대한 무단접근이나 오·남용으로부터 안전하여야 한다(제22조).

정보접근·의사소통에서의 국가 및 지방자치단체의 의무이다.

국가 및 지방자치단체는 장애인의 특성을 고려한 정보통신망 및 정보통신기기의 접근·이용을 위한 도구의 개발·보급 및 필요한 지원을 강구하여야 한다. 그리고 정보통신 관련 제조업자는 정보통신제품을 설계·제작·가공함에 있어서 장애인이 장애인 아닌 사람과 동등하게 접근·이용할 수 있도록 노력하여야 한다(제23조).

문화·예술활동의 차별금지이다.

국가와 지방자치단체 및 문화·예술사업자는 장애인이 문화·예술활동에 참여할 수 있도록 정당한 편의를 제공하여야 한다(제24조).

체육활동의 차별금지이다.

체육활동을 주최·주관하는 기관이나 단체, 체육활동을 목적으로 하는 체육시설의 소유·관리자는 체육활동의 참여를 원하는 장애인을 장애를 이유로 제한·배제·분리·거부하여서는 아니된다(제25조).

(5) 사법·행정절차 및 서비스와 참정권

공공기관 등은 장애인이 생명, 신체 또는 재산권 보호를 포함한 자신의 권리를 보호·보장받기 위하여 필요한 사법·행정절차 및 서비스 제공에 있어 장애인을 차별하여서는 아니된다(제26조).

참정권이다.

① 국가 및 지방자치단체와 공직선거후보자 및 정당은 장애인이 선거권, 피선거권, 청원권 등을 포함한 참정권을 행사함에 있어서 차별하여서는 아니된다.

② 국가 및 지방자치단체는 장애인의 참정권을 보장하기 위하여 필요한 시설 및 설비, 참정권 행사에 관한 홍보 및 정보 전달, 장애의 유형 및 정도에 적합한 기표방법 등 선거용 보조기구의 개발 및 보급, 보조원의 배치 등 정당한 편의를 제공하여야 한다(제27조).

(6) 모·부성권의 차별금지

누구든지 장애인의 임신, 출산, 양육 등 모·부성권에 있어 장애를 이유로 제한·배제·분리·거부하여서는 아니된다(제28조).

국가 및 지방자치단체에서 직접 운영하거나 그로부터 위탁 혹은 지원을 받아 운영하는 기관은 장애인의 피임 및 임신·출산·양육 등에 있어서의 실질적인 평등을 보장하기 위하여 관계 법령으로 정하는 바에 따라 장애유형 및 정도에 적합한 정보·활동보조 서비스 등의 제공 및 보조기기·도구 등의 개발 등 필요한 지원책을 마련하여야 한다.

성에서의 차별금지이다.

모든 장애인의 성에 관한 권리는 존중되어야 하며, 장애인은 이를 주체적으로 표현하고 향유할 수 있는 성적 자기결정권을 가진다(제29조).

(7) 가족·가정·복지시설, 건강권 등

가족·가정 및 복지시설 등의 구성원은 장애인의 의사에 반하여 과중한 역할을 강요하거나 장애를 이유로 정당한 사유 없이 의사결정과정에서 장애인을 배제하여서는 아니된다(제30조).

(8) 건강권에서의 차별금지

의료기관 등 및 의료인 등은 장애인에 대한 의료행위에 있어서 장애인을 제한·배제·분리·거부하여서는 아니된다(제31조).

(9) 괴롭힘 등의 금지

장애인은 성별, 연령, 장애의 유형 및 정도, 특성 등에 상관없이 모든 폭력으로부터 자유로울 권리를 가진다. 괴롭힘 등의 피해를 당한 장애인은 상담 및 치료, 법률구조, 그밖에 적절한 조치를 받을 권리를 가지며, 괴롭힘 등의 피해를 신고하였다는 이유로 불이익한 처우를 받아서는 아니된다(제32조).

(10) 장애여성 및 장애아동 등

장애여성에 대한 차별금지이다.

국가 및 지방자치단체는 장애를 가진 여성임을 이유로 모든 생활 영역에서 차별을 하여서는 아니된다. 누구든지 장애여성에 대하여 임신·출산·양육·가사 등에 있어서 장애를 이유로 그 역할을 강제 또는 박탈하여서는 아니된다(제33조).

장애아동에 대한 차별금지이다.

누구든지 장애를 가진 아동임을 이유로 모든 생활 영역에서 차별을 하여서는 아니된다. 누구든지 장애아동에 대하여 교육, 훈련, 건강보호서비스, 재활서비스, 취업준비, 레크리에이션 등을 제공받을 기회를 박탈하여서는 아니된다(제35조). 그리고 정신적 장애를 가진 사람에 대한 차별금지이다. 누구든지 정신적 장애를 가진 사람의 특정 정서나 인지적 장애 특성을 부당하게 이용하여 불이익을 주어서는 아니된다(제37조).

제3절 장애인차별금지법(Ⅱ)

1. 전달체계 및 위원회

1) 장애아동에 대한 차별금지를 위한 국가 및 지방자치단체의 의무

국가 및 지방자치단체는 장애아동이 장애를 이유로 한 어떠한 종류의 차별도 없이 다른 아동과 동등한 권리와 자유를 누릴 수 있도록 필요한 조치를 다하여야 한다. 국가 및 지방자치단체는 장애아동의 성별, 장애의 유형 및 정도, 특성에 알맞은 서비스를 조기에 제공할 수 있도록 조치하여야 하고, 이를 위하여 장애아동을 보호하는 친권자 및 양육책임자에 대한 지원책을 마련하여야 한다(제36조).

2) 정신적 장애를 가진 사람에 대한 차별금지 등

누구든지 정신적 장애를 가진 사람의 특정 정서나 인지적 장애 특성을 부당하게 이용하여 불이익을 주어서는 아니된다. 국가와 지방자치단체는 정신적 장애를 가진 사람의 인권침해를 예방하기 위하여 교육, 홍보 등 필요한 법적 · 정책적 조치를 강구하여야 한다(제37조).

3) 장애인차별시정기구

(1) 진정

이 법에서 금지하는 차별행위로 인하여 피해를 입은 사람(이하 "피해자"라 한다) 또는 그 사실을 알고 있는 사람이나 단체는 국가인권위원회(이하 "위원회"라 한다)에 그 내용을 진정할 수 있다(제38조).

(2) 직권조사

위원회는 진정이 없는 경우에도 이 법에서 금지하는 차별행위가 있다고 믿을

만한 상당한 근거가 있고 그 내용이 중대하다고 인정할 때에는 이를 직권으로 조사할 수 있다.

4) 장애인차별시정소위원회

① 위원회는 이 법에서 금지하는 차별행위에 대한 조사와 구제 업무를 전담하는 장애인차별시정소위원회를 둔다.

② 소위원회의 구성·업무 및 운영 등에 관하여 필요한 사항은 위원회의 규칙으로 정한다(제40조).

5) 준용 규정

위의 진정의 절차·방법·처리, 진정 및 직권에 따른 조사의 방법에 관하여 이 법에 특별한 규정이 없는 사항에 관하여는 '국가인권위원회법'의 규정을 준용한다(제41조).

2. 권리구제 및 벌칙

1) 권리구제

위원회는 이 법이 금지하는 차별행위로 '국가인권위원회법'(제44조)의 권고를 한 경우 그 내용을 법무부장관에게 통보하여야 한다(제42조).

시정명령에 대하여 법무부장관은 이 법이 금지하는 차별행위로 '국가인권위원회법'(제44조)의 권고를 받은 자가 정당한 사유 없이 권고를 이행하지 아니하고 다음 어느 하나에 해당하는 경우로서 그 피해의 정도가 심각하고 공익에 미치는 영향이 중대하다고 인정되는 경우 피해자의 신청에 의하여 또는 직권으로 시정명령을 할 수 있다(제43조).

① 피해자가 다수인인 차별행위에 대한 권고 불이행

② 반복적 차별행위에 대한 권고 불이행

③ 피해자에게 불이익을 주기 위한 고의적 불이행
④ 그밖에 시정명령이 필요한 경우

법무부장관은 위의 시정명령으로서 이 법에서 금지되는 차별행위를 한 자에게 다음의 조치를 명할 수 있다.
① 차별행위의 중지
② 피해의 원상회복
③ 차별행위의 재발방지를 위한 조치
④ 그밖에 차별시정을 위하여 필요한 조치

법무부장관은 시정명령을 서면으로 하되, 그 이유를 구체적으로 명시하여 차별행위자와 피해자에게 각각 교부하여야 한다.
법무부장관이 차별시정에 필요한 조치를 명하는 기간, 절차, 방법 등에 필요한 사항은 대통령령으로 정한다.

시정명령의 확정에 대하여 법무부장관의 시정명령에 대하여 불복하는 관계 당사자는 그 명령서를 송달받은 날부터 30일 이내에 행정소송을 제기할 수 있다. 기간 이내에 행정소송을 제기하지 아니한 때에는 그 시정명령은 확정된다 (제44조).
시정명령 이행상황의 제출요구 등에 대하여 법무부장관은 확정된 시정명령에 대하여 차별행위자에게 그 이행상황을 제출할 것을 요구할 수 있다.
피해자는 차별행위자가 확정된 시정명령을 이행하지 아니하는 경우에 이를 법무부장관에게 신고할 수 있다(제45조).
누구든지 이 법의 규정을 위반하여 타인에게 손해를 가한 자는 그로 인하여 피해를 입은 사람에 대하여 손해배상책임을 진다. 다만, 차별행위를 한 자가 고의 또는 과실이 없음을 증명한 경우에는 그러하지 아니하다. 이 법률과 관련한 분쟁해결에 있어서 차별행위가 있었다는 사실은 차별행위를 당하였다고 주장하는 자가 입증하여야 한다.

법원은 이 법에 따라 금지된 차별행위에 관한 소송 제기 전 또는 소송 제기 중에 피해자의 신청으로 피해자에 대한 차별이 소명되는 경우 본안 판결 전까지 차별행위의 중지 등 그밖의 적절한 임시조치를 명할 수 있다.

2) 벌칙

(1) 벌칙 : 차별행위

① 이 법에서 금지한 차별행위를 행하고 그 행위가 악의적인 것으로 인정되는 경우 법원은 차별을 한 자에 대하여 3년 이하의 징역 또는 3천만 원 이하의 벌금에 처할 수 있다.

② 제1항에서 악의적이라 함은 다음 사항을 전부 고려하여 판단하여야 한다(제49조).

㉮ 차별의 고의성

㉯ 차별의 지속성 및 반복성

㉰ 차별 피해자에 대한 보복성

㉱ 차별 피해의 내용 및 규모

법인의 대표자나 법인 또는 개인의 대리인·사용인, 그밖의 종업원이 그 법인 또는 개인의 업무에 관하여 악의적인 차별행위를 한 때에는 행위자를 벌하는 외에 그 법인 또는 개인에 대하여도 제1항의 벌금형을 과한다. 다만, 법인 또는 개인이 그 위반행위를 방지하기 위하여 해당 업무에 관하여 상당한 주의와 감독을 게을리하지 아니한 경우에는 그러하지 아니하다. 여기서 정하지 아니한 벌칙은 '국가인권위원회법'의 규정을 준용한다.

(2) 과태료

① 확정된 시정명령(제44조)을 정당한 사유 없이 이행하지 아니한 자는 3천만 원 이하의 과태료에 처한다.

② 제1항에 따른 과태료는 법무부장관이 부과·징수한다(제50조).

CHAPTER

13 아동복지법 · 청소년복지지원법 · 청소년기본법

제1절   아동복지법

1. 목적과 대상

1) 목적

아동이 건강하게 출생하여 행복하고 안전하게 자랄 수 있도록 아동의 복지를 보장하는 것을 목적으로 한다(제1조).

이 법에서 말하는 "아동복지"란 아동이 행복한 삶을 누릴 수 있는 기본적인 여건을 조성하고 조화롭게 성장·발달할 수 있도록 하기 위한 경제적·사회적·정서적 지원을 말한다(제3조 제2호).

기본이념으로서 아동은 자신 또는 부모의 성별, 연령, 종교, 사회적 신분, 재산, 장애유무, 출생지역, 인종 등에 따른 어떠한 종류의 차별도 받지 아니하고 자라나야 한다.

또한 아동은 완전하고 조화로운 인격발달을 위하여 안정된 가정환경에서 행복하게 자라나야 하며, 아동에 관한 모든 활동에 있어서 아동의 이익이 최우선적으로 고려되어야 한다. 그리고 아동은 아동의 권리보장과 복지증진을 위하여 이 법에 따른 보호와 지원을 받을 권리를 가진다(제2조).

2) 대상

아동이라 함은 18세 미만인 사람을 말한다(제3조 제1호).

책임주체인 국가와 지방자치단체는 아동의 안전·건강 및 복지 증진을 위하여 아동과 그 보호자 및 가정을 지원하기 위한 정책을 수립·시행하여야 한다(책임주체 제4조).

아동의 보호자는 아동을 가정 안에서 그의 성장시기에 맞추어 건강하고 안전하게 양육하여야 한다(제5조 제1항).

모든 국민은 아동의 권익과 안전을 존중하여야 하며, 아동을 건강하게 양육하여야 한다(제5조 제2항).

3) 아동복지법 연혁

표 13.1 아동복지법 연혁

제 · 개정(시행)	주요 내용
1961. 12. 30 (1962. 1. 1)	법률 제912호 '아동복리법' 제정
1981. 4. 13 (1981. 4. 13)	'아동복지법' 전부 개정 - 법의 제명을 '아동복지법'으로 개칭 - 보호대상범위를 요보호 아동 위주에서 전체 아동으로 확대 - 국가 · 지방자치단체 및 보호자가 공동으로 아동의 보호 · 육성을 책임지도록 함. - 아동복지 지도원을 임시직공무원에서 별정직공무원으로 변경
2000. 1. 12 (2000. 7. 13)	- 아동복지 지도원을 별정직공무원에서 사회복지 전담공무원으로 변경 - 아동학대에 대한 정의와 금지유형을 명확히 규정 - 아동학대에 대한 신고를 의무화
2004. 1. 29 (2004. 7. 30)	- 국무총리 산하에 아동정책조정위원회를 둠. - 상습적으로 아동을 학대행위를 한 자 등의 형에 대한 가중 처벌 규정 - 아동복지시설로 공동생활가정과 지역아동센터를 추가
2005. 7. 13 (2006. 1. 14)	'아동복지법' 일부 개정 - 가정위탁 시행, 가정위탁지원센터 설치 - 교원, 의료인, 아동복지시설 종사자 등의 자격취득 교육과정에 아동학대 예방 및 신고와 관련된 교육내용을 포함함.
2006. 9. 27 (2007. 3. 28)	- 아동복지시설, 영유아보육시설, 유치원, 초 · 중 · 고등학교 장은 성폭력예방교육 실시 - 지방자치단체의 장은 성폭력피해로 치료나 요양 등의 보호를 필요로 하는 아동에 대하여 전문치료기관 또는 요양소에 입원 또는 입소시킬 수 있도록 함. - 아동학대 신고의무자의 범위에 유치원 · 학원 · 교습소의 운영자 · 교직원 · 종사자 등과 구급대의 대원 추가

제 · 개정(시행)	주요 내용
2008. 6. 13 (2008. 12. 14)	'아동복지법' 일부 개정 – 실종, 유괴 예방 · 방지 교육 실시 – 아동보호구역에 폐쇄회로 텔레비전 설치 – 아동학대예방을 전담하는 아동보호전문기관을 중앙과 지역으로 구분
2011. 8. 4 (2012. 8. 5)	'아동복지법' 전부 개정 – 5년마다 아동 종합실태를 조사하고 이를 바탕으로 아동정책기본계획 수립 – 아동학대 현장에 아동보호전문기관의 직원이 출동한 경우 학대 행위자가 폭행 · 협박 및 조사거부 등의 방해 행위 못하도록 명시
2012. 10. 22 (2013. 1. 23)	– 국가와 지방자치단체로 하여금 아동보호구역으로 지정된 구역에 영상정보처리기기를 의무적으로 설치하도록 함(제32조 제3항 신설). – 아동학대 신고의무자가 신고의무를 위반하였을 경우 300만 원 이하의 과태료 부과
2014. 1. 28 (2014. 9. 29)	– 아동학대 대한 강력한 대처 및 예방, 제정된 아동학대범죄 처벌 등에 관한 특례법, 조문 정비 – 아동학대 관련 범죄전력자가 아동 관련기관에 취업하는 것을 10년 동안 제한
2015. 3. 27 (2015. 9. 28)	– 보호자에게 아동에 대해 신체적 · 정신적 고통을 가하는 것을 금지 명시 – 아동보호전문기관의 장의 신분조회 등 조치범위에 '가족관계의 등록 등에 관한 법률'에 따른 증명서의 발급을 포함, 명확히 규정(제22조의2 신설).
2016. 3. 22 (2018. 3. 23)	– 국가와 지자체는 아동이 태어난 가정에서 성장할 수 있도록 지원 – 가정에서 성장할 수 없을 때에는 가정과 유사한 환경에서 성장 조치 – 아동을 가정에서 분리보호할 경우 신속히 가정으로 복귀할 수 있도록 지원(제4조 제3항)

제 · 개정(시행)	주요 내용
2016. 3. 22 (2019. 3. 23)	− 국가와 지방자치단체 책무, 아동이 원가정에서 성장 지원, 원가정과 유사한 환경 제공 − 시 · 도지사 등은 보호대상아동을 고려한 보호조치가 이루어질 수 있도록 가정위탁, 아동복지시설 입소조치 등을 하기 전에 아동에 대한 상담, 건강검진, 심리검사 및 가정환경 조사 − 아동의 심리안정 도모하고 2차 피해를 방지 − 아동보호전문기관 내 진술녹화실을 설치 운영하고, 학대피해아동 쉼터에 대한 법적 근거를 마련, 아동보호전문기관을 아동복지시설에 포함.

2. 급여 및 재정

1) 급여

(1) 아동정책기본계획

보건복지부장관은 아동정책의 효율적인 추진을 위하여 5년마다 아동정책기본계획을 수립하여야 하며, 기본계획은 다음 각 호의 사항을 포함하여야 한다(제7조 제1항부터 제2항).

① 이전의 기본계획에 관한 분석 · 평가

② 아동정책에 관한 기본 방향 및 추진 목표

③ 주요 추진과제 및 추진방법

④ 재원조달방안

⑤ 그밖에 아동정책을 시행하기 위하여 특히 필요하다고 인정되는 사항

보건복지부장관, 관계 중앙행정기관의 장 및 시 · 도지사는 매년 기본계획에 따라 연도별 아동정책시행계획을 수립 · 시행하여야 한다(제8조).

보건복지부장관은 5년마다 아동의 양육 및 생활환경, 언어 및 인지 발달, 정서적 · 신체적 건강, 아동안전, 아동학대 등 아동의 종합실태를 조사하여 그 결과를 공표하고, 이를 기본계획과 시행계획에 반영하여야 한다(제11조).

시·도지사 또는 시장·군수·구청장은 그 관할구역에서 보호대상아동을 발견하거나 보호자의 의뢰를 받은 때에는 아동의 최상의 이익을 위하여 대통령령이 정하는 바에 따라 필요한 보호조치를 하여야 한다(제15조 제1항).

① 전담공무원 또는 아동위원에게 보호대상아동 또는 보호자에 대한 상담·지도를 수행하게 하는 것

② 보호자 또는 대리양육을 원하는 연고자에 대하여 그 가정에서 아동을 보호·양육할 수 있도록 필요한 조치를 하는 것

④ 아동의 보호를 희망하는 사람의 가정에 위탁하는 것

③ 보호대상아동을 보호조치에 적합한 아동복지시설에 입소시키는 것

⑤ 약물 및 알코올중독, 정서·행동·발달 장애, 성폭력 피해 등으로 특수한 치료나 요양 등의 보호를 필요로 하는 아동을 전문치료기관 또는 요양소에 입원 또는 입소시키는 것

⑥ 입양특례법에 따른 입양과 관련하여 필요한 조치를 하는 것이다.

(2) 아동보호서비스

보호대상아동(제3조 제4호)이란 보호자가 없거나 보호자로부터 이탈된 아동 또는 보호자가 아동을 학대하는 경우 등 그 보호자가 아동을 양육하기에 적당하지 아니하거나 양육할 능력이 없는 경우의 아동을 말한다.

① 퇴소조치(제16조)

보호조치 중인 보호대상 아동의 연령이 18세에 달하거나, 보호 목적이 달성되었다고 인정되면 시·도지사, 시장·군수·구청장 또는 아동복지시설의 장은 보호 중인 아동의 보호조치를 종료하거나 해당 시설에서 퇴소시켜야 한다.

② 친권상실 선고의 청구(제18조)

시·도지사, 시장·군수·구청장 또는 검사는 아동의 친권자가 그 친권을 남용하거나 현저한 비행이나 아동학대, 그밖에 친권을 행사할 수 없는 중대한 사유가 있는 것을 발견한 경우 아동의 복지를 위하여 필요하다고 인정할 때에는 법원에 친권행사의 제한 또는 친권상실의 선고를 청구하여야 한다.

③ 후견인과 보조인

후견인 선임(제19조)은 법원에 후견인의 선임을 청구하며, 보조인 선임(제

21조)은 법원의 심리과정에서 변호사, 법정대리인, 직계 친족, 형제자매, 아동보호전문기관의 상담원은 학대아동사건의 심리에 있어서 보조인이 될 수 있다. 다만, 변호사가 아닌 경우에는 법원의 허가를 받아야 한다.

(3) 가정위탁 및 아동학대

① 가정위탁의 정의(제3조 제6호)

보호대상아동의 보호를 위하여 성범죄, 가정폭력, 아동학대, 정신질환 등의 전력이 없는 보건복지부령으로 정하는 기준에 적합한 가정에 보호대상아동을 일정기간 위탁하는 것을 말한다. 그리고 가정위탁보호 희망자에 대한 범죄경력을 확인(제15조)한다.

② 아동학대의 정의(제3조 제7호)

"아동학대"라 함은 보호자를 포함한 성인에 의하여 아동의 건강·복지를 해치거나 정상적 발달을 저해할 수 있는 신체적·정신적·성적 폭력이나 가혹행위를 하는 것과 아동의 보호자가 아동을 유기하거나 방임하는 것을 말한다.

(4) 금지행위

금지행위(제17조)는 다음과 같다.

① 아동을 매매하는 행위

② 아동에게 음행을 시키거나 음행을 매개하는 행위

③ 아동의 신체에 손상을 주는 학대행위

④ 아동에게 성적 수치심을 주는 성희롱·성폭력 등의 학대행위

⑤ 아동의 정신건강 및 발달에 해를 끼치는 정서적 학대행위

⑥ 자신의 보호·감독을 받는 아동을 유기하거나 의식주를 포함한 기본적 보호·양육·치료 및 교육을 소홀히 하는 방임행위

⑦ 장애를 가진 아동을 공중에 관람시키는 행위

⑧ 아동에게 구걸을 시키거나 아동을 이용하여 구걸하는 행위

⑨ 공중의 오락 또는 흥행을 목적으로 아동의 건강 또는 안전에 유해한 곡예를 시키는 행위

⑩ 정당한 권한을 가진 알선기관 외의 자가 아동의 양육을 알선하고 금품을 취득하거나 금품을 요구 또는 약속하는 행위

⑪ 아동을 위하여 증여 또는 급여된 금품을 그 목적 외의 용도로 사용하는 행위

(5) 아동학대의 예방과 방지의무

① 국가와 지방자치단체의 조치(제22조)

② 홍보영상의 제작 · 배포 · 송출(제24조)

③ 아동학대 신고의무(제25조)와 교육(제26조)

④ 아동학대 현장 출동 및 격리조치(제27조)

⑤ 사후관리(제28조)

⑥ 피해아동 및 그 가족 등에 대한 지원(제29조)

3. 전달체계 및 위원회

1) 아동보호전문기관

(1) 중앙아동보호전문기관

국가는 아동학대예방사업을 활성화하고 지역간 연계체계를 구축하기 위하여 중앙아동보호전문기관을 둔다(제45조 제1항). 그리고 업무(제46조 제1항)사항은 다음과 같다. 지역아동보호전문기관에 대한 지원, 아동학대예방사업과 관련된 연구 및 자료발간, 효율적인 아동학대예방사업을 위한 연계체계 구축, 아동학대예방사업을 위한 프로그램 개발 및 평가, 상담원 직무교육, 아동학대예방 관련 교육 및 홍보 등을 들 수 있다.

(2) 지역아동보호전문기관

지방자치단체는 학대받은 아동의 발견, 보호, 치료에 대한 신속처리 및 아동학대예방을 담당하는 지역아동보호전문기관을 시 · 도 및 시 · 군 · 구에 둔다(제45조 제2항).

업무(제46조 제2항)로는 아동학대 신고접수, 현장조사 및 응급보호, 학대받은 아동 및 아동학대행위자를 위한 상담 및 교육, 아동학대예방 교육 및 홍보, 아동학대가정의 사후관리, 아동학대사례판정위원회 설치·운영 및 자체사례회의 운영 등이 있다.

2) 가정위탁센터

(1) 중앙가정위탁지원센터의 설치와 업무

국가는 가정위탁사업을 활성화하고 지역간 연계체계를 구축하기 위하여 중앙가정위탁지원센터를 둔다(제48조 제1항). 그 업무(제49조 제1항)는 다음과 같다. 지역가정위탁지원센터에 대한 지원, 연계체계 구축, 연구 및 자료발간, 프로그램의 개발 및 평가, 상담원에 대한 교육 그리고 가정위탁에 관한 교육 및 홍보, 정보기반 구축 및 정보제공 등이 있다.

(2) 지역가정위탁지원센터의 설치와 업무

지방자치단체는 보호대상아동에 대한 가정위탁을 활성화하기 위하여 시, 도 및 시, 군, 구에 지역가정위탁지원센터를 둔다(제48조 제2항). 그 업무(제49조 제2항)는 다음과 같다. 가정위탁사업의 홍보 및 위탁가정의 발굴, 위탁희망, 가정 및 대상 아동의 조사, 가정위탁 부모의 교육, 위탁가정의 사례관리, 친부모 가정으로의 복귀 지원, 가정위탁 아동의 자립계획 및 사례관리 등이 있다.

3) 아동복지시설

아동복지시설의 설치(제50조)에 관한 내용이다. 국가 또는 지방자치단체는 아동복지시설을 설치할 수 있다(제1항). 국가 또는 지방자치단체외의 자는 관할 시장·군수·구청장에게 신고하고 아동복지시설을 설치할 수 있다(제2항).
아동복지시설의 종류(제52조)는 다음과 같다.
① 아동양육시설 : 입소시켜 보호, 양육 및 취업훈련, 자립지원 서비스 등을 제공하는 것을 목적으로 함.

② 아동일시보호시설 : 일시보호하고 향후 양육대책 수립 및 보호조치를 행함.

③ 아동보호치료시설 : 아동에게 보호 및 치료 서비스를 제공하는 시설

④ 공동생활가정 : 가정과 같은 주거여건과 보호, 양육, 자립지원 서비스 제공

⑤ 자립지원시설 : 아동복지시설에서 퇴소한 사람에게 취업준비기간 또는 취업 후 일정 기간 동안 보호함으로써 자립을 지원한다.

⑥ 아동상담소 : 아동과 그 가족의 문제에 대한 상담, 치료, 예방 및 연구

⑦ 아동전용시설 : 아동에게 건전한 놀이 · 오락, 그밖의 각종 편의를 제공하여 심신의 건강유지와 복지증진에 필요한 서비스 제공

⑧ 지역아동센터 : 지역사회 아동의 보호 · 교육, 건전한 놀이와 오락의 제공, 보호자와 지역사회의 연계 등 아동의 건전육성을 위하여 종합적인 아동복지서비스를 제공한다.

아동복지시설의 종사자로서 아동복지시설에는 필요한 전문인력을 배치하여야 하며, 아동복지시설 종사자의 직종과 수, 그 자격 및 배치기준은 대통령령으로 정한다(제54조).

시설의 개선, 폐쇄, 정지(56조)이다. 보건복지부장관, 시 · 도지사 또는 시장 · 군수 · 구청장은 아동복지시설과 교육훈련시설(대학 및 전문대학은 제외한다)에 대하여 소관에 따라 그 시설의 개선, 사업의 정지, 위탁의 취소 또는 해당 시설의 장의 교체를 명하거나 시설의 폐쇄를 명할 수 있다.

4)   재정

비용보조(제59조)이다.
국가와 지방자치단체는 대통령령이 정하는 바에 의하여 다음에 해당하는 비용의 전부 또는 일부를 보조할 수 있다.

① 아동복지시설의 설치 및 운영과 프로그램의 운용에 필요한 비용 또는 수탁보호중인 아동의 양육 및 보호관리에 필요한 비용

② 보호대상아동의 대리양육이나 가정위탁보호에 따른 비용

③ 아동복지사업의 지도·감독, 계몽 및 선전에 필요한 비용

④ 아동복지전담기관의 설치·운영에 소요되는 비용

⑤ 취약계층 아동에 대한 통합서비스지원에 필요한 비용

⑥ 보호대상아동의 자립지원에 필요한 비용

⑦ 자산형성지원사업에 필요한 비용

⑧ 아동복지단체의 지도·육성에 필요한 비용

비용의 징수(제60조)

시·도지사, 시장·군수·구청장 또는 아동복지시설의 장은 제15조 제1항 제3
호부터 제5호까지 및 같은 조 제5항 및 제6항에 따른 보호조치에 필요한 비
용의 전부 또는 일부를 대통령령으로 정하는 바에 따라 각각 그 아동의 부양
의무자로부터 징수할 수 있다.

5) 전달체계 및 위원회 혹은 사회복지서비스

(1) 아동정책조정위원회(제10조)

아동의 권리증진과 건강한 출생 및 성장을 위하여 종합적인 아동정책을 수립
하고 관계부처의 의견을 조정하며, 그 정책의 이행을 감독하고 평가하기 위하
여 국무총리소속하에 아동정책조정위원회를 둔다.

(2) 아동복지심의위원회(제12조)

시·도지사 또는 시장·군수·구청장은 다음의 사항을 심의하기 위하여 그 소
속으로 아동복지심의위원회를 각각 둔다(제12조 제2항).

(3) 아동복지전담공무원(제13조)

아동복지에 관한 업무를 담당하기 위하여 특별시·광역시·도·특별자치도 및
시·군·구에 각각 아동복지 전담공무원을 둘 수 있다.

(4) 아동위원(제14조)

시·군·구에 아동위원을 둔다. 아동위원은 그 관할 구역의 아동에 대하여 항상 그 생활상태 및 가정환경을 상세히 파악하고 아동복지에 필요한 원조와 지도를 행하며 전담공무원 및 관계 행정기관과 협력하여야 한다.

6) 권리구제 및 벌칙

표 13.2 권리구제 및 벌칙

10년 이하의 징역 또는 5천만 원 이하의 벌금	− 아동을 타인에게 매매하는 행위('아동·청소년의 성보호에 관한 법률' 제9조에 따른 매매는 제외한다.) − 아동에게 음행을 시키거나 음행을 매개하는 행위
5년 이하의 징역 또는 3천만 원 이하의 벌금	− 아동의 신체에 손상을 주는 학대행위 − 아동에게 성적 수치심을 주는 성희롱·성폭력 등의 학대행위 − 아동의 정신건강 및 발달에 해를 끼치는 정서적 학대행위 − 자신의 보호·감독을 받는 아동을 유기하거나, 의식주를 포함한 기본적 보호·양육·치료 및 교육을 소홀히 하는 방임행위 − 장애를 가진 아동을 공중에 관람시키는 행위 − 아동에게 구걸을 시키거나 아동을 이용하여 구걸하는 행위
3년 이하의 징역 또는 2천만 원 이하의 벌금	− 정당한 권한을 가진 알선기관 외의 자가 아동양육을 알선하고 금품을 취득하거나 금품을 요구 또는 약속하는 행위 − 아동을 위하여 증여 또는 급여된 금품을 그 목적 외의 용도로 사용하는 행위
1년 이하의 징역 또는 500만 원 이하의 벌금	− 공중의 오락 또는 흥행 목적, 아동의 건강 또는 안전에 유해한 곡예를 시키는 행위

제2절   청소년복지지원법

1. 목적과 대상

1) 목적

청소년복지지원법은 법률 제7164호로 2004년 2월 9일에 제정하여 2005년 2월 10일 시행되었다. 이 법은 청소년기본법(제49조 제4항)에 따라 청소년복지 향상에 관한 사항을 규정함을 목적으로 한다. 이 법에서 사용하는 용어의 뜻은 다음과 같다.

① "청소년"이란 '청소년기본법' 제3조 제1호 본문에 해당하는 사람을 말한다.

② "청소년복지"란 '청소년기본법' 제3조 제4호에 따른 청소년복지를 말한다.

③ "보호자"란 친권자, 법정대리인 또는 사실상 청소년을 양육하는 사람을 말한다.

④ "위기청소년"이란 가정 문제가 있거나 학업 수행 또는 사회 적응에 어려움을 겪는 등 조화롭고 건강한 성장과 생활에 필요한 여건을 갖추지 못한 청소년을 말한다.

2) 대상

(1) 청소년의 우대 및 건강보장

청소년의 우대사항은 다음과 같다(제3조).

① 국가 또는 지방자치단체는 그가 운영하는 수송시설·문화시설·여가시설 등을 청소년이 이용하는 경우 그 이용료를 면제하거나 할인할 수 있다.

② 국가 또는 지방자치단체는 다음 내용 중 어느 하나에 해당하는 자가 청소년이 이용하는 시설을 운영하는 경우 청소년에게 그 시설의 이용료를 할인하여 주도록 권고할 수 있다.

첫째, 국가 또는 지방자치단체의 재정적 보조를 받는 자

둘째, 관계 법령에 따라 세제상의 혜택을 받는 자

셋째, 국가 또는 지방자치단체로부터 위탁을 받아 업무를 수행하는 자

③ 이용료를 면제받거나 할인받으려는 청소년은 시설의 관리자에게 주민등록증, 학생증, 청소년증(제4조) 나이를 확인할 수 있는 증표 또는 자료를 제시하여야 한다.

④ 이용료를 면제받거나 할인받을 수 있는 시설의 종류 및 청소년의 나이 기준 등은 대통령령으로 정한다.

특별자치도지사 또는 시장 · 군수 · 구청장(자치구의 구청장)은 9세 이상 18세 이하의 청소년에게 청소년증을 발급할 수 있다.

청소년증은 다른 사람에게 양도하거나 빌려주어서는 아니된다.

누구든지 청소년증 외에 청소년증과 동일한 명칭 또는 표시의 증표를 제작 · 사용하여서는 아니된다. 그리고 청소년증의 발급에 필요한 사항은 여성가족부령으로 정한다.

(2) 청소년의 건강보장

① 국가 및 지방자치단체는 청소년의 건강 증진 및 체력 향상을 위한 질병 예방, 건강 교육 등의 필요한 시책을 수립하여야 하며, 보호자는 양육하는 청소년의 건강 증진 및 체력 향상에 노력하여야 한다.

② 국가 및 지방자치단체는 관련 기관과 협의하여 청소년의 건강 · 체력 기준을 설정하여 보급할 수 있다.

③ 건강 시책의 마련 및 건강 · 체력 기준의 설정 · 보급에 필요한 사항은 대통령령으로 정한다(제5조).

체력검사와 건강진단의 실시이다.

① 국가 및 지방자치단체는 청소년의 체력검사와 건강진단을 실시할 수 있다(제6조).

② 국가 및 지방자치단체는 제1항에 따른 체력검사 및 건강진단의 결과를 청소년 본인에게 알려주어야 한다.

③ 국가 및 지방자치단체는 제1항 및 제2항에 따른 체력검사·건강진단의 실시와 그 결과 통보를 전문기관 또는 단체에 위탁할 수 있다.

④ 체력검사·건강진단의 실시와 그 결과 통보에 필요한 사항은 여성가족부령으로 정한다.

건강진단 결과의 분석 등에 관한 내용이다.

① 국가 및 지방자치단체는 제6조에 따른 건강진단 결과를 분석하여 청소년의 건강 증진을 위하여 필요한 시책을 수립·시행하여야 한다.

② 국가 및 지방자치단체는 분석을 전문기관에 의뢰할 수 있다(제7조).

건강진단 결과의 공개 금지사항이다. 위의 건강진단을 실시한 국가·지방자치단체·전문기관 또는 단체에 근무하였거나 근무하는 사람은 건강관련에 따른 시책을 수립하거나 시행하기 위하여 불가피한 경우를 제외하고는 건강진단 결과를 공개하여서는 아니된다(제8조).

3) 청소년복지지원법 연혁

표 13.3 청소년복지지원법 연혁

제·개정(시행)	주요 내용
2004. 2. 9 (2005. 2. 10)	− 국가 및 지방자치단체는 청소년이 원활하게 정보에 접근하고 그 의사를 표명할 수 있도록 하기 위하여 청소년관련 정책 수립 등의 절차에 청소년의 참여 − 청소년에 대하여 국가 또는 지방자치단체가 운영하는 수송시설, 궁·능, 박물관, 공원, 공연장 등의 시설의 이용료를 면제 또는 할인 − 시장·군수·구청장은 9세 이상 18세 이하의 청소년에 대하여 청소년증을 발급할 수 있도록 함.
2010. 5. 17 (2010. 5. 17)	− 현행 양벌규정은 문언상 영업주가 종업원 등에 대한 관리·감독상 주의의무를 다하였는지 여부에 관계없이 영업주를 처벌하도록 하고 있어 책임주의 원칙에 위배될 소지가 있음. − 영업주가 종업원 등에 대한 관리·감독상 주의의무를 다한 경우에는 처벌을 면하게 함으로써 양벌규정에도 책임주의 원칙이 관철되도록 함.

제 · 개정(시행)	주요 내용
2012. 2. 1 (2012. 8. 2)	– 지방자치단체의 장은 지역사회 청소년통합지원체계를 구축 · 운영 – 위기청소년의 가족 및 보호자에 대하여 상담 및 교육, 가출청소년, 학업중단청소년, 이주배경청소년 등 위기청소년의 유형별 보호 및 지원 등에 관하여 정함(안 제5장). – 종전의 한국청소년상담원을 한국청소년상담복지개발원으로 명칭 변경 – 설립근거 법령을 '청소년기본법'에서 이 법으로 이관, 종전의 시 · 도 및 시 · 군 · 구 청소년상담지원센터를 청소년상담복지센터로 하며, 청소년복지시설의 종류를 청소년쉼터, 청소년자립생활관, 청소년치료재활센터로 정하는 청소년복지지원기관 및 시설에 관한 조항 정비
2013. 5. 28 (2013. 11. 29)	– 청소년복지지원기관, 청소년복지시설 전문성 확보에 문제, 위탁운영의 기준 및 방법 등에 관하여 여성가족부령으로 정하여, 위탁절차의 공정성, 청소년복지시설의 전문성을 제고
2014. 3. 24 (2014. 6. 25)	– 청소년복지 지원을 위해 설립한 한국청소년상담복지개발원으로 하여금, 청소년 상담 및 복지와 관련된 정책의 연구, 청소년 상담 · 복지 사업의 개발 및 운영 · 지원 – 한국청소년상담복지개발원에의 출연근거를 마련, 청소년의 복지에 대한 지원 강화
2015. 2. 3 (2015. 2. 3)	– 현행 '공공기관의 운영에 관한 법률' 제43조 제2항에 따라 공기업은 기획재정부장관에게, 준정부기관은 주무기관의 장에게 다음 연도 2월 말일까지 결산서를 제출하고 3월 말일까지 승인을 받아 결산을 확정하여야 하나, '청소년복지 지원법' 등 개별 법령에서 공기업 또는 준정부기관의 결산서 제출 시기를 '공공기관의 운영에 관한 법률'과 상이하게 규정 – 이에 준정부기관인 한국청소년상담복지개발원의 결산서 제출에 관한 현행 규정을 '공공기관의 운영에 관한 법률'에 따른 결산서 제출 시기 등에 맞추어 정비
2016. 5. 29 (2016. 11. 30)	– 청소년자립지원관을 청소년쉼터뿐만 아니라 청소년회복지원시설에서 퇴소한 후에도 복귀할 곳이 없을 때 지원하는 시설로 기능을 규정함(제31조 제2호). – 소년법 제32조 제1항 제1호 처분을 받은 청소년에게 상담 · 주거 · 학업 · 자립 등을 지원하기 위한 청소년회복지원시설을 청소년복지시설 규정(제31조 제4호 신설)

2. 급여 및 재정

1) 급여

다음은 위기청소년 지원에 관한 내용 및 지원사항이다.

첫째, 상담 및 교육지원이다.
① 국가 및 지방자치단체는 위기청소년에게 효율적이고 적합한 지원을 하기 위하여 위기청소년의 가족 및 보호자에 대한 상담 및 교육을 실시할 수 있다.
② 위기청소년의 가족 및 보호자는 국가 및 지방자치단체가 상담 및 교육을 권고하는 경우에는 이에 협조하여 성실히 상담 및 교육을 받아야 한다.
③ 국가 및 지방자치단체는 여성가족부령으로 정하는 일정 소득 이하의 가족 및 보호자가 제1항의 상담 및 교육을 받은 경우에는 예산의 범위에서 여비 등 실비를 지급할 수 있다(제13조).

둘째, 위기청소년 특별지원이다.
① 국가 및 지방자치단체는 대통령령으로 정하는 바에 따라 위기청소년에게 필요한 사회적·경제적 지원(특별지원)을 할 수 있다.
② 특별지원은 생활지원, 학업지원, 의료지원, 직업훈련지원, 청소년활동지원 등 대통령령으로 정하는 내용에 따라 물품 또는 서비스의 형태로 제공한다. 다만, 위기청소년의 지원에 반드시 필요하다고 인정되는 경우에는 금전의 형태로 제공할 수 있다.
③ 특별지원 대상 청소년의 선정 기준, 범위 및 기간과 그밖에 필요한 사항은 대통령령으로 정한다(제14조).

특별지원의 신청 및 선정은 다음과 같다.
다음 어느 하나에 해당하는 사람은 위기청소년을 특별지원 대상 청소년으로 선정하여 줄 것을 특별자치도지사 또는 시장·군수·구청장에게 신청할 수 있다. 이 경우 다음 제1항 중 보호자 및 제2항부터 제5항까지의 사람은 해당 청소년의 동의를 받아야 한다.

① 청소년 본인 또는 그 보호자

② 청소년기본법(제3조제7호)에 따른 청소년지도자

③ 초 · 중등교육법(제19조제1항)에 따른 교원

④ 사회복지사업법(제11조)에 따른 사회복지사

⑤ 지방자치단체에서 청소년 업무를 담당하는 공무원

특별자치도지사 또는 시장 · 군수 · 구청장은 위의 신청을 받은 경우에는 운영위원회의 심의를 거쳐 선정 여부와 지원 내용 및 기간을 결정하여야 한다.

특별자치도지사 또는 시장 · 군수 · 구청장은 긴급하게 지원할 필요가 있다고 판단하는 경우 또는 운영위원회가 구성되지 아니한 경우에는 운영위원회의 심의를 거치지 아니하고 제2항의 결정을 할 수 있다(제15조).

셋째, 청소년 가출 예방 및 보호 · 지원이다.

① 여성가족부장관 또는 지방자치단체의 장은 청소년의 가출을 예방하고 가출한 청소년의 가정 · 사회 복귀를 돕기 위하여 상담에 따른 청소년쉼터의 설치 · 운영, 청소년쉼터 퇴소 청소년에 대한 사후지원 등 필요한 지원을 하여야 한다(제31조 제1호).

② 보호자는 청소년의 가출을 예방하기 위하여 노력하여야 하며, 가출한 청소년의 가정 · 사회 복귀를 위한 국가 및 지방자치단체 등의 노력에 적극 협조하여야 한다.

③ 여성가족부장관 또는 지방자치단체의 장은 제1항에 따른 청소년 가출 예방 및 보호 · 지원에 관한 업무를 '청소년기본법' 제3조 제8호에 따른 청소년단체에 위탁할 수 있다(제16조).

넷째, 학업중단청소년에 대한 지원이다.

국가 및 지방자치단체는 다음 각 항의 어느 하나에 해당하는 청소년이 학업에 복귀하고 자립할 수 있도록 필요한 시책을 마련하고 시행하여야 한다.

① 초 · 중등교육법(제2조)에 따른 초등학교 · 중학교 또는 이와 동일한 과정을 교육하는 학교에 입학한 후 3개월 이상 결석하거나, 취학의무를 유예한 청소년

② 초·중등교육법(제2조)에 따른 고등학교 또는 이와 동일한 과정을 교육하는 학교에서 제적·퇴학 처분을 받거나 자퇴한 청소년(제17조)

다섯째, 이주배경청소년에 대한 지원이다.

국가 및 지방자치단체는 다음 각 항의 어느 하나에 해당하는 청소년의 사회 적응 및 학습능력 향상을 위하여 상담 및 교육 등 필요한 시책을 마련하고 시행하여야 한다(제18조).

① 다문화가족지원법(제2조제1호)에 따른 다문화가족의 청소년

② 그밖에 국내로 이주하여 사회 적응 및 학업 수행에 어려움을 겪는 청소년

다섯째, 교육적 선도이다.

교육적 선도의 실시는 특별자치도지사 또는 시장·군수·구청장은 다음 각 항의 어느 하나에 해당하는 청소년에 대하여 청소년 본인, 해당 청소년의 보호자 또는 청소년이 취학하고 있는 학교의 장의 신청에 따라 교육적 선도를 실시할 수 있다. 이 경우 해당 청소년의 보호자 또는 학교의 장이 선도를 신청하는 때에는 청소년 본인의 동의를 받아야 한다.

① 비행·일탈을 저지른 청소년

② 일상생활에 적응하지 못하여 가정 또는 학교 외부의 교육적 도움이 필요한 청소년이다.

선도는 해당 청소년이 정상적인 가정·학교·사회 생활에 복귀하는 데에 도움이 되는 방법으로서 대통령령으로 정하는 방법에 따라 한다.

선도의 기간은 6개월 이내로 한다. 다만, 특별자치도지사 또는 시장·군수·구청장은 선도의 결과를 검토하여 선도의 연장이 필요하다고 인정하는 경우 청소년 본인의 동의를 받아 6개월의 범위에서 한 번 연장할 수 있다.

선도 대상자의 선정 기준 및 절차에 관한 사항은 여성가족부령으로 정한다.

시설의 설치·운영에 있어서 국가 및 지방자치단체는 선도에 필요한 시설의 설치·운영, 선도 프로그램의 개발·보급, 선도활동에 대한 지원 및 지도자 교육 등 선도의 실효성을 확보하기 위한 노력을 하여야 한다.

선도후견인은 '청소년기본법'에 따른 청소년지도자 및 청소년지도위원 중에서 지정한다. 선도후견인의 임무 · 지정기준 등 세부적인 사항은 여성가족부령으로 정한다.

2)   재정

보조금으로 정부는 예산의 범위에서 청소년상담원의 사업 및 운영에 드는 경비를 보조할 수 있다. 개인 · 법인 또는 단체는 청소년상담원의 운영 또는 사업 등을 지원하기 위하여 금전이나 그밖의 재산을 출연하거나 기부할 수 있다(제25조).

3.   전달체계 및 위원회

1)   한국청소년상담복지개발원

다음 각 사항의 사업을 하기 위하여 한국청소년상담복지개발원(청소년상담원)을 설립한다(제22조).

① 청소년 상담 및 복지와 관련된 정책의 연구
② 청소년 상담 · 복지 사업의 개발 및 운영 · 지원
③ 청소년 상담기법의 개발 및 상담자료의 제작 · 보급
④ 청소년 상담 · 복지 인력의 양성 및 교육
⑤ 청소년 상담 · 복지 관련 기관 간의 연계 및 지원
⑥ 지방자치단체 청소년복지지원기관의 청소년 상담 · 복지 관련 사항에 대한 지도 및 지원
⑦ 청소년 가족에 대한 상담 · 교육
⑧ 청소년에 관한 상담 · 복지 정보체계의 구축 · 운영
⑨ 그밖에 청소년상담원의 목적을 수행하기 위하여 필요한 부수사업

청소년상담원은 법인으로 한다. 청소년상담원은 정관으로 정하는 바에 따라 분원을 둘 수 있다. 청소년상담원은 그 주된 사무소의 소재지에서 설립등기를 함으로써 성립한다.

청소년상담원의 정관에는 다음 각 사항이 포함되어야 한다.

① 목적

② 명칭

③ 주된 사무소의 소재지

④ 사업에 관한 사항

⑤ 임직원에 관한 사항

⑥ 이사회에 관한 사항

⑦ 재산 및 회계에 관한 사항

⑧ 업무와 그 집행에 관한 사항

⑨ 정관 변경에 관한 사항

청소년상담원이 정관을 변경하려는 경우에는 여성가족부장관의 인가를 받아야 한다.

사업계획서의 제출 등에 있어 청소년상담원은 대통령령으로 정하는 바에 따라 사업계획서와 예산서를 작성하여 사업연도가 시작되기 전까지 여성가족부장관에게 제출하여 승인을 받아야 한다. 청소년상담원은 사업연도마다 세입·세출 결산서를 작성하여 공인회계사의 감사를 받아 다음 사업연도 3월 20일까지 여성가족부장관에게 제출하여야 한다.

임원의 경우 청소년상담원에 원장 1명을 포함한 15명 이내의 이사와 감사 1명을 둔다(제26조). 이사(원장은 제외) 및 감사는 비상임으로 한다.

이사는 여성가족부장관이 임면(任免)하고, 그 임기는 2년으로 한다.

감사는 공공기관의 운영에 관한 법률(제29조)에 따른 임원추천위원회가 복수로 추천한 사람 중에서 기획재정부장관이 임면하고, 그 임기는 2년으로 한다.

원장은 청소년상담원을 대표하고 청소년상담원의 사무를 총괄하며, 임원추천위원회가 복수로 추천한 사람 중에서 여성가족부장관이 임면하고, 그 임기는

3년으로 한다(제27조).

청소년상담원에 관하여 이 법과 공공기관의 운영에 관한 법률에서 정한 사항을 제외하고는 '민법' 중 재단법인에 관한 규정을 준용한다(제28조).

2)   청소년상담복지센터

특별시장 · 광역시장 · 도지사 및 특별자치도지사(이하 시 · 도지사) 및 시장 · 군수 · 구청장은 청소년에 대한 상담 · 긴급구조 · 자활 · 의료지원 등의 업무를 수행하기 위하여 청소년상담복지센터를 설치 · 운영할 수 있다.

특별시 · 광역시 · 도 및 특별자치도에 설치된 청소년상담복지센터는 시 · 군 · 구의 청소년상담복지센터의 업무를 지도 · 지원하여야 한다.

시장 · 군수 · 구청장은 위의 사항에 따라 시 · 군 · 구에 설치하는 청소년상담복지센터를 청소년활동진흥법(제7조 제1항)에 따라 시 · 군 · 구에 설치하는 지방청소년활동진흥센터와 통합하여 운영할 수 있다.

또한 시 · 도지사 또는 시장 · 군수 · 구청장은 청소년상담복지센터를 청소년단체에 위탁하여 운영하도록 할 수 있으며, 시 · 도지사 또는 시장 · 군수 · 구청장은 청소년상담복지센터를 법인으로 설치할 수 있다.

그리고 업무의 구체적인 내용과 청소년상담복지센터의 설치 · 운영 기준 및 종사자의 자격기준 등에 관하여 필요한 사항은 대통령령으로 정한다.

3)   이주배경청소년지원센터

여성가족부장관은 이주배경청소년 지원(제18조)을 위한 이주배경청소년지원센터를 설치 · 운영할 수 있다.

이주배경청소년지원센터의 설치 · 운영 등에 필요한 사항은 대통령령으로 정한다(제30조).

4)   청소년복지시설

청소년복지시설의 종류는 청소년기본법(제31조)에 따른 청소년복지시설의 종류는 다음 사항과 같다.

① 청소년쉼터

가출청소년에 대하여 가정·학교·사회로 복귀하여 생활할 수 있도록 일정 기간 보호하면서 상담·주거·학업·자립 등을 지원하는 시설

② 청소년자립지원관

일정 기간 청소년쉼터의 지원을 받았는데도 가정·학교·사회로 복귀하여 생활할 수 없는 청소년에게 자립하여 생활할 수 있는 능력과 여건을 갖추도록 지원하는 시설

③ 청소년치료재활센터

학습·정서·행동상의 장애를 가진 청소년을 대상으로 정상적인 성장과 생활을 할 수 있도록 해당 청소년에게 적합한 치료·교육 및 재활을 종합적으로 지원하는 거주형 시설(제31조)

④ 청소년회복지원시설

청소년회복지원시설은 소년범(제32조 제1항 제1호)에 따른 감호·위탁처분을 받은 청소년에 대하여 보호자를 대신하여 그 청소년을 보호할 수 있는 자가 상담·주거·학업·자립 등 서비스를 제공하는 시설

청소년복지시설의 설치에 대하여 국가 또는 지방자치단체는 청소년기본법(제18조 제1항)에 따라 청소년복지시설을 설치·운영하여야 한다.

국가 또는 지방자치단체 외의 자는 청소년복지시설을 설치·운영하려면 해당 시설이 있는 지역을 관할하는 특별자치도지사 또는 시장·군수·구청장에게 신고하여야 한다. 또한 청소년복지시설을 설치·운영하는 자는 대통령령으로 정하는 바에 따라 청소년복지시설을 이용하는 청소년의 생명·신체에 손해가 발생하는 경우 이를 배상하기 위한 보험에 가입하여야 한다.

위의 청소년복지시설의 설치·운영에 필요한 사항은 대통령령으로 정하고, 신고의 방법·절차에 관하여 필요한 사항은 여성가족부령으로 정한다(32조).

휴업·폐업 등의 신고에 있어서 국가 또는 지방자치단체 외의 자가 신고한 청
소년복지시설을 휴업 또는 폐업하거나 그 운영을 재개(再開)하려면 여성가족
부령으로 정하는 바에 따라 미리 관할 특별자치도지사 또는 시장·군수·구청
장에게 신고하여야 한다(33조).

제3절	청소년기본법

1. 목적과 대상

1) 목적과 대상

이 법은 청소년의 권리 및 책임과 가정·사회·국가 및 지방자치단체의 청소년에 대한 책임을 정하고 청소년육성정책에 관한 기본적인 사항을 규정함을 목적으로 한다(제1조).

기본이념은 다음과 같다.
첫째, 청소년이 사회구성원으로서 정당한 대우와 권익을 보장받음과 아울러 스스로 생각하고 자유롭게 활동할 수 있도록 하며 보다 나은 삶을 누리고 유해한 환경으로부터 보호될 수 있도록 함으로써 국가와 사회가 필요로 하는 건전한 민주시민으로 자랄 수 있도록 함을 이 법의 기본이념으로 한다.

둘째, 기본이념을 구현하기 위한 장기적·종합적 청소년육성정책을 추진함에 있어서 다음 사항을 그 추진방향으로 한다(제2조).
① 청소년의 참여보장
② 청소년의 창의성과 자율성에 기초한 능동적 삶의 실현
③ 청소년의 성장여건과 사회환경의 개선
④ 민주·복지·통일조국에 대비하는 청소년의 자질향상

이 법에서 사용하는 용어의 정의는 다음과 같다.<개정 2011. 5. 19>
① "청소년"이라 함은 9세 이상 24세 이하의 자를 말한다. 다만, 다른 법률에서 청소년에 대한 적용을 달리할 필요가 있는 경우에는 따로 정할 수 있다.
② "청소년육성"이라 함은 청소년활동을 지원하고 청소년의 복지를 증진하며 근로 청소년을 보호하는 한편, 사회여건과 환경을 청소년에게 유익하도록 개선하고 청소년을 보호하여 청소년에 대한 교육을 보완함으로써 청소년의 균형

있는 성장을 돕는 것을 말한다.

③ "청소년활동"이라 함은 청소년의 균형있는 성장을 위하여 필요한 활동과 이러한 활동을 소재로 하는 수련활동 · 교류활동 · 문화활동 등 다양한 형태의 활동을 말한다.

④ "청소년복지"라 함은 청소년이 정상적인 삶을 영위할 수 있는 기본적인 여건을 조성하고 조화롭게 성장 · 발달할 수 있도록 제공되는 사회적 · 경제적 지원을 말한다.

⑤ "청소년보호"라 함은 청소년의 건전한 성장에 유해한 물질 · 물건 · 장소 · 행위 등 각종 청소년 유해환경을 규제하거나 청소년의 접촉 또는 접근을 제한하는 것을 말한다.

⑥ "청소년시설"이라 함은 청소년활동 · 청소년복지 및 청소년보호에 제공되는 시설을 말한다.

⑦ "청소년지도자"라 함은 제21조의 규정에 의한 청소년지도사 및 제22조의 규정에 의한 청소년상담사와 청소년시설 · 청소년단체 · 청소년관련기관 등에서 청소년육성 및 지도업무에 종사하는 자를 말한다.

⑧ "청소년단체"라 함은 청소년육성을 주된 목적으로 설립된 법인 또는 대통령령이 정하는 단체를 말한다.

다른 법률과의 관계에서 이 법은 청소년육성에 관하여 다른 법률에 우선하여 적용한다.

청소년육성에 관한 법률을 제정하거나 개정하는 때에는 이 법에 부합되도록 하여야 한다(제4조).

2) 청소년기본법 연혁

표 13.4 청소년기본법 연혁

제 · 개정(시행)	주요 내용
1991. 12. 31 (1993. 1. 1)	- 청소년육성에 관하여 이에 관한 다른 법률에 우선하여 적용하도록 함. - 청소년육성에 관한 주요시책을 심의하기 위하여 국무총리소속하에 청소년육성위원회를 둔다. - 국가는 매 10년마다 청소년육성에 관한 기본계획을, 매 연도마다 기본계획에 의한 시행계획
1995. 12. 29 (1996. 6. 30)	- 지역사회중심의 청소년육성기반을 조성하기 위하여 청소년수련시설의 허가권을 시 · 도지사에게 이양함. 청소년수련시설의 공공성과 신뢰성 및 그 운영의 전문성을 확보하기 위하여 청소년수련시설에는 일정한 자격요건을 갖춘 운영책임자를 두도록 함.
1999. 1. 18 (1999. 7. 19)	- 종전에는 청소년지도사의 자격 부여시 양성과정이수제도가 폐지되고 청소년관련 분야에서 근무한 경력 등이 있는 자로서 검정에 합격한 자에게 청소년지도사 자격부여할 수 있도록 함(법 제20조 제1항).
2004. 2. 9 (2005. 2. 10)	- 청소년기본법에는 청소년육성의 기본원리와 정책적 근간에 관한 사항 중심으로 규정, 종전 청소년기본법에서 규정하고 있던 청소년활동에 관한 사항은 청소년활동진흥법으로, 청소년의 복지에 관한 사항은 청소년복지지원법으로 별도 제정함으로써 청소년관련법을 체계화
2010. 5. 17 (2010. 8. 18)	- 청소년의 건전한 육성 및 활동지원을 위해 이 법 및 '청소년활동진흥법'에 '한국청소년진흥센터'와 '한국청소년수련원'의 설치규정하고 있으나, 두 기관의 업무가 거의 유사하여 업무중복 - 이에 두 기관을 통합하여 '청소년활동진흥법'에 '한국청소년활동진흥원'으로 설치하도록 이 법의 '한국청소년진흥센터' 관련 규정을 삭제 · 정비
2011. 5. 19 (2011. 11. 20)	- 국가와 지방자치단체가 필요한 시책을 마련할 책무, 청소년지도사 및 청소년상담사의 자격 관리를 강화, 학교의 정규교육 외의 시간 또는 가정의 보호가 어려운 시간 방과 후 지원 방안

제 · 개정(시행)	주요 내용
2012. 2. 1 (2013. 1. 1)	– 청소년에 대한 차별 금지, 자기의사 표명 및 결정권, 본인과 관련된 의사결정에 참여할 권리 – 국가 및 지방자치단체는 청소년 관련 정책의 수립 절차에 청소년의 참여 및 의견수렴 보장
2013. 5. 28 (2013. 5. 28)	– 청소년단체 임원에 대한 결격사유를 정함으로써 청소년단체의 도덕성과 신뢰성 확보
2014. 3. 24 (2014. 3. 24)	– 법적 간결성 · 함축성과 조화를 이루는 범위에서, 어려운 용어를 쉬운 우리말로 풀어씀.
2015. 2. 3 (2015. 5. 4)	– 청소년육성에 관한 기본계획의 수립 등 심의 · 조정하기 위하여 여성가족부에 청소년정책위원회를 설치하되, 그 구성은 여성가족부장관을 위원장으로 하여 관계 중앙행정기관의 차관급 공무원, 민간전문가 등 20명 이내의 위원으로 함. – 청소년정책위원회에서 심의 · 조정할 사항을 미리 검토하는 청소년정책실무위원회를 둔다.
2015. 6. 22 (2015. 9. 23)	– 금고 이상의 형을 선고받고 그 집행이 끝나거나 집행을 받지 아니하기로 확정된 후 3년이 지나지 아니한 사람을 청소년지도사 및 상담사의 결격사유(제21조 제3항 제3호) – '아동복지법' 제71조 제1항의 죄, '성폭력범죄의 처벌 등에 관한 특례법' 제2조의 성폭력범죄 또는 '아동 · 청소년의 성보호에 관한 법률' 제2조 제2호 아동 · 청소년대상 성범죄 저지른 사람으로 형 또는 치료감호를 선고받고 확정된 후 그 형 또는 치료감호의 전부 또는 일부의 집행이 끝나거나(집행이 끝난 것으로 보는 경우 포함) 집행이 유예 · 면제된 날부터 10년이 지나지 아니한 사람 청소년지도사 및 상담사의 결격사유로 추가 규정(제21조 제3항 제4호의2 신설)
2016. 3. 2 (2016. 3. 2)	– 국가 및 지방자치단체로 하여금 근로 청소년의 권익보호를 위하여 '근로기준법' 등에서 정하는 근로 청소년의 권리 등 필요한 교육 및 상담을 실시, 한편, 근로권익 보호정책을 적극적 홍보하도록 함, 근로 청소년에 대한 보호 두텁게 하고 근로권익에 대한 인식 개선(제8조의2)

2. 급여 및 재정

1) 급여

(1) 청소년육성에 관한 기본계획

청소년육성에 관한 기본계획의 수립으로 국가는 청소년육성에 관한 기본계획을 5년마다 수립하여야 한다.

기본계획에는 다음 사항이 포함되어야 한다.

① 이전의 기본계획에 관한 분석평가

② 청소년육성에 관한 기본방향

③ 청소년육성에 관한 추진목표

④ 청소년육성에 관한 기능의 조정

⑤ 청소년육성의 분야별 주요시책

⑥ 청소년육성에 소요되는 재원의 조달방법

⑦ 그밖에 청소년육성을 위하여 특히 필요하다고 인정되는 사항(제13조)

국가 및 지방자치단체는 기본계획에 의하여 연도별 시행계획을 각각 수립·시행하여야 한다(제14조).

계획수립의 협조관계에서 국가 및 지방자치단체는 규정에 의한 기본계획 및 연도별 시행계획의 수립·시행을 위하여 필요한 때에는 공공기관·사회단체 그밖의 민간기업체의 장에게 협조를 요청할 수 있다. 협조요청을 받은 자는 특별한 사정이 없는 한 이에 협조하여야 한다.

청소년의 달은 청소년의 능동적이고 자주적인 주인의식을 고취하고 청소년육성을 위한 국민의 참여분위기를 조성하기 위하여 매년 5월을 청소년의 달로 한다(제16조).

(2) 청소년활동 및 복지 등

국가 및 지방자치단체는 청소년활동을 지원하여야 하며, 청소년활동의 지원에 관한 사항은 따로 법률로 정한다(제47조).

학교교육 등과의 연계에서 국가 및 지방자치단체는 청소년활동과 학교교육 · 평생교육을 연계하여 교육적 효과를 높일 수 있도록 하는 시책을 수립 · 시행하여야 한다. 여성가족부장관이 위의 규정에 의한 시책을 수립함에 있어서는 미리 관련기관의 협의와 전문가의 의견을 들어야 한다. 위의 규정에 의한 협의를 요청받은 관련기관은 특별한 사유가 없는 한 이에 응하여야 한다(제48조).

청소년 방과 후 활동의 지원에서 국가와 지방자치단체는 학교의 정규교육으로 보호할 수 없는 시간 동안 청소년의 전인적 성장발달을 지원하기 위하여 다양한 교육 및 활동프로그램 등을 제공하는 종합적인 지원 방안을 마련하여야 한다. 위의 종합적인 지원 방안 마련에 필요한 사항은 대통령령으로 정한다(제48조의 2).

청소년복지의 향상에서도 국가는 청소년들의 의식 · 태도 · 생활 등에 관한 사항을 정기적으로 조사하고, 이를 개선하기 위하여 청소년의 복지향상정책을 수립 · 시행하여야 한다.
국가 및 지방자치단체는 기초생활의 보장, 직업재활훈련, 청소년활동지원 등의 시책을 추진함에 있어서 정신적 · 신체적 · 경제적 · 사회적으로 특별한 지원을 필요로 하는 청소년에 대하여 우선적으로 배려하여야 한다.
국가 및 지방자치단체는 청소년의 삶의 질을 향상하기 위하여 구체적인 시책을 마련하여야 한다. 위의 규정에 관하여는 따로 법률로 정한다(제49조).

(3) 청소년 유익환경의 조성

청소년 유익환경의 조성에 관한 내용은 다음과 같다.

① 국가 및 지방자치단체는 청소년의 정보화 역량을 배양하기 위한 환경조성에 노력하여야 한다.

② 국가 및 지방자치단체는 청소년에게 유익한 매체물의 제작 · 보급 등을 장려하여야 하며, 매체물의 제작 · 보급 등을 하는 자에 대하여 그 제작 · 보급 등에 관한 경비 등을 지원할 수 있다.

③ 국가 및 지방자치단체는 주택단지의 청소년시설 배치 등 청소년을 위한 사회환경과 자연환경의 조성에 노력하여야 한다(제51조).

청소년 유해환경의 규제이다.

① 국가 및 지방자치단체는 청소년에게 유해한 매체물과 약물 등이 유통되지 아니하도록 하여야 한다.

② 국가 및 지방자치단체는 청소년이 유해한 업소에 출입하거나 고용되지 아니하도록 하여야 한다.

③ 국가 및 지방자치단체는 청소년을 폭력·학대·성매매 등 유해한 행위로부터 보호·구제하여야 한다.

④ 위 규정에 의한 청소년에게 유해한 매체물·약물·업소·행위 등의 규제에 관하여는 따로 법률로 정한다(제52조).

(4) 감독 및 수수료

① 국가 및 지방자치단체는 청소년육성을 위하여 필요한 경우에 청소년시설 및 협의회·지방청소년단체협의회 등 청소년단체에게 업무·회계 및 재산에 관한 사항을 보고하게 하거나 소속공무원으로 하여금 그 장부·서류 그밖의 물건을 검사하게 할 수 있다. 위 규정에 의하여 검사를 하는 공무원은 그 권한을 표시하는 증표를 지니고 이를 관계인에게 내보여야 한다(59조).

포상으로 정부는 청소년육성에 관하여 공로가 현저하거나 다른 청소년의 모범이 되는 자에 대하여 포상을 할 수 있다(제60조).

② 이 법에 의한 협의회가 아닌 자는 한국청소년단체협의회 또는 이와 유사한 명칭을 사용하지 못한다(제61조).

③ 다음 어느 하나에 해당하는 자는 여성가족부령으로 정하는 바에 따라 수수료를 납부하여야 한다.

㉮ 청소년지도사 자격검정에 응시하거나 연수과정을 이수하는 자

㉯ 청소년상담사 자격검정에 응시하거나 연수과정을 이수하는 자

④ 청소년시설을 설치·운영하는 자 및 위탁운영을 하는 단체는 청소년시설을 이용하는 자로부터 이용료를 받을 수 있다.

⑤ 권한의 위임·위탁으로 여성가족부장관은 이 법에 의한 권한의 일부를 대통령령이 정하는 바에 의하여 시·도지사에게 위임하거나 청소년단체에 위탁할 수 있다(제63조).

2) **재정**

(1) 청소년육성기금

청소년육성에 필요한 재원을 확보하기 위하여 청소년육성기금을 설치하며, 기금은 여성가족부장관이 관리 · 운용한다(제53조).

여성가족부장관은 기금의 관리 · 운용에 관한 사무의 전부 또는 일부에 따른 협의회(40조), 청소년활동진흥법(제6조)에 따른 한국청소년활동진흥원, 정부출연연구기관 등의 설립 · 운영 및 육성에 관한 법률에 따라 설립된 한국청소년정책연구원 또는 국민체육진흥법(제36조)의 규정에 의한 서울올림픽기념 국민체육진흥 공단 중에서 선정하여 위탁할 수 있다. 기금의 관리 · 운용에 관하여 필요한 사항은 대통령령으로 정한다.

(2) 기금의 조성

기금은 다음 재원으로 조성한다.

① 정부의 출연금

② 국민체육진흥법(제22조 제3항 제1호), 경륜 · 경정법(제18조 제1항 제1호)에 의한 출연금

③ 개인 · 법인 또는 단체가 출연하는 금전 · 물품 그밖의 재산

④ 기금의 운용으로 생기는 수익금

⑤ 그밖에 대통령령이 정하는 수입금

개인 · 법인 또는 단체가 출연하는 금전 · 물품 그밖의 재산으로 출연하는 자는 용도를 지정하여 출연할 수 있다. 다만, 특정단체 또는 개인에 대한 지원을 용도로 지정할 수 없다.

(3) 기금의 사용

기금은 다음 사업에 사용한다.

① 청소년활동의 지원

② 청소년시설의 설치 및 운영을 위한 지원

③ 청소년지도자의 양성을 위한 지원

④ 청소년단체의 운영 및 활동을 위한 지원

⑤ 청소년복지증진을 위한 지원

⑥ 청소년보호를 위한 지원

⑦ 청소년육성정책의 수행과정에 관한 과학적 연구의 지원

⑧ 기금조성사업을 위한 지원

⑨ 그밖에 청소년육성을 위하여 대통령령이 정하는 사업(제55조)

국가 또는 지방자치단체는 기금의 설치 등의 규정에 의한 기금의 관리기관의 기금조성을 지원하기 위하여 기금관리기관에 국유 또는 공유의 시설·물품 그밖의 재산을 그 용도 또는 목적에 지장을 주지 아니하는 범위에서 무상으로 사용·수익하게 하거나 대부할 수 있다.

기금관리기관은 청소년육성 또는 기금의 조성을 위하여 기금의 일부 또는 기금관리기관의 시설·물품 그밖의 재산의 일부를 청소년단체의 기본재산에 출연 또는 출자할 수 있다.

기금관리기관은 기금조성의 전망을 고려하여 기금사용을 조절함으로써 궁극적으로 청소년육성을 위한 재원확보에 기여할 수 있는 장기계획을 수립하여 시행하여야 한다(55조).

(4) 지방청소년육성기금의 조성

시·도지사는 관할구역안의 청소년활동지원 등 청소년육성을 위한 사업지원에 필요한 재원을 확보하기 위하여 지방청소년육성기금을 설치할 수 있다.

위의 규정에 의한 지방청소년육성기금의 조성·용도 그밖에 필요한 사항은 조례로 정한다(56조).

(5) 국·공유재산의 대부 등

국가 또는 지방자치단체는 청소년시설의 설치, 청소년단체의 육성을 위하여 필요한 경우에는 '국유재산법' 또는 '지방재정법'의 규정에 불구하고 그 용도에 지장을 주지 아니하는 범위에서 청소년시설이나 청소년단체에게 국·공유재산

을 무상으로 대부하거나 사용·수익하게 할 수 있다.

국·공유재산의 대부·사용·수익의 내용 및 조건에 관하여는 당해 재산을 사용·수익하고자 하는 자와 당해 재산의 관리청 또는 지방자치단체의 장 간의 계약에 의한다(57조).

(6) 조세감면 등

① 국가는 협의회, 지방청소년단체협의회, '청소년복지 지원법', 한국청소년상담복지개발원 · 청소년상담복지센터 · 이주배경청소년지원센터, 청소년정책연구원 등 청소년단체 및 청소년단체가 운영하는 청소년시설에 대하여(제22조 · 제29조 · 제30조) 조세특례제한법이 정하는 바에 의하여 조세를 감면할 수 있고, 부가가치세법이 정하는 바에 따라 부가가치세를 감면할 수 있다.

② 국가는 협의회, 지방청소년단체협의회, '청소년복지 지원법', 한국청소년상담복지개발원 · 청소년상담복지센터 · 이주배경청소년지원센터, 청소년정책연구원 등(제22조 · 제29조 · 제30조) 청소년단체 및 청소년단체가 운영하는 청소년시설에 출연 또는 기부된 재산과 규정에 의하여 기금에 출연된 금전(제54조), 그밖의 재산에 대하여는 조세특례제한법이 정하는 바에 의하여 소득계산의 특례를 적용할 수 있다.

③ 국가는 협의회, 지방청소년단체협의회, '청소년복지 지원법'에 따른 한국청소년상담복지개발원 · 청소년상담복지센터 · 이주배경청소년지원센터, 청소년정책연구원(제22조 · 제29조 · 제30조) 등 청소년단체 및 청소년단체가 운영하는 청소년시설이 수입하는 청소년활동에 사용되는 실험 · 실습 · 시청각기자재 그밖의 필요한 용품과 고도의 정밀성 등으로 수입이 불가피한 청소년시설 · 설비 등에 대하여는 관세법이 정하는 바에 의하여 관세를 감면할 수 있다.

3. 전달체계 및 위원회

1) 청소년시설 종류 및 운영

청소년활동에 제공되는 시설, 청소년복지에 제공되는 시설, 청소년보호에 제공되는 시설에 관한 사항은 따로 법률로 정한다(제17조).

국가 및 지방자치단체는 청소년시설을 설치·운영하여야 하고, 국가 및 지방자치단체외의 자는 따로 법률이 정하는 바에 의하여 청소년시설을 설치·운영할 수 있으며, 국가 및 지방자치단체는 제1항의 규정에 의하여 설치한 청소년시설을 청소년단체에 위탁하여 운영할 수 있다(제18조).

청소년시설의 지도·감독에 있어 국가 및 지방자치단체는 청소년시설의 적합성·공공성·안전성에 대한 국민의 신뢰를 확보하고, 그 설치와 운영을 지원하기 위하여 필요한 지도·감독을 할 수 있다(제19조).

2) 청소년지도사 · 청소년상담사

(1) 청소년지도자

청소년지도자의 양성에 있어 국가 및 지방자치단체는 청소년지도자의 양성과 자질향상을 위하여 필요한 시책을 강구하여야 한다.

위의 규정에 의한 청소년지도자의 양성과 자질향상을 위한 연수 등에 관한 기본방향 및 내용은 대통령령으로 정한다(20조).

청소년지도사는 여성가족부장관은 청소년지도사 자격검정에 합격하고 청소년지도사 연수기관에서 실시하는 연수과정을 마친 자에게 청소년지도사의 자격을 부여한다.

여성가족부장관은 청소년지도사 자격검정에 합격한 자의 연수를 위하여 필요한 경우에는 대통령령이 정하는 바에 의하여 청소년지도사 연수기관을 지정할 수 있다(제21조).

위의 규정에 의한 청소년지도사의 등급, 자격검정, 연수, 자격증의 교부절차 등에 관하여 필요한 사항은 대통령령으로 정한다(21조 1항).

(2) 청소년상담사

여성가족부장관은 청소년상담사 자격검정에 합격하고 청소년상담사 연수기관에서 실시하는 연수과정을 마친 자에게 청소년상담사의 자격을 부여한다.

청소년지도사·청소년상담사의 배치 등에 있어서 청소년시설 및 청소년단체는 대통령령이 정하는 바에 따라 청소년육성을 담당하는 청소년지도사 또는 청소년상담사를 배치하여야 한다. 이에 국가 및 지방자치단체는 청소년단체 또는 청소년시설에 배치된 청소년지도사 및 청소년상담사에 대하여 예산의 범위 안에서 그 활동비의 전부 또는 일부를 보조할 수 있다(제23조).

청소년지도사·청소년상담사의 채용 등에 있어서 교육기본법(제9조)에 따른 학교는 청소년육성에 관련되는 업무를 수행함에 있어 필요한 경우에 청소년지도사 또는 청소년상담사를 채용할 수 있으며, 국가 및 지방자치단체는 제1항의 규정에 의한 채용에 소요되는 보수 등 필요한 경비의 전부 또는 일부를 보조할 수 있다(제24조).

3) 청소년육성 전담공무원

특별시·광역시·도(이하 "시·도"), 시·군·구(자치구) 및 읍·면·동 또는 청소년육성 전담기구에 청소년육성 전담공무원을 둘 수 있다.

청소년육성 전담공무원은 청소년지도사 또는 청소년상담사의 자격을 가진 자로 한다. 청소년육성 전담공무원은 그 관할 구역 안의 청소년 및 다른 청소년지도자 등에 대하여 그 실태를 파악하고 필요한 지도를 하여야 한다.

관계행정기관, 청소년단체 및 청소년시설의 설치·운영자는 청소년육성 전담공무원의 업무수행에 협조하여야 한다. 위의 규정에 의한 청소년육성 전담공무원의 임용 등에 관하여 필요한 사항은 조례로 정한다(제25조).

4)   청소년육성 전담기구의 설치

청소년육성에 관한 업무를 효율적으로 운영하기 위하여 시·도 및 시·군·구에 청소년육성에 관한 업무를 전담하는 기구를 따로 설치할 수 있다. 위의 규정에 의한 청소년육성 전담기구의 사무의 범위·조직 그밖에 필요한 사항은 조례로 정한다(제26조).

5)   청소년지도위원

시장·군수·구청장은 청소년육성을 담당하게 하기 위하여 청소년지도위원을 위촉하여야 한다. 위의 규정에 의한 청소년지도위원의 자격·위촉절차 등에 관하여 필요한 사항은 조례로 정한다(제27조).

6)   청소년단체

청소년단체의 역할로서 청소년단체는 다음 역할을 수행하기 위하여 최선의 노력을 하여야 한다.
① 학교교육과 상호보완할 수 있는 청소년활동을 통한 청소년의 기량과 품성 함양
② 청소년복지 증진을 통한 청소년의 삶의 질 향상
③ 유해환경으로부터 청소년을 보호하기 위한 청소년보호업무의 수행

청소년단체는 제1항의 역할을 수행함에 있어서 청소년의 의견을 적극 반영하여야 한다.
청소년단체에 대한 지원 등으로 국가 및 지방자치단체는 청소년단체의 조직과 활동에 필요한 행정적인 지원을 할 수 있으며, 예산의 범위 안에서 그 운영·활동 등에 필요한 경비의 일부를 보조할 수 있다.
① 학교 및 '평생교육법' 제2조의 평생교육기관은 청소년단체의 청소년활동에 필요한 지원과 협력을 할 수 있다.<신설 2012. 2. 1>
② 개인·법인 또는 단체는 청소년단체의 시설 및 운영을 지원하기 위하여 금전 그밖의 재산을 출연할 수 있다.<개정 2012. 2. 1>

③ 위의 규정에 의한 지원 및 보조범위 등에 관하여는 대통령령으로 정한다.

수익사업으로 청소년단체는 정관이 정하는 바에 의하여 청소년육성과 관련한 수익사업을 할 수 있으며, 규정에 의한 수익사업의 범위, 수익금의 사용 등에 관한 사항은 대통령령으로 정한다(제30조).

청소년단체의 임원은 여성가족부장관으로부터 설립허가를 받은 법인의 임원과 '비영리민간단체지원법'에 따라 등록된 비영리민간단체의 대표자, 관리인 또는 그밖에 회칙으로 정한 임원을 말한다.

7) 한국청소년단체협의회

청소년단체는 청소년육성을 위한 다음의 활동을 하기 위하여는 여성가족부장관의 인가를 받아 한국청소년단체협의회를 설립할 수 있다.
① 회원단체가 행하는 사업과 활동에 대한 협조 · 지원
② 청소년지도자의 연수와 권익증진
③ 청소년관련분야의 국제기구활동
④ 외국 청소년단체와의 교류 및 지원
⑤ 남 · 북청소년 및 해외교포청소년과의 교류 · 지원
⑥ 청소년활동에 관한 조사 · 연구 · 지원
⑦ 청소년 관련 도서출판 및 정보지원

협의회는 법인으로 하며, 협의회는 그 주된 사무소의 소재지에서 설립등기를 함으로써 성립한다. 협의회에 관하여 이 법에 규정한 것을 제외하고는 '민법' 중 사단법인에 관한 규정을 준용한다. 국가는 협의회의 운영 및 활동에 소요되는 경비를 지원할 수 있다.
협의회는 설립목적에 지장이 없는 범위에서 수익사업을 할 수 있으며, 발생한 수익은 협의회 또는 협의회의 운영시설 외의 목적에 사용할 수 없다. 법인 · 개인 또는 단체는 협의회의 운영 및 사업 등을 지원하기 위하여 금전 그밖의 재산을 출연 또는 기부할 수 있다.

협의회는 제1항에 의한 활동의 일부를 정관이 정하는 바에 의하여 회원단체에 위탁할 수 있다.

8)   지방청소년단체협의회

특정지역을 활동범위로 하는 청소년단체는 청소년육성을 위하여 그 지역을 관할하는 시·도의 조례가 정하는 바에 의하여 시·도지사의 인가를 받아 지방청소년단체협의회를 설립할 수 있다. 지방자치단체는 예산의 범위 안에서 해당 지방청소년단체협의회의 운영경비의 전부 또는 일부를 지원할 수 있다(41조).

4.   벌칙

1)   청소년단체의 임원이 될 수 없는 사람

다음 각 항의 어느 하나에 해당하는 사람은 청소년단체의 임원이 될 수 없다 (제28조).

① 미성년자·금치산자 또는 한정치산자

② 파산선고를 받은 자로서 복권되지 아니한 자

③ 금고 이상의 형을 받고 그 집행유예의 기간이 종료되지 아니한 자

④ 법원의 판결 또는 법률에 의하여 자격이 상실되거나 정지된 자

⑤ 금고 이상의 형을 선고받고 그 집행이 종료되거나 집행을 받지 아니하기로 확정된 후 3년이 경과되지 아니한 사람

⑥ 위의 사항에도 불구하고 '아동복지법'(제71조), '보조금 관리에 관한 법률' (제40조부터 제42조까지) 또는 '형법' 제28장·제40장(제360조는 제외한다)의 죄를 범하거나 이 법을 위반하여 다음 어느 하나에 해당하는 사람

㉮ 100만 원 이상의 벌금형을 선고받고 그 형이 확정된 후 5년이 지나지 아니한 사람

㉯ 형의 집행유예를 선고받고 그 형이 확정된 후 7년이 지나지 아니한 사람

　　㉱ 징역형을 선고받고 그 집행이 끝나거나(집행이 끝난 것으로 보는 경우를 포함한다) 집행이 면제된 날부터 7년이 지나지 아니한 사람

　　㉲ 위의 규정에도 불구하고 '성폭력범죄의 처벌 등에 관한 특례법'(제2조, 제1항 제1호는 제외)의 성폭력범죄 또는 '아동 · 청소년의 성보호에 관한 법률'(제2조 제2호)의 아동 · 청소년대상 성범죄를 저지른 사람으로서 형 또는 치료감호를 선고받고 확정된 후 그 형 또는 치료감호의 전부 또는 일부의 집행이 끝나거나(집행이 끝난 것으로 보는 경우 포함) 집행이 유예 · 면제된 날부터 10년이 지나지 아니한 사람

임원이 위의 어느 하나에 해당하게 되었을 때에는 그 자격을 상실한다.

2)　2년 이하의 징역 또는 2천만 원 이하의 벌금에 처하는 사항

정관이 정하는 사업외의 수익사업을 한 자이다.

3)　양벌규정

법인의 대표자나 법인 또는 개인의 대리인, 사용인, 그밖의 종업원이 그 법인 또는 개인의 업무에 관하여 위반행위(제64조)를 하면 그 행위자를 벌하는 외에 그 법인 또는 개인에게도 해당 조문의 벌금형을 과(科)한다. 다만, 법인 또는 는 개인이 그 위반행위를 방지하기 위하여 해당 업무에 관하여 상당한 주의와 감독을 게을리하지 아니한 경우에는 그러하지 아니하다.

4)　과태료(제66조)

① 다음에 해당하는 자는 500만 원 이하의 과태료에 처한다.<개정 2010. 5. 17>

　　㉮ 국가 및 지방자치단체는 청소년육성을 위하여 필요한 경우에 청소년시설 및 협의회 · 지방청소년단체협의회 등 청소년단체에게 업무 · 회계 및 재산에 관한 사항을 보고하게 하거나 소속공무원으로 하여금 그 장부 · 서류 그밖의 물건을 검사하게 할 수 있다(제59조 제1항). 이에 따른 보고를 하

지 아니하거나 검사·명령을 거부·방해 또는 기피한 자

㉴ 이 법에 의한 협의회가 아닌 자는 한국청소년단체협의회 또는 이와 유사한 명칭을 사용하지 못한다(제61조의 규정, 유사명칭의 사용금지)는 규정을 위반한 자

② 청소년지도사·청소년상담사의 보수교육(제24조의2, 제1항 및 제2항)을 위반한 자에 대하여는 100만 원 이하의 과태료를 부과한다. 위 규정에 의한 과태료는 대통령령이 정하는 바에 의하여 여성가족부장관 또는 지방자치단체의 장(제63조의 규정에 의하여 권한이 위임된 경우를 포함한다)이 부과·징수한다.

찾 아 보 기

【한글】

참고문헌

- 강영실, 2010, 장애인복지의 이해, 신정
- 강희갑, 2011, 사회복지법제론, 양서원
- 강희갑 외 5인, 2011 사회복지법제론, 양서원
- 권육상 외 5인, 2012, 최신사회복지법제론, 나눔의집
- 김기원, 2009, 사회복지법제론, 나눔의 집
- 김훈, 2006, 사회복지법제론 2판, 학지사
- 김강석, 1996, 19세기 영국 구빈정책의 실제, 학지사
- 김기원, 2000, 공공부조론, 학지사
- _____, 2003, 한국 사회복지 정책론, 나눔의 집
- 김기태 외, 2012, 사회복지의 이해, 박영사
- 김경미, 2010, 1834년 영국의 신구빈법에 관한 연구, 석사논문
- 김교성, 2012, "기본소득 도입을 위한 탐색적 연구" 사회복지정책 36권 2호 : 33-57.
- 김대빈, 2012, 우리나라 고령자 고용 활성화 정책에 관한 연구, 상명대학교 박사논문
- 김미혜, 2013, 고령자 직업훈련의 정책대안, "고령화 사회와 노인인력 활성화방안", 한국노년 학회세미나
- 김상균, 1987, 현대사회와 사회정책, 서울대출판부
- 김종수, 2012, 스웨덴 사회복지의 유형과 발전상, 도서출판 한울
- 김정기 외 2명, 2010, 사회복지의 역사, 나남출판사
- 김태성·손병돈, 2011, 빈곤과 사회복지정책론, 청목
- 김태진, 2012, 사회보장론, 대구대학교 출판부
- 김정헌, 2013, 복지국가론, 대명
- 김태성·성경륭, 2013, 복지국가론, 나남
- 김해식, 2016, 저성장 시대 보험회사의 비용관리, 보험연구원
- 김혜원, 2012, "사회서비스 분야 사회적 기업은 지속가능한가", 노동리뷰 통권 제27호
- 곽노완, 2011, "기본소득과 21세기 대안사회로의 이행전략", 제4회 맑스꼬뮤날레 학술문화
- 구인회, 2008, "한국복지국가의 성격과 전망 : 복지국가 유형론을 넘어", 한국사회포럼 2008 자료집 : 169-182.
- 국민연금공단, 2014, '2013년 국민연금통계연보'
- 노동부, 2013, 노동백서

- 노시평 외 3인, 2002, 사회복지정책, 대경출판사
- 고명석, 2011, 사회복지법제론, 동문사
- 남기민, 2012, 사회복지정책론, 학지사
- 남기민·홍성로, 2016, 사회복지법제론, 공동체
- 남기민, 2012, 사회복지 정책론, 학지사
- 남궁근, 2011. "비교정책연구 : 방법, 이론, 적용", 서울 : 법문사
- 남상호, 2015, 가계부채가 소득불평등과 중산층 규모에 미치는 영향 분석, 한국보건사회연구원
- 남상호·정영호, 2011, "건강투자의 경제성장효과분석", 보건사회연구원
- 남세진 편, 2012, 한국사회복지론, 나남출판
- 남찬섭. 2010, "한국복지국가의 성격과 전망", 『한국사회포럼 2010 자료집』: 183-196.
- 노동부, 2011. "사회적 일자리 창출 방안 연구", 한국노동연구원
- 미쉬라 저, 김한주·최경구 역, 2012, 복지국가위기론, 범문사
- 미쉬라 저, 표갑수·장소영 역, 2011, 사회이론과 사회정책, 한국복지정책연구
- 문보경, 2010, "사회적 기업 인증요건에 대한 검토와 개선방안 모색", 노동부 주관 사회적 기업 정책 포럼 발제문
- 문진영, 2010, 영국의 복지제도 발달과정에 관한 고찰, 석사논문
- 문형표, 2012, "국민연금제도의 재정건실화를 위한 구조개선방안", 한국개발연구원
- 박광준, 2013, 페비안사회주의와 복지국가의 형성, 대학출판사
- _____, 2012, 사회복지의 사상과 역사, 양서원
- 보건복지부, 2013, "일자리, 기회, 배려"를 위한 능동적 복지 2008년 실천계획
- 박병현, 2013, 사회복지정책론, 현학사
- _____, 2012, 사회복지정책론-이론과 분석, 학현사
- 박상섭, 2013, 자본주의국가론, 한올
- 박옥희, 2013, 장애인복지론, 학문사
- 박종삼 외, 2012, 사회복지학개론, 학지사
- 박차상, 2012, 사회복지정책학, 형설출판사
- 법제처, 2016, 사회복지사업법
- 변재관, 2013 "고령자 고용 정책의 개선방안" 사회일자리창출을 중심으로, '고령화사회와 노인인력활성화 방안', 한국노년학회세미나
- 사 레비탄, 가트 맨굼, 스테픈 맨굼 공저, 미국의 사회보장제도, 나남출판

- 서정희 · 조광자, 2011, "새로운 분배제도에 대한 구상 : 기본소득과 사회적 지분급여 논쟁을 중심으로." 사회보장연구 24권 1호 : 27-50.
- 성철 외 공저, 2011, 사회복지학개론, 서울 : 동인
- 신광영, 2011, 스웨덴 사민주의와 경제정책, 사회비평 제 4호, 한울
- 신수식, 2010, 사회보장론, 박영사
- 신현웅, 2015, 미래 보건의료 발전계획 정책과제 개발 연구, 한국보건사회연구원
- 신현웅 외 7인, 미래 보건의료 발전계획 정책과제 개발 연구=The policy and strategy for the development of Future Health care plan, 세종 : 한국보건사회연구원, 2015
- 심창학, 2011, "사회적 기업의 개념 정의 및 범위 설정에 관한 연구 : 유럽의 사회적 기업을 중심으로". 사회보장연구 23(2) : 61-85
- 심일섭 외, 2010, 사회복지철학과 복지정책, 학문사
- 송근원, 김태성 공저, 2013, 사회복지 정책론, 나남출판
- 송근원, 2011, 사회복지와 정책과정, 대영문화사
- 송병건, 2012, 영국 산업혁명기 구빈법의 변천과정에 관한 연구, 석사논문
- 송정부, 2010, 사회복지학총론, 나눔의 집
- 송정부, 2011, 사회복지원론, 경진사
- 송호근, 김태성, 2012, 사회복지정책론, 나남
- 송호근, 2012, 시민과 복지정치, 사회비평사
- 송호근 편, 2011, 세계화와 복지국가, 나남출판
- 심일섭 외, 2011, 사회복지철학과 복지정책, 학문사
- 이만식, 1966년, "한국에의 관료적 권위주의와 사회복지발전 : 1970년대를 중심으로", '새사회복지연구', 제3권
- 이영찬, 2011, 영국의 복지정책, 나남출판
- 이영환, 2015, 한국 사회와 복지정책-역사와 이슈, 나눔의 집
- 이정우, 2002, 사회복지정책, 학지사
- 이종수, 윤영진 외, 1997, 새 행정학, 대영문화사
- 이종엽, 2007, 사회복지법제, 유풍
- 이태수, 2012, "이명박정부의 복지정책, 어디로 가나", 광주대학교 대학원
- 이태영, 2011, 사회복지법제론, 동인
- 오건호. 2009a, 연구보고서 : 진보의 눈으로 국가재정 들여다보기, 사회공공연구소

- _____. 2009b. "이명박 정부의 국가재정 운용의 문제점과 진보적 대안재정전략", '사회공공 연구소 1주년 기념 토론회 자료집' : 1-49.
- 이명현, 2012, "복지국가 재편을 둘러싼 새로운 대립축 : 워크페어 개혁과 기본소득 구상." '사회보장연구' 22권 3호 : 53-76
- 원석조, 2012, 사회복지정책학원론, 양서원
- _____, 2011, 사회복지역사의 이해, 양서원
- 이인재·류진석·권문일·김진구, 2005, 사회보장론, 나남
- 이정서, 김상철 공저, 2010, 한국사회복지정책론, 청목출판사
- 이혜원, 2012, 노인복지론 ; 이론과 실제, 서울 : 유풍출판사
- 이현주 외, 2011, 공공부조와 사회복지서비스의 체계분석 및 재편방안, 보사연
- 임희규, 2012, 스웨덴의 사회복지와 노인복지에 대한 고찰, 안산1대학 논문집 2012. 20호
- 안종범, 2011, 연금제도의 문제점과 개선방안, 2011년도 추계학술대회 발표논문집, 한국재정 학회
- 양정하·임광수·이명현·황인옥·신현석 공저, 2010, 사회복지정책론, 양서원
- 원석조, 2010, 사회복지정책학원론, 양서원
- 윤찬영, 2011, 사회복지법제론, 나남출판
- 전광석, 2011, 한국사회보장법론, 법문사
- 조성한 외 3인, 2010, 사회복지정책론, 법문사
- 정무성 외, 2012, 현대장애인 복지론, 현학사
- 정일교, 김만호, 2012, 장애인 복지론, 양서원
- 정영숙, 이현지, 2012, 장애인복지론, 현학사
- 정종우, 사회복지학(상), 2013, 문제와 해설, 학지사
- 장길훈, 이용하, 정기룡, 2012, 국민연금 기금운용의 개선방안 : 선진국의 기금운용 비교 연 구, 국민연금연구센터
- 정정길, 2012, 정책학원론, 대명출판사
- 정현선, 1970~2014년 경상의료비 및 국민보건계정 ; 1970~2014 Current Health Expenditures and National Health Accounts in Korea : Application of SHA2011, 한국보건행정학 회
- 조석현, 2012, 행정학 개론, 박문각
- 조지·윌딩 공저, 원석조·강남기 공역, 2010, 이데올로기와 사회복지, 홍익재
- 전재일, 배일섭, 정영숙 공저, 2011, 사회복지정책론, 형성출판사

- 장인협·오정수, 2012, 아동·청소년 복지론, 서울대학교 출판부
- 조영복, 2010, "제1차 사회적 기업 인증 결과와 과제", 노동리뷰 통권 제35호
- 정이환, 2010, 현대 노동시장의 정치사회학, 후마니타스
- 정은하, 2010, "노인의 취업훈련, 어떻게 봐야 할 것인가", '노인의 취업훈련 어디로 가야할 것인가', 서울노인복지센터
- 차흥봉, 2012, '지역의료보험 통합보험료 부과체계', 국민의료보험관리공단
- 최성은, 2015, 건강보험재정과 효율방안에 관한 연구, 한국조세재정연구원
- 최순남, 2011, 현대노인복지론, 서울 : 한신대학교 출판부
- 최정섭, 2013, 사회복지법제론, 법문사
- 최혜경, 2011, "기본소득제 토론문." 진보신당 상상연구소 주최 월례토론회, '기본소득제, 우리의 대안인가', 2009. 6. 12. 토론문
- 최선화 외, 2010, 사회문제와 사회복지, 경기 : 양서원
- 칼 드 슈바이니츠 지음, 남찬성 옮김, 2010, 영국사회복지 발달사, 인간과 복지
- 허구생, 2012, 빈곤의 역사, 한울아카데미
- 한국노동연구원, 2016. "영국의 사회적 기업", 국제노동브리프
- 한국복지연구회, 2012, 사회복지의 역사, 홍익제
- 한국복지연구회, 2012, 사회복지의 역사, 이론과 실천
- 한국사회과학연구소 사회복지연구실 편, 2013, 세계의 사회복지, 인간과 복지출판사
- 한국사회과학연구소 편, 2010, 복지국가의 형성, 민음사
- 한국사회복지학연구회 역, 2012, 변화하는 복지국가, 인간과 복지
- 한국장애인고용공단 고용개발원, 2014, '2014 장애인 경제활동 실태조사', 성남 : 한국장애인고용공단 고용개발원
- 허선, 2011, '공공부조의 최저생활보장−국가가 국민의 최저생활을 보장하고 있는?', 한국사회복지학회 추계학술대회 자료집, pp.425−446
- 허창무, 2010, 케인즈 경제학의 이해(번역서), 딜라드 저, 지식산업사
- 현외성, 2016, 한국사회복지법제론, 양서원
- 황인욱 외 6명, 2016, 사회복지법제론, 정민사
- 황진수, 2012, 현대복지행정론, 대영문화사

- 국민연금관리공단 : http://www.npc.or.kr
- 고용보험 인터넷서비스 : http://www.ei.go.kr/index.jsp
- 국가법령정보센터 : http://www.law.go.kr/
- 국방부/복지보건관실(군인연금) : http://www.mnd.mil.kr/
- 국회도서관 : http://www.nanet.go.kr(세미나, 논문자료)
- 공무원연금관리공단 : http://www.gepco.or.kr/
- 근로복지공단 : http://www.welco.or.kr/
- 노동부 : http://www.molab.go.kr/,
- 보건복지부 : http://www.mw.go.kr/
- 법제처 : http://www.moleg.go.kr/
- 법제처종합법령조회 : http://www.klaw.go.kr/
- 사립학교교직원연금관리공단 : http://www.ktpf.or.kr/
- 장애인복지법, 법률 제8852호, 2008. 2. 29
- http://www.pensionforum.net
- http://boheom.emoney.co.kr
- 4대보험 포털서비스 : http://www.4insure.or.kr/
- 한국보건사회연구원 : www.kihasa.re.kr
- 한국여성단체협의회 : www.kncw.or.kr
- 한국여성단체연합 : www.women21.or.kr

- Aaron, H. 1967, "Social Security : International Comparison," In O' Eckstein(ed.) Studies in the Economics of Income Maintenance, Washing, D.C, : Brooking Institution.
- Ackerman, Bruce & Alstott, Anne. 1999. The Stakeholder Society. Yale University Press.
- _____, 2004. "Why Stakeholding?" Politics & Society 32(1) : 41−60.
- _____, 2006. "Macro−Freedom." Redesigning Distribution. Wright, Erik O. (ed.). Verso.
- Aiken, M., 2006, "Towards Market or State? Tensions and Opportunities in the Evolutionary Path of Three Types of UK Social Enterprise." in M. Nyssens(ed.). Social Enterprises in Europe? : Between Market, Public Policies and Communities. London : Routledge.
- Aiken, M. and Roger Spear, 2005, "Work Integration Social Enterprises in the United Kingdom." EMES. Working Papers no 05/01

- Amin a, Cameron A. and Hudson R., 2002, Placing the Social Economy. London : Routledge
- Allerbeck, Jennings&Rosenmayr, 1999, "Generations and Families", in Barnes &Kaase (Eds.), Political Action, pp. 487-522, Beverly Hills, CA : Sage Publication.
- Bergman, Barbara. 2004. "A Swedish-style welfare state or basic income : which should have priority." Politics & Society 32(1) : 107-118.
- Birkhözer, K., 1996, "Social Economy, Community Economy" in People's Economy : Wirtschaft
- Blaschke, Ronald. 2006. "Sklaverei der Lohnarbeit als Ziel? : Kritik der Kritik von Rainer Roth am Bedingungslosen Grundeinkommen."(김원태 옮김, 2009, "당신의 목표는 임금노동의 노예? : 라이너 로트의 '조건 없는 기본소득' 비판에 대한 반비판." '진보평론' 39호 : 298-319).
- Claessens, S., 2003, "Corporate Governance and Development". Global Corporate Governance Forum Focus 1. Washington : World Bank.
- Clark J. and Newman J., 1997, The Managerial State. London : Sage
- Cornforth, C., 2003, "The Governance of Voluntary and Community Organizations : An Overview". Co-opratives UK.
- Crouch, Colin. 2004. Post-Democracy. Polity Press.(이한 옮김, 2008, 포스트민주주의, 미지북스).
- Defourny, J., 2004, "Social enterprise in an enlarged Europe : concept and realities". Second conference on social economy in the central and eastern european country. ('Social entrepreneurship & Economic efficiency'). Krakow, Poland, 27-28. act.(2004). 1-21.
- Diana M. DiNitto, Social Welfare : Politics and Public Policy(Study Edition), Allyn & Bacon.
- Davad. Donmison, 1975, Social Policy & Administration, Londom : Allen & Urwin.
- Diana M. DiNitto & Thomas R. Dye, 1987, Social Walfare Politics and Public Policy, Prentice-Hall, Inc., Engle Wood Cliffs.
- DTI., 2002, Social Enterprise. A Strategy for Success.
- _____, 2005, A Survey of Social Enterprises Across the UK.
- _____, 2006, "Social Enterprise Unit in the Small Business Service".

- Esping-Anderson, G., 1990, Three world of welfare capitalism, Princeton, N.J. : Princeton Univ. Press
- Gilbert, N. & H. Specht, ed, 1973, Dimention of Social Welfare Policy, N.J : Prentice Hall, Inc.
- Gilbert Specht,1974, dimensions of Social Welfare Policy(N.J : Prentice Hall, Inc.)
- Glyn, Andrew. 2006. Capitalism Unleashed : Finance, Globalization and Welfare. Oxford University Press(김수행·정상준 옮김, 2008, 고삐 풀린 자본주의, 필맥).
- Handler, J. & Bobcock, A. 2006. "The Failure of Workfare : Another Reason for a Basic Income Guarantee." Basic Income Studies 1(1).
- Hardt, Michael & Negri, Antonio. 2000. Empire. Harvard University Press.(윤수종 옮김, 2001, 제국, 이학사).
- John Carrier and Kendall, 1973, "Social Policy and Social Change : Explanations of the Development of Social Policy", Vol 2, No.3.
- Kathleen Jones, 1991, The Marking of Social Policy in Britain 1830~1990, London : The Athlone Press Ltd.
- Mishra, R.(장소영·표갑수 역), 사회이론과 사회정책, 한국복지정책연구소, 1982.
- Raventós, Daniel, 2007, Basic Income : The Material Conditions of Freedom. Pluto Press.
- Rifkin, Jeremy, 1995, The End of Work : The Decline of the Global Labor Force and the Dawn of the Post-Market Era. Putnam Publishing Group.(이영호 옮김, 1996 노동의 종말, 민음사).
- Shipler, David K, 2005, The Working Poor : Invisible in America. Vintage Books.(나일등 옮김, 2009, 워킹 푸어, 빈곤의 경계에서 말하다, 후마니타스).
- Van Parijs, Philippe, 2006, "Basic Income versus Stakeholder Grants : Some afterthoughts on how best to redesign distribution." Redesigning Distribution. Wright, Erik O. (ed.). Verso.
- Wilensky, H. & Lebeaux, C. N(장인협 역), 산업사회와 사회복지, 대한교과서주식회사, 1979.
- Wright, Erik O, 2004, "Basic Income, Stakeholder Grants, and Class Analysis." Politics & Society 32(1) : 79-87.
- von Unten(R. Dŏing, H. Kegler, and K. Zimmerman eds.), 2000, Dessau : Bauhaus Dessau Foundation. Bootstrap Enterprises. www.bootstrap-enterprises.org.
- http://www.sbs.gov.uk/sbsgov/, May 2006.

- Governancehub. http://www.governancehub.org.uk
- Green-Works. http://www.green-works.co.uk.
- Haugh, H., 2005, "A Research Agenda for Social Entrepreneurship. Social Enterprise Journal 1(1) : 1-12
- Jessop, B., 1998, "The Rise of Governance and the Risks of Failure : The Case of Economic Development". International Social Science Journal 155.
- http://www.icrn.org.uk/recycle/search/organization?organization=105
- Ken Young, Deborah Ashby, Annette Boaz and Lesley Grayson July 2002
- Myrdal, A., 1968, Nation and Family : the Swedish experiment in democratic family and population policy, Londin : The M.I.T. Press
- National Council for Voluntary Organization, 2007, Governance and Social Enterprise. Executive Summary Report
- Partnerships in Urban Governance. 2010, London : MacMillan Press.
- _____, 2004, Transforming Local Governance. London : Palgrave.
- Paton, R., 2003, Managing and Measuring Social Enterprises. London : Sage
- Pollitt, C. 1993, Managerialism and the Public Services.(2nd edition). Oxford : Basil Blackwell.
- Sharpen, C., 2006, Social Enterprise under the Microscope : Comparing and Contrasting Green-Works and ReBoot. Social Enterprise Journal. 2(1).
- Social Enterprise Coalition. 2003, A Guide to Social Enterprise.
- Social Enterprise London, 2002, Social Enterprise Guide to Recycling.
- Spear, Roger., 2007, "For Love and Money : Governance and Social Enterprise", Executive Summary Report, Governance Hub.
- Spear, R., C. Cornforth and M. Aiken. 2007, "For Love and Money : Governance and Social Enterprise", Report, Governance Hub.
- Schimitter, P.C., 1974, "Still the Century of Copotratism?" Review of Polictics, Vol.36
- Social Policy and Society, Volume 1, Issue 03, July 2002 pp. 215-224
- Stoker, G., 1998, "Public-Private Partnerships and Urban Governance" in J. Pierre(ed).
- Tawney, R.H., 1964, Radical Tradition., London : Penguin Books
- Weak Courts, Strong Rights, 2007, Judicial Review and Social Welfare Rights in Comparative Constitutional Law, Tushnet, MarkPrinceton Univ Pr.

저자 약력

■ 주요경력
- 프랑스 엔티앙폴리스대 사회복지정책과정 수료
- 국민대 대학원 행정학박사(사회복지 및 행정학)
- 前 공보처 KFL 홍보처(3급)
- 前 경기도 정책자문위원
- 前 국가민주평통자문위원
- 前 교육과학기술정책자문위원
- 前 서울시 복지정책자문위원
- 前 한국사회복지지원학회회장
- 現 한국사회복지연구소 정책자문위원
- 現 한국운동재활협회부회장, 사회복지자문위원, 경기도사례관리전문요원, 성남시사회복지 정책위원, 성남시사회복지협의회회장
- 現 을지대 중독재활복지학과 교수

■ 관심분야 : 임상사례관리전문가로 활동
- 국제지역복지 \ 사례관리 \ 복지행정 \ 복지정책 \ Program 개발과 평가지도
- 지역사회임상사례관리, 의료사회사업, 학교사회복지, 사회복지정보네트워크, 청소년사례관리

사회복지 법제론

2016년 8월 24일 제1판제1인쇄
2016년 8월 31일 제1판제1발행

저 자 김 경 우
발행인 나 영 찬

발행처 MJ미디어 ━━━━━━━━━

서울특별시 동대문구 천호대로 4길 16(신설동)
전 화 : 2234-9703/2235-0791/2238-7744
FAX : 2252-4559
등 록 : 1993. 9. 4. 제6-0148호

정가 23,000원